【本書を手にされた皆さんへ】

1133 人の受験者データ＆詳細かつ正確な解説

令和２年司法試験短答式試験に関しては，受験者 3703 人のうち，**1133 人**にも及ぶ受験者の解答データ（短答出口調査）が辰已法律研究所に寄せられました。辰已法律研究所にこれだけの受験者の解答データが集まったのは，辰已法律研究所に対する受験者の皆様の信頼と当研究所の実績に基づくものと自負しております。大変ありがとうございました。

当研究所では，このデータを基礎として緻密な検討を加え，詳細かつ正確な短答本試験問題の解説書を作成しました。

短答3科目化，受験回数制限5年5回

平成 26 年の司法試験法の改正により，**平成 27 年の司法試験から**，短答式試験の科目が**３科目（憲法・民法・刑法）**になり，受**験回数制限が５年５回**となりました。

令和２年の短答試験については，民法で債権法改正の知識が多く問われたため学習不足の方が多く，正答率が例年以上に低くなっています。

短答式試験の合格基準は過去３年は108点（175点満点）でしたが，令和２年は 93 点と大きく下がりました。

当研究所は，令和３年以降の司法試験の短答式試験で高得点を獲得して合格できるよう，短答式試験対策書として，**令和２年司法試験短答式試験問題**について，上記３科目（憲法・民法・刑法）の解説書を作成しました。

肢別解答率データつき

解説編の本文では，必要十分な分量の解説，参考文献情報を掲載しました。また，解説冒頭には，出口調査中の「全体・上位 30%（短答合格者の平均点以上をとっている者）・下位 20%（短答不合格者にほぼ相当）の肢別解答率」一覧表を掲載しました。

誤答行動分析，正答率一覧等各種データも充実

司法試験短答合格者の平均点以上をとっている者と同不合格者の誤答行動が著しく異なる肢又は記述が含まれる問題（正答率格差，憲法は 35%，民法は 50%，刑法は 40%以上の肢又は記述が含まれる問題）――憲法４問，民法４問，刑法５問）について「誤答行動分析」を掲載しました。これらの誤答行動を分析することにより，短答合格のために必要とされる思考過程を身に付けることができます。

また，正答率格差，憲法は 35%，民法は 50%，刑法は 40%以上の肢又は記述が含まれる問題について，合否を分けたと思われる肢又は記述（危険肢）には，**!!!マーク**をつけました。

さらに，肢別解答率における全体正答率 40%以下の問題の中で，多くの人が間違えたであろう肢又は記述（間違えても問題のないと思われる肢）には，**★マーク**をつけました。

本書冒頭には，データ編（全体分析，出題分野・条文判例度分析，正解一覧，正答率一覧，司法試験と予備試験の共通問題対応表）を掲載しています。ぜひご活用ください。

平成29年・30年民法改正に対応

債権法分野を中心とした，120年ぶりとなる民法大改正法が，2017年（平成29年）５月に成立し，６月２日に公布されました。改正法の施行日は，原則として，2020年（令和２年）４月１日です。

また，2018年（平成30年）７月に，**相続法の改正**も行われ，７月13日に公布されています。改正法の施行日は，原則として，2019年（令和元年）７月１日です。

令和２年司法試験の民法では，上記の民法改正に関する問題が多く出題されました。

本書では，これらの改正法に対応させています。

読者の皆様が，本書を有効に活用し，2021年（令和３年）以降の司法試験短答本試験を無事突破されんことを心よりお祈り申し上げます。

令和２年10月
辰已法律研究所

目　次

■問題編■

■解説編■

憲法

民法

刑法

＊太字は，「短答不合格者の誤答行動分析」のある問題

主要参考文献略記表

〈憲法〉

●テキスト●
芦部信喜（高橋和之補訂）「憲法［第７版］」（岩波書店）………………芦部（憲法）
野中・中村・高橋・高見「憲法Ⅰ・Ⅱ［第５版］」（有斐閣）……有斐閣憲法Ⅰ・Ⅱ
渡辺・宍戸他「憲法Ⅰ」（日本評論社）…………………………………………憲法Ⅰ
●判例集●
長谷部・石川・宍戸編「憲法判例百選Ⅰ・Ⅱ［第７版］」別冊ジュリスト（有斐閣）
………百選Ⅰ・Ⅱ

〈民法／要件事実〉

［民法］
●テキスト●
内田貴「民法Ⅰ総則・物権総論［第４版］，Ⅱ債権各論［第３版］，Ⅲ債権総論・担保物権［第４版］，Ⅳ親族・相続［補訂版］」（東京大学出版会）
………内田Ⅰ・Ⅱ・Ⅲ・Ⅳ
佐久間毅「民法の基礎１　総則［第５版］，２　物権［第２版］」（有斐閣）
……佐久間１・２
松井宏興「担保物権法［第２版］」（成文堂）………………………………………松井
潮見佳男「プラクティス民法 債権総論［第５版補訂］」（信山社）……潮見（債総）
中田裕康「契約法」（有斐閣）…………………………………………………………中田
潮見佳男「基本講義債権各論Ⅰ・Ⅱ（ライブラリ法学基本講義）」（新世社）
Ⅰ　契約法・事務管理・不当利得［第３版］…………………潮見（債各）Ⅰ
Ⅱ　不法行為法［第３版］……………………………………………潮見（債各）Ⅱ
前田・本山・浦野「民法 VI 親族・相続（LEGAL QUEST）［第５版］」（有斐閣）
………リークエⅥ

●判例集●
潮見・道垣内編「民法判例百選Ⅰ［第８版］」別冊ジュリスト（有斐閣）…百選Ⅰ
中田・窪田編「民法判例百選Ⅱ［第８版］」別冊ジュリスト（有斐閣）……百選Ⅱ
水野・大村編「民法判例百選Ⅲ［第２版］」別冊ジュリスト（有斐閣）……百選Ⅲ

［要件事実］

●テキスト●

司法研修所編「改訂・紛争類型別の要件事実」（法曹会）……………紛争類型別

〈刑法〉

●テキスト●

大塚・十河・塩谷・豊田「基本刑法Ⅰ—総論［第３版］」（日本評論社）……基本Ⅰ
大塚・十河・塩谷・豊田「基本刑法Ⅱ—各論［第２版］」（日本評論社）……基本Ⅱ
山口厚「刑法［第３版］」（有斐閣）………………………………………………山口
西田典之（橋爪隆補訂）「刑法各論［第７版］」法律学講座双書（弘文堂）
………西田（各）

●判例集●

山口・佐伯編「刑法判例百選Ⅰ・Ⅱ［第７版］」別冊ジュリスト（有斐閣）
………百選Ⅰ・Ⅱ

本書におけるマークの説明

!!!

司法試験短答合格者と同不合格者の正答率格差，憲法は35％，民法は50％，刑法は40％以上の肢又は記述が含まれる問題について，合否を分けたと思われる肢又は記述（危険肢）

★

肢別解答率における全体正答率40％以下の問題の中で，多くの人が間違えたであろう肢又は記述（間違えても問題のないと思われる肢）

※肢別解答率，正答率等に関する数字は，小数点以下を四捨五入した％です。

解説における条文・判例表示

問題ごとに，解説部分における問題番号の右横に，条文・判例表示（条文・判例・学説）を掲載しました。これにより，当該問題がどの点を重視しているかが分かります。学習の指針にしてください。

【データ編】

全体分析
出題分野・条文判例度分析
正解一覧
正答率一覧
司法試験と予備試験の
共通問題対応表

全　体　分　析（令和2年）

【問題数の比較】

憲法　　　20問
民法　　　37問
刑法　　　20問

【配点の比較】

憲法　　　満点50点
民法　　　満点75点
刑法　　　満点50点

【ページ数の比較】

憲法　　10ページ（昨年は11ページ→1ページ減っています。）
民法　　18ページ（昨年は16ページ→2ページ増えています。）
刑法　　15ページ（昨年は12ページ→3ページ増えています。）

【法務省発表による出願者数・受験予定者数】

1　出願者数　　　4,226人（昨年4,930人）昨年よりも減っています。
2　受験予定者数　4,100人（昨年4,899人）昨年よりも減っています。
3　受験者数　　　3,703人（昨年4,466人）昨年よりも減っています。

【短答合格率等の推移】

	2020	2019	2018	2017	2016	2015
出願者数（人）	4226	4930	5811	6716	7730	9072
受験予定者数（人）	4100	4899	5726	6624	7644	8957
受験者数（人）	3703	4466	5238	5967	6899	8016
受け控え数（人）	397	433	488	657	745	941
実受験率（受験者数/受験予定者数）	90%	91%	92%	90%	90%	89%
短答合格者数（人）	2793	3287	3669	3937	4621	5308

短答足切り数（人）	910	1179	1569	2030	2278	2708
短答合格率（短答合格者数/受験者数）	75%	74%	70%	66%	67%	66%
短答足きり点（点）	93	108	108	108	114	114
短答最高点（点）	169	169	167	163	167	173
合格者数（人）	——	1502	1525	1543	1583	1850
合格率（合格者数/受験者数）	——	34%	29%	26%	23%	23%

※2015年以降，短答式試験は３科目

【各科目の傾向】

本年（令和２年（2020年））も昨年に引き続き，司法試験の短答式試験は，憲法，民法，刑法の３科目でした。

憲法

昨年の憲法と同様，問題数20問，配点50点でした。

出題形式別に見ると，全20問中，「１－２問題」（正しい肢に１，誤っている肢に２をつける問題）が10問，「○×問題」（正しい肢に○，誤っている肢に×をつける問題）が９問，「正誤問題」（正しい肢又は誤っている肢を選ぶ問題）が１問という出題となりました。

出題内容別に見ると，全20問中，人権の分野から10問，総論・統治の分野から10問と半分ずつ出題されています。

人権の分野からは，外国人の人権，プライバシー権，投票価値の平等，思想良心の自由，政教分離，知る権利，学問の自由，財産権，生存権，裁判を受ける権利など，幅広い分野から多岐の判例に渡る知識を問う問題を中心に出題されました。また，インターネット検索事業者に対し，自らの逮捕履歴に関し検索結果として表示される情報の削除を求めることの可否について判断した最高裁決定（最判平成29年１月31日）についての理解も問われているため，**最新の重要判例についても確認しておく必要があります。**

総論・統治の分野からは，主権の意義，天皇の「おことば」の位置づけ，違憲判断の方法，条約，憲法の法源，など広く出題されました。そのため，**人権はもちろんのこと，統治についても，条文・基本書等を通じて一定の知識を蓄えておくことが求められているといえます。**

民法

昨年と同様，問題数は37問でした（そのうち，親族・相続分野は6問)。配点も75点のままでした。

民法については，例年同様，条文と判例について幅広い分野から基礎的な知識を問う問題が出題されています。もっとも，昨年は条文知識が12問（判例知識25問）であったのに対し，本年は条文知識が15問（判例知識22問）出題されています。平成29年民法改正の影響を受けて，条文の正確な理解の重要性が増したといえるでしょう。

総則分野からは，制限行為能力者，法人，錯誤，代理，消滅時効，などが出題され，その一部については，改正による影響を受ける問題でした。

物権分野からは，物権的請求権，不動産物権変動，即時取得，占有の訴え，用益物権，担保物権（先取特権，抵当権，根抵当権，譲渡担保)，などが出題されました。

債権総論の分野からは，受領拒絶，詐害行為取消権，保証，弁済による代位，安全配慮義務，利率など，幅広く出題され，その一部については，改正による影響を受ける問題でした。

債権各論の分野からは，契約の成立，売買契約，他人物売買，賃貸借契約，委任契約，組合，不当利得，不法行為などが出題され，その一部については，改正による影響を受ける問題でした。

親族・相続の分野からは，普通養子縁組，親権者の利益相反，後見，遺贈，遺言の執行，相続と贈与などが出題されました。総合問題からは，承継人と撤回が出題されました。

出題形式は単純な「正誤問題」のみで，特に複雑な形式の問題はありません。民法は，出題形式が一定で，配点も憲法・刑法の1.5倍であるため，短答式試験で安定した成績を残すためには民法を得点源にしておくことが必要でしょう。

今年は不動産物権変動に関する問題の配点が3点，それ以外は2点でした。内容としては，平成29年度民法改正によって改正された条文知識を問う問題が多く出題されました。改正法については過去問が存在しなかったため例年より難易度が高かったといえます。平均点も昨年に比べておよそ14点下がっています。もっとも，改正法の条文をそのまま問う問題もあったため，過去問，基本書等で基本的な事項を確認しつつ，条文の素読・精読を行うことが特に重要であったといえそうです。

刑法

昨年の刑法と同様，問題数 20 問，配点 50 点でした。

今年の刑法の出題形式は，「正誤問題」が主ではありましたが，「１－２問題」は３問，「個数問題」（正しい肢又は誤っている肢の個数を問う問題）は２問出題されました。

昨年に続き今年も個数問題が２問出題されました。個数問題は，記述全てについて正誤の判断が要求されるうえ，そのうち１問は長文事例問題のため，時間が足りなくなるおそれがあります。その影響もあってか，今年は昨年よりもさらに平均点がおよそ２点下がっています。

各分野の出題される順番については，例年通りランダムでした。また，判例の要約だけではなく，判例及び学説の知識を問う問題も出題されました。

内容面では，総論からは間接正犯，過剰防衛，共犯と錯誤，刑罰論，原因において自由な行為，未遂，幇助犯，罪数，緊急避難，故意が出題されました。

各論からは，横領罪,遺棄罪，文書偽造罪，公務執行妨害罪，親族相盗例，業務妨害罪，放火罪，名誉毀損罪・侮辱罪，詐欺罪，総合問題などさまざまな問題が出題されました。

「判例の立場に従って検討」することを求める問題が 13 問出題されており，昨年同様，判例の正確な理解が要求されたといえます。また，他の問題においても，判例知識がなければ解けない問題もありました。その他，特定の見解から導かれる帰結が問われた問題が６問出題されており，判例・通説のみならず，有力な学説についても抑えておく必要があるといえます。単なる条文知識を問う問題は，今年も出題されませんでした。

公文書偽造罪や名誉毀損・侮辱罪など論文での出題頻度は高くない犯罪も出題されたものの，昨年と比較すると，有論文では見かけない犯罪はあまり出題されませんでした。そのため，基本書や判例集，演習諸等で論文知識を丁寧に学習することが重要であるといえそうです。

出題分野・条文判例度分析（令和２年）

【出題分野分析】

●出題問数と配点

	出題問数（問）							配点（点）						
	R２	R１	H30	H29	H28	H27	H26	R２	R１	H30	H29	H28	H27	H26
憲法	20	20	20	20	20	20	20	50	50	50	50	50	50	50
民法	37	37	36	37	36	36	37	75	75	75	75	75	75	74
刑法	20	20	20	20	20	20	20	50	50	50	50	50	50	50
合計	77	77	76	77	76	76	77	175	175	175	175	175	175	174

＜短答式試験７科目時代（平成 18 年～26 年）＞

現在の司法試験が開始された平成 18 年から平成 26 年までは，短答式試験は，公法系（憲法・行政法），民事系（民法・商法・民訴），刑事系（刑法・刑訴）の７科目について行われていた。

この時代において，出題問数については，憲法・刑法については，各 20 問，民法については，35 問～37 問であった。

配点については，憲法・刑法については，各 50 点，民法については，74 点であった。

＜短答式試験３科目時代（平成 27 年～）＞

平成 27 年の司法試験から，短答式試験は，憲法・民法・刑法の３科目となった。

令和２年の３科目の出題問数については，憲法・刑法については，各 20 問，民法については，37 問であった。

配点については，憲法・刑法については，各 50 点，民法については，75 点であった。

●科目別・出題分野ごとの問数と配点

※円グラフについては，Ｒ２の試験の配点をグラフ化しています。

憲法

憲法	出題問数（問）							配点（点）						
	R２	R１	H30	H29	H28	H27	H26	R２	R１	H30	H29	H28	H27	H26
総論	2	1	2	1	2	1	2	5	2	5	3	4	3	6
人権	10	10	11	10	10	10	11	25	25	25	27	25	25	27
統治	8	9	8	8	8	9	7	20	23	20	20	21	22	17
合計	20	20	20	20	20	20	20	50	50	50	50	50	50	50

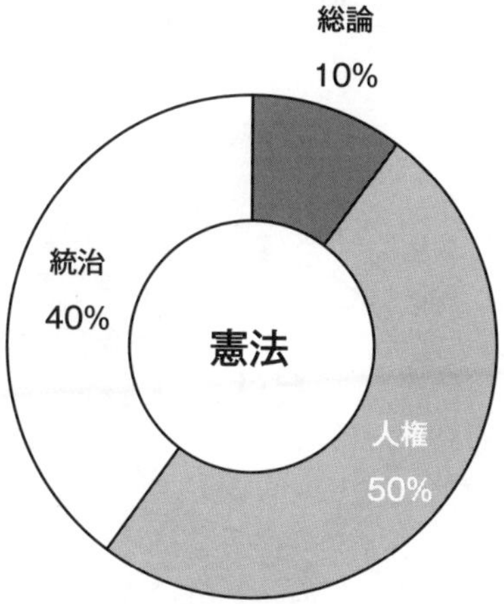

憲法の出題傾向として，以下のような特徴がある。

①憲法では，人権＞統治＞総論の順で多く出題，配点がされている。

②分野ごとの出題にはかなりメリハリがある。憲法で人権が毎年大きく分量を割いて出題されている。その一方で，憲法総論はあまり出題されない。

今後も大きくはこの特徴を保ったままで推移するものと思われる。

民法

民法	出題問数（問）							配点（点）						
	R 2	R 1	H30	H29	H28	H27	H26	R 2	R 1	H30	H29	H28	H27	H26
総則	6	6	6	7	5	7	6	12	10	12	14	10	14	12
物権	5	5	5	4	6	5	7	11	10	11	8	14	10	14
担物	4	6	4	5	6	3	3	8	12	8	10	12	7	6
債総	7	5	8	7	5	7	6	14	11	17	14	11	15	12
債各	8	8	7	9	9	8	9	16	16	15	18	18	17	18
親族	3	4	2	3	3	4	3	6	8	4	6	6	8	6
相続	4	3	4	2	2	2	3	8	6	8	5	4	4	6
合計	37	37	36	37	36	36	37	75	75	75	75	75	75	74

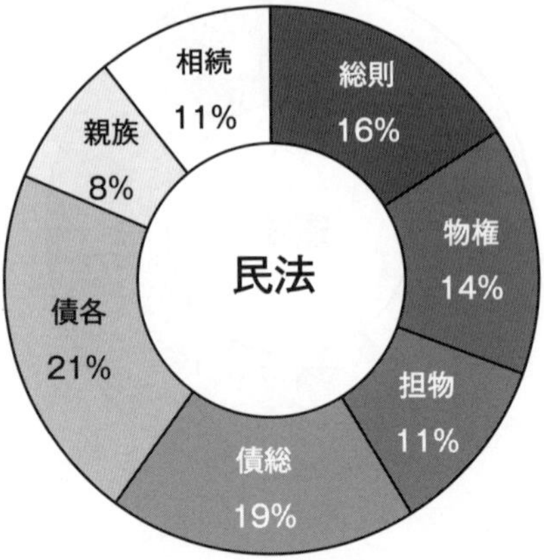

民法の出題傾向として，以下のような特徴がある。

全体的には出題問数・配点ともに微増減をくり返しているが，財産法と親族相続法で出題問数と配点を分け，財産法と親族相続法の内部で毎年調整している傾向があるように見受けられる。

刑法

刑法	出題問数（問）							配点（点）						
	R２	R１	H30	H29	H28	H27	H26	R２	R１	H30	H29	H28	H27	H26
総論	10	10	9	10	10	10	10	23	29	23	24	25	24	25
各論	10	10	11	10	10	10	10	27	21	27	26	25	26	25
合計	20	20	20	20	20	20	20	50	50	50	50	50	50	50

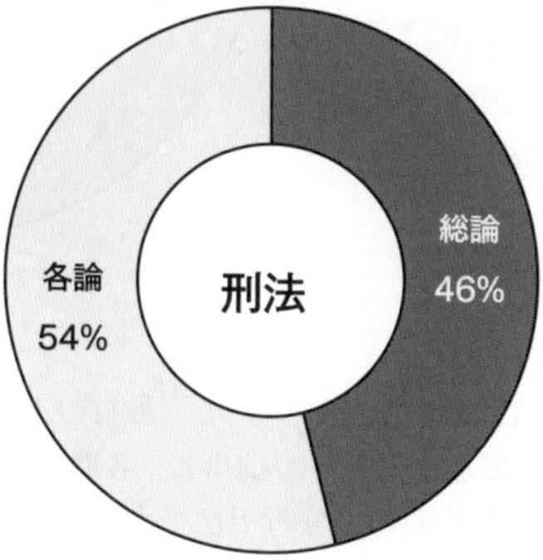

刑法の出題傾向として，以下のような特徴がある。

刑法では，総論と各論がほぼ半分ずつ出題されているが，令和２年は，各論の配点がやや高くなっている。

【条文判例度分析】

●2020年条文判例度（憲民刑の３科目を分析の対象とした）

2016 年までは，条文・判例問題は6割前後の高い水準にあった。しかし，2017 年以降徐々に減少し，2019 年は，条文・判例問題は5割を割り込み，学説問題が初めて2割を超えた。2020 年は，以前のように，条文・判例問題が約 53%と5割を超え，学説問題は2割をきった。やはり，条文・判例は，法曹を支える両輪であることから，条文・判例の勉強を中心としつつ，学説にも目配りすることが求められよう。

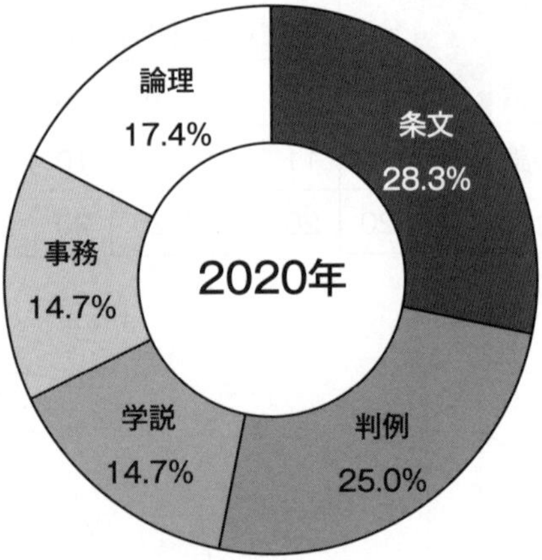

【ポイントのつけ方】

辰已法律研究所では，短答式試験の分析について，独自のポイント制度を導入しています。これは，短答式問題の解答に必要な要素を５つ抽出し，各問題につき要素毎のポイントを付するという，辰已オリジナルの短答式問題の分析手法です。その要素とは，①条文の理解（「条文」と表記），②判例の理解（「判例」と表記），③学説の理解（「学説」と表記），④事務処理能力（「事務」と表記），⑤論理操作能力（「論理」と表記）の５つです。

仮に「A」という問題があったとします。この問題について，上記の５つの要素ごとにポイントを付していきます。各要素のポイントは，最高値を「５」ポイント，最低値を「０」ポイントとして判定します。たとえば，Aという問題が，条文の知識だけで正解に達することができる問題であったとすると，この問題の条文ポイントは最高値の５と判定されます。さらに，この問題が判例の知識に少し絡んでいた場合には判例ポイントが２，学説の知識がまったく不要なら学説ポイントは０，さらに多少の事務処理が必要であった場合には事務処理ポイントは１，論理操作が不要なら論理ポイントは０，というように判定していきます。したがって，問題に盛り込まれている要素が多ければ多いほど，その問題の総ポイントは増していくという構造になっています。

そして，以下のような計算式で，第 15 回司法試験短答本試験問題の「条文」度，「判例」度を算出しました。①各問題のポイントをすべて合計して本試験の問題全体の総ポイントを計算，②各問題の要素毎のポイント数をすべて合計して本試験の要素毎の総ポイント数を計算，③各要素の総ポイント数÷問題全体の総ポイント数により，各要素のポイント合計の総ポイントに対する割合（%）を算出します。①②③により，すべての本試験問題の「条文」度，「判例」度を分析することが可能となります。

●条文判例度ポイント経年推移（憲民刑の３科目を分析の対象とした）

	条　文	判　例	学説	事　務	論　理	条文判例度
2016 年	28.3%	34.3%	11.7%	13.4%	12.4%	62.6%
2017 年	23.8%	30.1%	19.9%	13.1%	13.1%	53.9%
2018 年	25.0%	28.2%	18.2%	12.8%	15.7%	53.2%
2019 年	23.6%	23.5%	22.1%	14.3%	16.4%	47.1%
2020 年	28.3%	25.0%	14.7%	14.7%	17.4%	53.3%

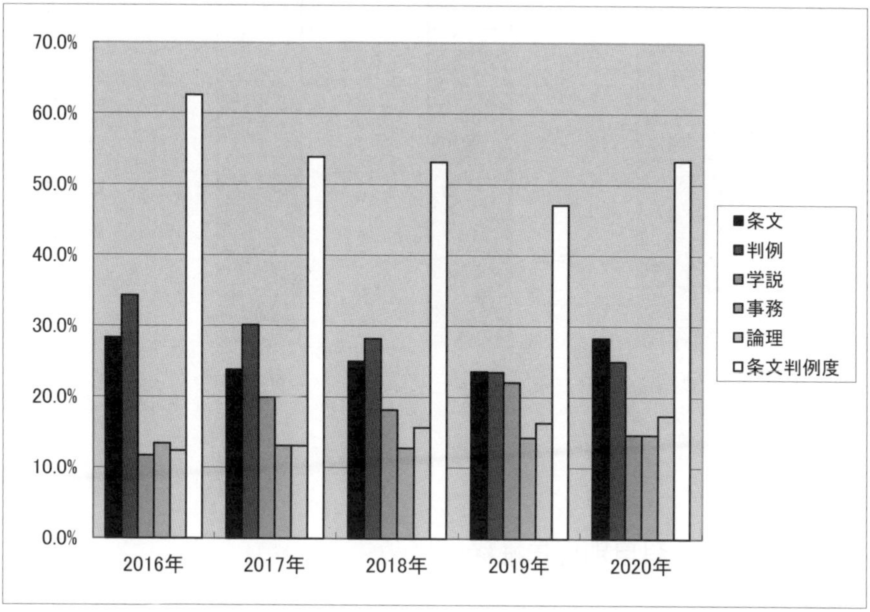

2010 年以降, 条文判例度は 60%前後という高い数字で推移してきたが, 2017 年から徐々に減少し，2019 年には 47.1%と大幅に下がり，その分学説度は 22.1%と２割を超えていた。2020 年は，条文判例度は約 53%と以前のように，やや高い数値となっている。

●2020年条文判例度（科目別）

2020年短答式試験　条文判例度ポイント					
	条　文	判　例	学　説	事　務	論　理
憲　法	14.4%	32.0%	21.6%	12.4%	19.6%
民　法	49.6%	18.3%	5.0%	13.3%	13.7%
刑　法	11.7%	27.6%	21.4%	18.9%	20.4%

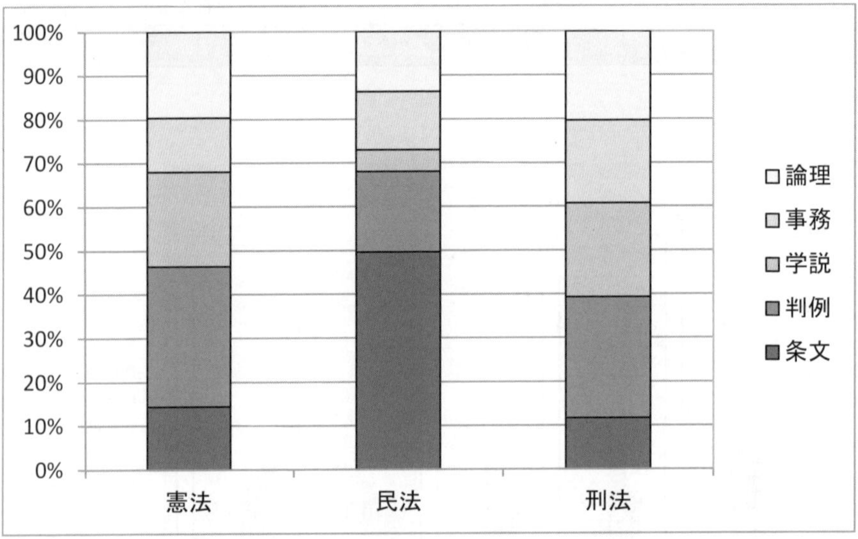

●条文判例度・科目別経年推移

憲法

	条　文	判　例	学　説	事　務	論　理
2016年	20.0%	37.1%	18.3%	11.4%	13.1%
2017年	16.4%	34.9%	27.0%	10.6%	11.1%
2018年	18.5%	36.4%	20.0%	10.8%	14.4%
2019年	17.0%	19.9%	31.6%	11.2%	20.4%
2020年	14.4%	32.0%	21.6%	12.4%	19.6%

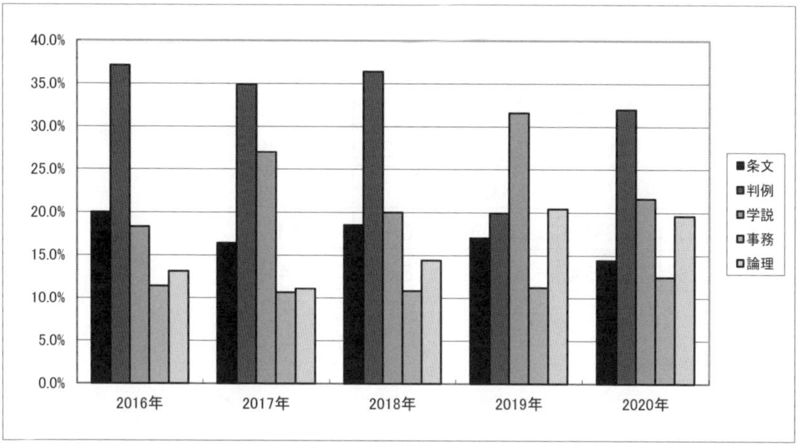

民法

	条 文	判 例	学 説	事 務	論 理
2016年	38.2%	31.7%	6.0%	12.9%	11.3%
2017年	31.4%	26.6%	15.4%	13.7%	12.9%
2018年	33.3%	24.2%	17.4%	12.3%	12.8%
2019年	36.2%	21.6%	17.8%	12.1%	12.4%
2020年	49.6%	18.3%	5.0%	13.3%	13.7%

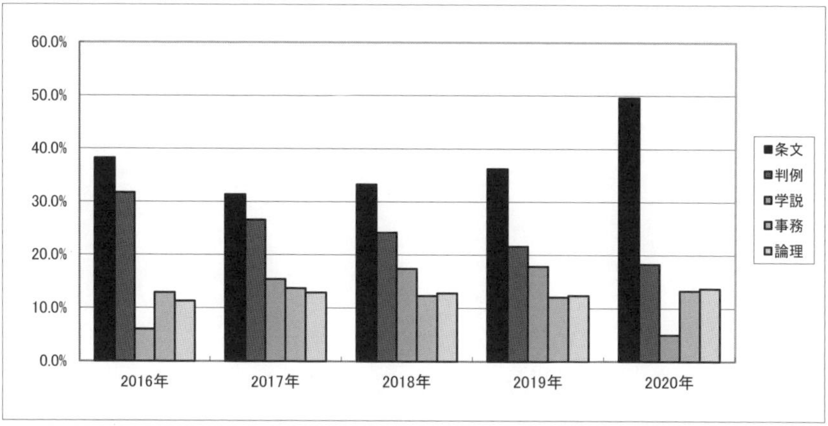

刑法

	条　文	判　例	学　説	事　務	論　理
2016年	19.3%	35.9%	15.1%	16.1%	13.5%
2017年	17.9%	31.7%	21.0%	14.3%	15.2%
2018年	17.5%	27.2%	18.0%	15.7%	21.7%
2019年	10.0%	30.0%	20.0%	20.9%	19.1%
2020年	11.7%	27.6%	21.4%	18.9%	20.4%

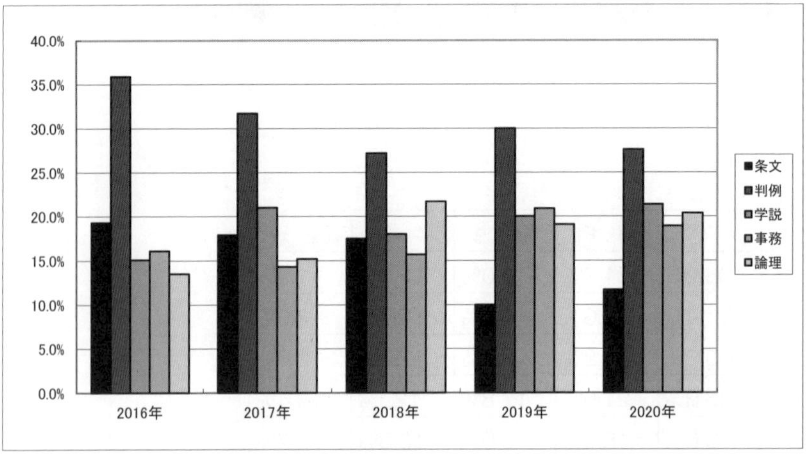

【正解一覧（令和２年）】

憲法

問	No	正解	配点	備考
1	1	1	3	２問正解で 部分点１点
	2	1		
	3	2		
2	4	3	2	
3	5	2	3	２問正解で 部分点１点
	6	2		
	7	1		
4	8	5	2	
5	9	2	2	
6	10	2	3	２問正解で 部分点１点
	11	2		
	12	1		
7	13	2	3	２問正解で 部分点１点
	14	1		
	15	2		
8	16	5	2	
9	17	4	2	
10	18	1	3	２問正解で 部分点１点
	19	2		
	20	1		
11	21	5	2	
12	22	2	3	２問正解で 部分点１点
	23	2		
	24	1		
13	25	4	2	
14	26	1	3	２問正解で 部分点１点
	27	2		
	28	1		

15	29	1	3	2問正解で部分点1点
	30	1		
	31	2		
16	32	2	3	2問正解で部分点1点
	33	1		
	34	2		
17	35	7	2	
18	36	6	2	
19	37	2	3	2問正解で部分点1点
	38	1		
	39	1		
20	40	4	2	

民法

問	No	正解	配点	備考
1	1	5	2	
2	2	1	2	
3	3	4	2	
4	4	2	2	
5	5	3	2	
6	6	5	2	
7	7	4	3	
8	8	1	2	
9	9	2	2	
10	10	3	2	
11	11	5	2	
12	12	3	2	
13	13	4	2	
14	14	4	2	
15	15	1	2	
16	16	5	2	
17	17	4	2	

18	18	2	2	
19	19	3	2	
20	20	5	2	
21	21	2	2	
22	22	4	2	
23	23	2	2	
24	24	1	2	
25	25	3	2	
26	26	5	2	
27	27	4	2	
28	28	2	2	
29	29	3	2	
30	30	1	2	
31	31	5	2	
32	32	2	2	
33	33	1	2	
34	34	2	2	
35	35	2	2	
36	36	3	2	
37	37	4	2	

刑法

<table>
<tr><th>問</th><th>No</th><th>正解</th><th>配点</th><th>備考</th></tr>
<tr><td>1</td><td>1</td><td>5</td><td>2</td><td></td></tr>
<tr><td rowspan="2">2</td><td>2</td><td>1</td><td rowspan="2">3</td><td rowspan="2">順不同
(部分点なし)</td></tr>
<tr><td>3</td><td>2</td></tr>
<tr><td>3</td><td>4</td><td>5</td><td>2</td><td></td></tr>
<tr><td rowspan="2">4</td><td>5</td><td>2</td><td rowspan="2">3</td><td rowspan="2">順不同
(部分点なし)</td></tr>
<tr><td>6</td><td>4</td></tr>
<tr><td>5</td><td>7</td><td>2</td><td>2</td><td></td></tr>
<tr><td>6</td><td>8</td><td>3</td><td>2</td><td></td></tr>
<tr><td>7</td><td>9</td><td>3</td><td>2</td><td></td></tr>
</table>

8	10	2	4	4問正解で部分点2点
	11	1		
	12	2		
	13	1		
	14	2		
9	15	3	2	
10	16	5	2	
11	17	1	4	4問正解で部分点2点
	18	2		
	19	1		
	20	2		
	21	2		
12	22	5	2	
13	23	4	2	
14	24	2	3	順不同(部分点なし)
	25	4		
15	26	2	3	順不同(部分点なし)
	27	3		
16	28	4	2	
17	29	4	2	
18	30	1	4	4問正解で部分点2点
	31	1		
	32	1		
	33	2		
	34	2		
19	35	3	2	
20	36	1	2	

正答率一覧（令和２年）

●憲法

大問	テーマ	全体正答率	解答欄	上位30%正答率	下位20%正答率	正答率格差
1	外国人の人権	52%	№1	97%	84%	13%
			№2	95%	69%	26%
			№3	60%	48%	12%
2	プライバシーの侵害	62%	№4	73%	33%	40%
3	投票価値の平等	96%	№5	100%	89%	11%
			№6	100%	95%	5%
			№7	99%	94%	5%
4	思想・良心の自由	88%	№8	94%	61%	33%
5	政教分離原則	15%	№9	19%	6%	13%
6	知る権利	77%	№10	95%	78%	17%
			№11	100%	95%	5%
			№12	90%	72%	18%
7	憲法23条	94%	№13	99%	95%	4%
			№14	99%	94%	5%
			№15	97%	92%	5%
8	財産権	89%	№16	96%	66%	30%
9	生存権と法制度	60%	№17	75%	34%	41%
10	国民の義務	86%	№18	99%	94%	5%
			№19	92%	80%	12%
			№20	97%	91%	6%
11	裁判を受ける権利	95%	№21	98%	80%	18%

12	「おことば」の憲法上の位置付け	67%	№22	86%	64%	22%
			№23	93%	77%	16%
			№24	99%	94%	5%
13	選挙権及び選挙制度	60%	№25	66%	45%	21%
14	憲法 41 条	67%	№26	79%	66%	13%
			№27	100%	91%	9%
			№28	94%	91%	3%
15	内閣総理大臣による国務大臣の任命及び罷免	75%	№29	97%	95%	2%
			№30	82%	63%	19%
			№31	98%	91%	7%
16	違憲判断の方法	32%	№32	51%	61%	-10%
			№33	85%	75%	10%
			№34	83%	48%	35%
17	地方自治	71%	№35	77%	48%	29%
18	条約	52%	№36	59%	28%	31%
19	憲法改正	88%	№37	98%	77%	21%
			№38	97%	88%	9%
			№39	96%	73%	23%
20	憲法の法源	64%	№40	74%	39%	35%

※網掛け部分は，全体正答率 75%以上のものと正答率格差 35%以上のもの

●民法

問題番号	テーマ	全体正答率	解答欄	上位30%正答率	下位20%正答率	正答率格差
1	補助	66%	No.1	74%	38%	36%
2	法人	84%	No.2	91%	64%	27%
3	錯誤	58%	No.3	70%	36%	34%
4	無権代理	89%	No.4	97%	72%	25%
5	消滅時効	72%	No.5	85%	36%	49%
6	物権的請求権	98%	No.6	99%	89%	10%
7	不動産の物権変動	92%	No.7	96%	55%	41%
8	即時取得	89%	No.8	97%	59%	38%
9	占有の訴え	50%	No.9	65%	19%	46%
10	地上権	69%	No.10	80%	34%	46%
11	先取特権	52%	No.11	67%	23%	44%
12	抵当権の消滅	51%	No.12	64%	25%	39%
13	根抵当権	43%	No.13	61%	13%	48%
14	譲渡担保	80%	No.14	92%	47%	45%
15	売買契約	60%	No.15	76%	20%	56%
16	詐害行為取消権	40%	No.16	49%	23%	26%
17	連帯債務	74%	No.17	87%	28%	59%
18	銀行への金銭預け入れ	36%	No.18	50%	31%	19%
19	弁済による代位	50%	No.19	67%	17%	50%
20	安全配慮義務	69%	No.20	82%	34%	48%
21	法定利率及び約定利率	50%	No.21	60%	22%	38%
22	契約の成立	60%	No.22	77%	17%	60%
23	売買契約	65%	No.23	77%	31%	46%

24	他人の権利の売買	73%	No.24	85%	48%	37%
25	賃貸借	68%	No.25	77%	56%	21%
26	委任	92%	No.26	98%	63%	35%
27	組合	70%	No.27	78%	34%	44%
28	不当利得	79%	No.28	90%	41%	49%
29	不法行為	91%	No.29	95%	73%	22%
30	普通養子縁組	28%	No.30	38%	6%	32%
31	親権	88%	No.31	95%	52%	43%
32	後見	20%	No.32	25%	11%	14%
33	遺贈	89%	No.33	93%	78%	15%
34	遺言の執行	20%	No.34	23%	19%	4%
35	相続と贈与	44%	No.35	58%	25%	33%
36	承継人	71%	No.36	80%	50%	30%
37	撤回	63%	No.37	78%	30%	48%

※網掛け部分は，全体正答率 75%以上のものと正答率格差 50%以上のもの

●刑法

大問	テーマ	全体正答率	解答欄	上位30%正答率	下位20%正答率	正答率格差
1	間接正犯	93%	No.1	97%	69%	28%
2	横領罪	37%	No.2	87%	53%	34%
			No.3	49%	13%	36%
3	過剰防衛	86%	No.4	92%	67%	25%
4	遺棄罪	34%	No.5	82%	80%	2%
			No.6	57%	27%	30%
5	共犯と錯誤	43%	No.7	50%	17%	33%
6	文書偽造罪	49%	No.8	63%	23%	40%
7	刑罰の根拠	62%	No.9	68%	47%	21%
8	公務執行妨害罪	37%	No.10	99%	94%	5%
			No.11	54%	48%	6%
			No.12	97%	70%	27%
			No.13	91%	67%	24%
			No.14	96%	92%	4%
9	原因において自由な行為	72%	No.15	83%	48%	35%
10	親族間の犯罪	71%	No.16	83%	30%	53%
11	実行の着手	42%	No.17	94%	94%	0%
			No.18	69%	36%	33%
			No.19	87%	66%	21%
			No.20	96%	77%	19%
			No.21	97%	80%	17%
12	業務妨害罪	81%	No.22	86%	61%	25%

13	幇助犯	84%	№23	90%	64%	26%
14	放火罪	55%	№24	72%	39%	33%
			№25	81%	61%	20%
15	罪数	67%	№26	82%	39%	43%
			№27	88%	48%	40%
16	名誉毀損罪及び侮辱罪	85%	№28	91%	69%	22%
17	緊急避難	70%	№29	79%	44%	35%
18	詐欺罪	42%	№30	98%	88%	10%
			№31	99%	98%	1%
			№32	97%	88%	9%
			№33	81%	70%	11%
			№34	76%	34%	42%
19	故意	93%	№35	96%	72%	24%
20	犯罪の成否	75%	№36	85%	39%	46%

※網掛け部分は，全体正答率 75%以上のものと正答率格差 40%以上のもの

司法試験と予備試験の共通問題対応表（令和２年）

●公法系

問題番号			試験問題テーマ
司法	予備（憲法・行政法）	予備独自問題	
1			外国人の人権
2			プライバシーの侵害
3	1		投票価値の平等
4	2		思想・良心の自由
5			政教分離原則
		3	表現の自由
6	4		知る権利
7	5		憲法 23 条
8			財産権
9			生存権と法制度
		6	労働基本権
10			裁判を受ける権利
11	7		主権
12	8		「おことば」の憲法上の位置付け
13			選挙権及び選挙制度
14			憲法 41 条
		9	衆議院解散権
15			内閣総理大臣による国務大臣の任命及び罷免
16			違憲判断の方法
		10	裁判官の職権の独立
17			地方自治
18	11		条約
19	12		憲法改正
20			憲法の法源
		13	処分基準と審査基準
		14	行政裁量
		15	行政指導

		16	医師法7条の3第1項に基づく立入検査
		17	条例による定め
		18	処分性
		19	抗告訴訟の審理
		20	申請型義務付け訴訟
		21	処分の執行停止及び仮の差止め
		22	国家賠償
		23	不服申立て
		24	行政組織法

●民事系

問題番号			試験問題テーマ
司法	予備（民法・商法・民訴法）	予備独自問題	
1			補助
2			法人
3	1		錯誤
4			無権代理
5	2		消滅時効
6			物権的請求権
7			不動産の物権変動
		3	登記
8	4		即時取得
9			占有の訴え
10			地上権
11			先取特権
12	5		抵当権の消滅
13			根抵当権
14	6		譲渡担保
15			売買契約
16	7		詐害行為取消権
17	8		連帯債務

18			銀行への金銭預け入れ
		9	金銭債権についての譲渡制限の意思表示
19			弁済による代位
20			安全配慮義務
21			法定利率及び約定利率
22			契約の成立
23			売買契約
		10	契約の解除
24			他人の権利の売買
25	11		賃貸借
26			委任
27	12		組合
28			不当利得
29			不法行為
30	13		普通養子縁組
31			親権
32	14		後見
33			遺贈
34			遺言の執行
35	15		相続と贈与
36			承継人
37			撤回
		16	株式会社の設立
		17	株主の権利及び単元株制度
		18	新株予約権
		19	株主総会
		20	取締役
		21	監査役会設置会社及び監査等委員会設置会社
		22	指名委員会設置会社
		23	資本金の額及び発行済株式の総数

		24	持分会社
		25	組織再編行為
		26	株主総会決議取消しの訴え
		27	個人商人
		28	運送人の責任
		29	手形の支払及び手形保証
		30	為替手形及び小切手
		31	訴訟能力
		32	共同訴訟
		33	訴訟引受け
		34	裁判上の和解
		35	訴訟記録の閲覧・謄写請求
		36	送達
		37	確定判決の既判力
		38	訴え提起前にされた合意の訴訟上の効果
		39	弁論主義
		40	相殺
		41	釈明
		42	弁論準備手続と書面による準備手続
		43	証拠調べ
		44	訴え取り下げの効果
		45	当事者の同意・異議・不服申立て

●刑事系

問題番号			試験問題テーマ
司法	予備（刑法・刑訴法）	予備独自問題	
1	11		間接正犯
2	8		横領罪
3			過剰防衛
4			遺棄罪
5	3		共犯と錯誤
6	12		文書偽造罪
7			刑罰の根拠
8			公務執行妨害罪
		6	住居侵入等罪
9	9		原因において自由な行為
10			親族間の犯罪
11			実行の着手
12			業務妨害罪
		10	盗品等に関する罪
13			幇助犯
14	2		放火罪
15	7		罪数
16	4		名誉毀損罪及び侮辱罪
17	1		緊急避難
18			詐欺罪
19			故意
		5	結果的加重犯
20	13		犯罪の成否
		14	捜査の端緒
		15	GPS 捜査
		16	捜索・押収
		17	逮捕・勾留の手続き
		18	強制採血

		19	別件逮捕・勾留
		20	検察官の権限
		21	第一審の被告人質問
		22	被害者，被害者参加人
		23	訴因変更
		24	証拠と憲法の諸規定
		25	伝聞証拠
		26	判決の言渡し

問題編

憲法
民法
刑法

憲　法

〔第１問〕（配点：３）

外国人の人権に関する次のアからウまでの各記述について，ｂの見解がａの見解の根拠となっている場合には１を，そうでない場合には２を選びなさい。（解答欄は，アからウの順に［No.１］から［No.３］）

ア．ａ．国は，在留期間中の憲法の基本的人権の保障を受ける行為を在留期間の更新の際に消極的な事情としてしんしゃくすることができる。

ｂ．外国人に対する憲法の基本的人権の保障は，外国人在留制度の枠内で与えられているにすぎない。［No.１］

イ．ａ．憲法第９３条第２項の「住民」と，憲法第１５条第１項の「国民」とは統一的に理解されるべきであり，憲法第９３条第２項の「住民」は，日本「国民」であることがその前提となっている。

ｂ．地方公共団体の政治・行政は，国の政治・行政と互いに関連しており，地方公共団体が国の事務を処理することもある。［No.２］

ウ．ａ．憲法第２２条第２項は，「何人も」との文言を用いているため，国籍離脱の自由は，我が国に在留する外国人にもその保障が及ぶ。

ｂ．憲法による基本的人権の保障は，権利の性質上日本国民のみをその対象としていると解されるものを除き，我が国に在留する外国人に対しても等しく及ぶ。［No.３］

〔第２問〕（配点：２）

インターネット検索事業者に対し，自らの逮捕歴に関し検索結果として表示される情報の削除を求めることの可否について判断した最高裁判所の決定（最高裁判所平成２９年１月３１日第三小法廷決定，民集７１巻１号６３頁）に関する次のアからウまでの各記述について，正しいものには○，誤っているものには×を付した場合の組合せを，後記１から８までの中から選びなさい。（解答欄は，［No.４］）

ア．この決定は，個人のプライバシーに属する事実をみだりに公表されない利益が法的保護の対象となるとした上，過去に犯した罪の逮捕歴に係る事実は個人のプライバシーに属する事実に当たるものと判断した。

イ．この決定は，検索事業者の行う情報の収集，整理及び提供がプログラムにより自動的に行われることから，検索事業者が検索結果を表示することは，インターネット上の情報を媒介しているにすぎず，検索事業者自身による表現行為とはいえないとした。

ウ．この決定は，プライバシーに属する事実を公表されない法的利益と，ＵＲＬ等の情報を検索結果として提供する理由に関する諸事情を比較衡量し，前者の法的利益が優越することが明らかな場合には，その情報の削除を求めることができるという判断の枠組を示した。

1．ア○　イ○　ウ○　　2．ア○　イ○　ウ×　　3．ア○　イ×　ウ○
4．ア○　イ×　ウ×　　5．ア×　イ○　ウ○　　6．ア×　イ○　ウ×
7．ア×　イ×　ウ○　　8．ア×　イ×　ウ×

〔第３問〕（配点：３）

選挙人の投票価値の平等に関する次のアからウまでの各記述について，ｂの見解がａの見解の根拠となっている場合には１を，そうでない場合には２を選びなさい。（解答欄は，アからウの順に［No.５］から［No.７］）

ア．ａ．衆議院議員選挙においては，各選挙区間の議員１人当たりの有権者数の比率の較差が１対１を超えることは，憲法上正当化されない。

ｂ．投票価値の平等は，国民の意思を公正かつ効果的に代表するために国会が正当に考慮することのできる他の政策的な目的との関連において，調和的に実現されるべきである。［No.５］

イ．ａ．参議院議員選挙においては，二院制の下，地域代表の性質を有するという参議院の特殊性により，投票価値の平等の要請が後退するのもやむを得ない。

ｂ．参議院は，国権の最高機関として適切に民意を国政に反映する義務を負っており，衆参両院の選挙制度は同質的とされるべきである。［No.６］

ウ．ａ．地方議会議員選挙においては，当該地方公共団体の住民が，選挙権行使の資格だけでなく，投票価値においても平等に取り扱われるべきである。

ｂ．憲法第１４条第１項に定める法の下の平等は，選挙権に関しては，国民は全て政治的価値において平等であるべきとする徹底した平等化を志向するものである。［No.７］

〔第４問〕（配点：２）

思想・良心の自由に関する次のアからウまでの各記述について，最高裁判所の判例の趣旨に照らして，正しいものには○，誤っているものには×を付した場合の組合せを，後記１から８までの中から選びなさい。（解答欄は，［No.８］）

ア．企業内においても労働者の思想，信条等の精神的自由は十分尊重されるべきであることに鑑みると，企業がその労働者に対して特定政党への所属の有無を確認するだけでなく，当該政党に所属しない旨の書面を要求する行為は，それが企業秘密の漏えいという企業秩序違反行為に関する調査の一環として行われたとしても，労働者の思想・信条の自由に対する直接的制約であるから，その経緯や調査方法の相当性にかかわらず，違法性が認められる。

イ．公立学校の卒業式等の式典においてその教員に国旗掲揚の下での国歌斉唱の際に起立斉唱を求めることは，慣例上の儀礼的な所作を求めるものではあるが，自らの歴史観ないし世界観との関係で国歌や国旗に対する敬意の表明には応じ難いと考える者がこれらに対する敬意の表明の要素を含む行為を求められることは，その者の歴史観ないし世界観に由来する行動とは異なる外部的行動を求められることになり，その限りにおいて思想及び良心の自由についての間接的な制約となる面がある。

ウ．政治団体への寄付が強制加入団体である税理士会の目的の範囲内かどうかを判断するに当たっては，会員の思想・信条の自由との関係で，その会員には様々の思想・信条及び主義・主張を有する者が存在することが当然に予定されていること，政治団体に寄付するかどうかは選挙における投票の自由と表裏をなすものとして会員各人が個人的な政治的思想，見解，判断等に基づいて自主的に決定すべき事柄であることなどを考慮することが必要である。

１．ア○　イ○　ウ○　　２．ア○　イ○　ウ×　　３．ア○　イ×　ウ○
４．ア○　イ×　ウ×　　５．ア×　イ○　ウ○　　６．ア×　イ○　ウ×
７．ア×　イ×　ウ○　　８．ア×　イ×　ウ×

〔第5問〕（配点：２）

政教分離原則に関する次のアからウまでの各記述について，最高裁判所の判例の趣旨に照らして，正しいものには○，誤っているものには×を付した場合の組合せを，後記１から８までの中から選びなさい。（解答欄は，［No.９］）

ア．政教分離原則に基づく憲法の諸規定は，我が国における宗教事情の下で信教の自由を確実に実現するためには，単に信教の自由を無条件に保障するのみでは足りず，国家といかなる宗教との結び付きをも排除する必要性が大きかったことから設けられたものであり，国家と宗教との完全な分離を理想とし，国家の非宗教性ないし宗教的中立性を確保しようとしたものである。

イ．憲法第２０条第３項の禁止する「宗教的活動」とは，国及びその機関と宗教とのかかわり合いが相当とされる限度を超え，当該行為の目的が宗教的意義を持ち，その効果が宗教に対する援助，助長，促進又は圧迫，干渉等になるような行為をいうのであり，靖国神社の祭礼に際し，知事が玉串料として公金を支出して奉納した行為は，たとえそれが戦没者の慰霊及びその遺族の慰謝を直接の目的としてされたものであったとしても，これに該当する。

ウ．天皇の即位に伴って行われる皇室の儀式である大嘗祭に際し，知事が公費で出張した上，これに参列し拝礼した行為は，地方公共団体の長という公職にある者の社会的儀礼として，日本国及び日本国民統合の象徴である天皇の即位に祝意を表する目的で行われたものにすぎず，宗教とかかわり合いのある行為とはいえないから，憲法第２０条第３項の禁止する「宗教的活動」には該当しない。

１．ア○　イ○　ウ○　　２．ア○　イ○　ウ×　　３．ア○　イ×　ウ○
４．ア○　イ×　ウ×　　５．ア×　イ○　ウ○　　６．ア×　イ○　ウ×
７．ア×　イ×　ウ○　　８．ア×　イ×　ウ×

〔第６問〕（配点：３）

知る権利に関する次のアからウまでの各記述について，ｂの見解がａの見解の根拠となっている場合には１を，そうでない場合には２を選びなさい。（解答欄は，アからウの順に［No.10］から［No.12］）

ア．ａ．マス・メディアの報道に対して反論記事の掲載等を求める権利は，憲法第２１条第１項が保障する表現の自由に含まれる知る権利の一局面であり，同項を直接の根拠として認められる。

ｂ．インターネットの普及によって双方向的な情報流通が可能となり，誰もが自ら情報の発信者となることが容易になった。［No.10］

イ．ａ．日本放送協会の放送を受信することのできる受信設備を設置した者に受信契約の締結を強制する放送法の規定は，憲法第２１条第１項の保障する情報摂取の自由を制限するものであり，その合憲性は厳格に審査される必要がある。

ｂ．国民の知る権利を実現するためにいかなる放送制度を採用するかは立法裁量の問題である。［No.11］

ウ．ａ．児童買春その他の犯罪から児童を保護すること等の目的のため，電子掲示板の運営者に届出義務を課した上，一定の書き込みに関する削除義務を課すことは，憲法第２１条第１項に違反する。

ｂ．インターネット上において表現の場を提供する行為は知る権利に資するものとして，憲法第２１条第１項の保障を受ける。［No.12］

〔第７問〕（配点：３）

憲法第２３条に関する次のアからウまでの各記述について，それぞれ正しい場合には１を，誤っている場合には２を選びなさい。（解答欄は，アからウの順に［No.13］から［No.15］）

ア．憲法第２３条は，学問研究に関する外部からの干渉を許さない趣旨であるから，先端技術分野においても，研究活動の内容や方法等に対する制限は学会の自主規制等に委ねるべきであり，法律によって制約することは許されない。［No.13］

イ．判例によれば，普通教育においては，児童生徒には大学の学生のような批判能力がなく，学校や教師を選択する余地も乏しいことなどから，憲法第２３条によっても，普通教育における教師に完全な教授の自由は認められない。［No.14］

ウ．大学の自治は，大学における研究教育の自由を制度的に保障するために憲法第２３条によって保障されていると解されるから，教授の任免や施設の管理等，研究教育の内容に直接関係しない事項については，大学の自治権は及ばない。［No.15］

〔第８問〕（配点：２）

財産権に関する次のアからウまでの各記述について，最高裁判所の判例の趣旨に照らして，正しいものには○，誤っているものには×を付した場合の組合せを，後記１から８までの中から選びなさい。（解答欄は，［No.16］）

ア．憲法第２９条は，私有財産制度を制度として保障するものであり，国民の個々の財産権につき基本的人権として保障するものではない。

イ．法律で一旦定められた財産権の内容を事後の法律で変更しても，それが公共の福祉に適合するようにされたものである限り，違憲とはいえない。

ウ．憲法第２９条第３項の「公共のために用ひる」には，道路，ダム等の公共事業のために財産を収用する場合だけでなく，特定の個人が受益者となる場合も含まれることがある。

１．ア○　イ○　ウ○　　２．ア○　イ○　ウ×　　３．ア○　イ×　ウ○
４．ア○　イ×　ウ×　　５．ア×　イ○　ウ○　　６．ア×　イ○　ウ×
７．ア×　イ×　ウ○　　８．ア×　イ×　ウ×

〔第９問〕（配点：２）

生存権とこれを具体化した法制度に関する次のアからウまでの各記述について，最高裁判所の判例の趣旨に照らして，正しいものには○，誤っているものには×を付した場合の組合せを，後記１から８までの中から選びなさい。（解答欄は，［No.17］）

ア．憲法第２５条の規定の趣旨に応えて具体的にどのような立法措置を講ずるかの選択決定は，立法府の広い裁量に委ねられているが，何ら合理的理由のない不当な差別的取扱いや，個人の尊厳を毀損するような内容の定めがあれば，憲法第１４条及び第１３条違反の問題を生じることがある。

イ．「健康で文化的な最低限度の生活」は，抽象的かつ相対的な概念であって，その具体的内容は，その時々における経済的・社会的条件，一般的な国民生活の状況等との相関関係において判断決定されるべきものであるが，老齢加算を廃止する保護基準の改定については，不利益変更であることに鑑み，厚生労働大臣に専門技術的かつ政策的見地からの広範な裁量権は認められない。

ウ．障害基礎年金の受給に関し保険料の拠出に関する要件を緩和するかどうかは国の財政事情等にも密接に関連する事項であるが，保険料負担能力のない２０歳以上６０歳未満の者のうち２０歳以上の学生とそれ以外の者との間に障害基礎年金の受給に関し差異が生じた場合，その合憲性については，憲法第２５条及び第１４条の趣旨に照らし，慎重に検討する必要がある。

１．ア○　イ○　ウ○　　２．ア○　イ○　ウ×　　３．ア○　イ×　ウ○
４．ア○　イ×　ウ×　　５．ア×　イ○　ウ○　　６．ア×　イ○　ウ×
７．ア×　イ×　ウ○　　８．ア×　イ×　ウ×

〔第10問〕（配点：３）

裁判を受ける権利に関する次のアからウまでの各記述について，最高裁判所の判例の趣旨に照らして，それぞれ正しい場合には１を，誤っている場合には２を選びなさい。（解答欄は，アからウの順に［No.18］から［No.20］）

ア．大日本帝国憲法で「法律ニ定メタル裁判官ノ裁判」を受ける権利が保障されていたのに対し，日本国憲法第３２条が保障するのは「裁判所において裁判を受ける権利」であることを踏まえれば，憲法上国民の司法参加がおよそ禁じられていると解すべき理由はない。［No.18］

イ．性質上純然たる訴訟事件の裁判が，憲法第８２条が定める例外に当たらないにもかかわらず，公開の法廷における対審及び判決によらず非公開でなされた場合には，裁判の公開を定めた憲法第８２条に違反するが，裁判を受ける権利を保障する憲法第３２条に違反することはない。［No.19］

ウ．憲法第３２条は，訴訟の当事者が訴訟の目的である権利関係について裁判所の判断を求める法律上の利益を有することを前提として，そのような訴訟について本案の裁判を受ける権利を保障したものであって，その利益の有無にかかわらず常に本案につき裁判を受ける権利を保障したものではない。［No.20］

〔第11問〕（配点：２）

主権に関する次のアからエまでの各記述について，国政に関する最高の決定権という意味で主権の概念を用いたものの組合せを，後記１から６までの中から選びなさい。（解答欄は，［No.21］）

ア．「日本国ノ主権ハ本州，北海道，九州及四国並ニ吾等ノ決定スル諸小島ニ局限セラルベシ」（ポツダム宣言第８項）というときの「主権」

イ．「日本国民は，（中略）ここに主権が国民に存することを宣言し，この憲法を確定する。」（憲法前文第１項）というときの「主権」

ウ．「政治道徳の法則は，普遍的なものであり，この法則に従ふことは，自国の主権を維持し，他国と対等関係に立たうとする各国の責務であると信ずる。」（憲法前文第３項）というときの「主権」

エ．「天皇は，日本国の象徴であり日本国民統合の象徴であつて，この地位は，主権の存する日本国民の総意に基く。」（憲法第１条）というときの「主権」

１．アとイ　　２．アとウ　　３．アとエ　　４．イとウ　　５．イとエ
６．ウとエ

〔第12問〕（配点：３）

天皇が国会の開会式に出席して述べる「おことば」の憲法上の位置付けに関する次のアからウまでの各記述について，ｂの見解がａの見解の根拠となっている場合には１を，そうでない場合には２を選びなさい。（解答欄は，アからウの順に［No.22］から［No.24］）

ア．ａ．天皇は象徴であり，「おことば」を述べることは象徴としての行為である。

ｂ．象徴という言葉は社会心理的な意味を有するものであり，天皇を象徴と定めた憲法の規定から法的効果を導くことはできない。［No.22］

イ．ａ．天皇は公人であり，「おことば」を述べることは公人としての行為である。

ｂ．天皇の行為は限定するべきであり，天皇の行為には，憲法が定める国事行為と私的行為の二つしかないと考えるべきである。［No.23］

ウ．ａ．天皇は憲法が列挙する国事行為を行い，「おことば」を述べることは「儀式を行ふこと」（憲法第７条第１０号）に含まれる。

ｂ．天皇が自ら儀式を主宰する場合だけでなく，式に参列して儀式的・儀礼的行為を行うことも「儀式を行ふこと」と解釈することができる。［No.24］

〔第13問〕（配点：２）

選挙権及び選挙制度に関する次のアからウまでの各記述について，正しいものには○，誤っているものには×を付した場合の組合せを，後記１から８までの中から選びなさい。（解答欄は，［No.25］）

ア．選挙権の法的性格について，国政への参加を国民に保障する権利という面のみを有すると考える見解に立っても，かかる権利であると同時に選挙人としての地位に基づいて公務員の選挙に関与する公務という側面も併せ有すると考える見解に立っても，選挙犯罪による被処罰者の選挙権及び被選挙権の停止を定める公職選挙法の規定が，憲法第１４条及び第４４条ただし書に違反する差別的待遇ではないと解することは可能である。

イ．判例は，平成１０年の改正前の公職選挙法が在外日本国民の選挙権を全く認めていなかったことは憲法第１５条第１項，第３項，第４３条第１項等に違反すると解し，さらに，同改正後の公職選挙法附則の規定が，当分の間，在外選挙制度の対象を比例代表選出議員の選挙に限定したことについても，同改正当時，比例代表選出議員の選挙についてだけ在外国民の投票を認めることとしたのには全く理由がなく，上記憲法各条項に違反すると解している。

ウ．判例は，政見放送が民主政治の根幹をなす政治上の表現の自由に基づくものであり，選挙運動の一つの重要な手段である一方，公職選挙法の規定によって禁じられた政見放送としての品位を損なう言動をした場合の責任は，事後的に候補者自身に負わせれば足りることを根拠として，放送事業者が政見放送において用いられた差別的用語を削除した行為を憲法第２１条第１項に違反すると解している。

１．ア○　イ○　ウ○　　２．ア○　イ○　ウ×　　３．ア○　イ×　ウ○
４．ア○　イ×　ウ×　　５．ア×　イ○　ウ○　　６．ア×　イ○　ウ×
７．ア×　イ×　ウ○　　８．ア×　イ×　ウ×

〔第14問〕（配点：３）

憲法第４１条に関する次のアからウまでの各記述について，それぞれ正しい場合には１を，誤っている場合には２を選びなさい。（解答欄は，アからウの順に［No.26］から［No.28］）

ア．憲法第４１条の「国権の最高機関」につき，国政全般を統括する機関であるとの見解に立たないとしても，どの国家機関に帰属するのか不明確な権能については国会に属するものと推定することは可能である。［No.26］

イ．憲法第４１条の「立法」につき，実質的意味の立法を意味しているとの見解に立つと，国民の権利を直接に制限し，義務を課す法規範についてのみ法律で定めれば足り，行政各部の組織の根本部分について法律で定めてはならないこととなる。［No.27］

ウ．憲法第４１条の「唯一の立法機関」につき，内閣の法律案提出権を肯定する見解に立つと，法律案の提出は立法に不可欠の要素であるが，立法そのものではなく，その準備行為であって，国会が独占しなければならないものではないと解することとなる。［No.28］

〔第15問〕（配点：３）

内閣総理大臣による国務大臣の任命及び罷免に関する次のアからウまでの各記述について，それぞれ正しい場合には１を，誤っている場合には２を選びなさい。（解答欄は，アからウの順に［No.29］から［No.31］）

ア．内閣総理大臣は国会議員以外の者を国務大臣に任命することができるが，国務大臣の過半数は国会議員の中から選ばなければならない。［No.29］

イ．内閣総理大臣による国務大臣の任命には天皇の認証が必要であるが，内閣はこの認証に対する助言と承認を拒むことができない。［No.30］

ウ．内閣総理大臣は任意に国務大臣を罷免することができるが，その効力発生には天皇の認証が必要である。［No.31］

〔第16問〕（配点：３）

違憲判断の方法に関する次のアからウまでの各記述について，それぞれ正しい場合には１を，誤っている場合には２を選びなさい。（解答欄は，アからウの順に［No.32］から［No.34］）

ア．最高裁判所は，公務員による政党機関誌の配布が国家公務員法違反に問われた堀越事件（最高裁判所平成２４年１２月７日第二小法廷判決，刑集６６巻１２号１３３７頁）において，被告人の配布行為には公務員の職務の遂行の政治的中立性を損なうおそれが実質的に認められず，当該配布行為に罰則規定が適用される限りにおいて憲法第２１条第１項及び第３１条に違反すると判示した。［No.32］

イ．最高裁判所は，市有地を無償で神社施設の敷地利用に供していた行為が政教分離原則に違反するかが問われた空知太神社訴訟（最高裁判所平成２２年１月２０日大法廷判決，民集６４巻１号１頁）において，同じ市による別の神社敷地の譲与行為に対する合憲判断と異なり，当該事案における敷地利用提供行為については憲法第８９条及び第２０条第１項後段に違反すると判示した。［No.33］

ウ．最高裁判所は，郵便法の損害賠償責任免除・制限規定が憲法第１７条に違反するかが問われた訴訟（最高裁判所平成１４年9月１１日大法廷判決，民集５６巻7号１４３９頁）において，当該事案では郵便業務従事者の重過失により損害が生じており，郵便法はそのような場合にまで賠償責任の免除・制限を予定するものではないので，郵便法の上記規定が当該事案に適用される限りにおいて憲法第１７条に違反すると判示した。［No.34］

〔第17問〕（配点：２）

地方自治に関する次のアからウまでの各記述について，正しいものには○，誤っているものには×を付した場合の組合せを，後記１から８までの中から選びなさい。（解答欄は，［No.35］）

ア．一の地方公共団体のみに適用される特別法の制定に当たっては，国による地方自治権の侵害を防止するとともに，地方公共団体の個性の尊重及び地方行政における民意の尊重のため，憲法第９５条により，当該地方公共団体の住民の投票においてその過半数を得ることが要求されているが，これまでに同条に基づく手続が実際にとられた例はない。

イ．判例によれば，憲法第８４条に規定する租税法律主義の下では，地方公共団体が国とは別途に課税権の主体となることは憲法上予定されておらず，地方公共団体が条例により租税を賦課する場合には，租税の税目，課税客体，課税標準，税率等の事項について，法律で定められた具体的な準則に基づかなければならない。

ウ．判例は，ある事項について国の法令中に明文の規定がない場合でも，当該法令全体からみて，規定の欠如が当該事項についていかなる規制をも施すことなく放置すべきものとする趣旨であると解されるときは，当該事項について条例で規律することが法令違反になり得るとしている。

１．ア○　イ○　ウ○　　２．ア○　イ○　ウ×　　３．ア○　イ×　ウ○
４．ア○　イ×　ウ×　　５．ア×　イ○　ウ○　　６．ア×　イ○　ウ×
７．ア×　イ×　ウ○　　８．ア×　イ×　ウ×

〔第18問〕（配点：２）

条約に関する次のアからウまでの各記述について，正しいものには○，誤っているものには×を付した場合の組合せを，後記１から８までの中から選びなさい。（解答欄は，［No.36］）

ア．条約締結の国会承認については，衆議院の優越が認められており，条約承認の議案は，先に衆議院に提出しなければならない。

イ．条約を締結する権限は内閣にあるが，批准を要する条約についての批准書の認証は天皇の国事行為である。

ウ．条約は，国会による承認及び内閣による締結の後，天皇が国事行為としてこれを公布することによって有効に成立する。

１．ア○　イ○　ウ○　　２．ア○　イ○　ウ×　　３．ア○　イ×　ウ○
４．ア○　イ×　ウ×　　５．ア×　イ○　ウ○　　６．ア×　イ○　ウ×
７．ア×　イ×　ウ○　　８．ア×　イ×　ウ×

〔第19問〕（配点：３）

次の対話は，憲法改正に関する教授と学生の対話である。教授の各質問に対する次のアからウまでの学生の各回答について，それぞれ正しい場合には１を，誤っている場合には２を選びなさい。（解答欄は，アからウの順に［No.37］から［No.39］）

教授．憲法第９６条第１項は，「この憲法の改正は，各議院の総議員の３分の２以上の賛成で，国会が，これを発議し，国民に提案してその承認を経なければならない。」と規定しているが，この「総議員」の意味には争いがあって，①法定議員数と解する説と，②現に各議院に在職する議員数の総数とする説があるね。②説の根拠として考えられるものは何かな。

ア．定足数が一定になり「総議員」の数を巡る争いを避けられること，憲法改正の発議要件を厳格にして議決を慎重にさせるのが憲法の趣旨に合致することなどがあります。［No.37］

教授．それから，改正案を国会に提案する権限を内閣が有するか否かについても，肯定説と否定説とが対立しているね。肯定説に対しては，否定説の立場から，内閣の発案権を認めると国会の自主的審議権が害されるとの批判がされているが，この批判に対する肯定説の立場からの反論として，どのようなものが考えられるだろうか。

イ．内閣に発案権を認めたとしても，各議院は内閣の改正案に対する修正権を持つので，国会の自主的審議権を害するおそれはないとの反論が可能だと思います。［No.38］

教授．憲法改正は，改正案が国民に提案され，国民投票が行われ，その過半数の賛成で承認されるのでなければ成立しないね。「過半数」の意味については，①有権者総数の過半数か，②無効投票を含めた投票総数の過半数か，③有効投票総数の過半数か，を巡り議論があるところだが，①説に対する批判として考えられるものを挙げてみよう。

ウ．①説に対しては，棄権者が全て改正案に反対の意思と評価されてしまう点で妥当ではないとの批判が考えられます。［No.39］

〔第20問〕（配点：２）

憲法の法源に関する次のアからウまでの各記述について，正しいものには○，誤っているものには×を付した場合の組合せを，後記１から８までの中から選びなさい。（解答欄は，［No.40］）

ア．硬性憲法の原則を重視する立場をとっても，憲法の空白を埋める事実が反復・継続された場合に，国家機関を政治的に拘束する憲法慣習の成立を認めることができる。

イ．判例が，後の裁判を法的に拘束するという立場をとるならば，法律の合憲性に関する最高裁判所の判例を変更することは，後の最高裁判所であっても，許されない。

ウ．条約の国内法的効力は憲法に劣るという立場をとるならば，裁判所が，立法事実の存否を判断するための資料として，国際人権条約を参照することは，許されない。

１．ア○　イ○　ウ○　　２．ア○　イ○　ウ×　　３．ア○　イ×　ウ○
４．ア○　イ×　ウ×　　５．ア×　イ○　ウ○　　６．ア×　イ○　ウ×
７．ア×　イ×　ウ○　　８．ア×　イ×　ウ×

民　法

〔第1問〕（配点：2）

補助に関する次のアからオまでの各記述のうち，正しいものを組み合わせたものは，後記1から5までのうちどれか。（解答欄は，［No.1］）

ア．家庭裁判所は，精神上の障害により事理を弁識する能力が著しく不十分であり保佐開始の原因がある者についても，補助開始の審判をすることができる。

イ．本人以外の者の請求により補助開始の審判をするには，家庭裁判所が相当と認める場合を除き，本人の同意がなければならない。

ウ．補助開始の原因が消滅したときは，家庭裁判所は，職権で補助開始の審判を取り消すことができる。

エ．補助人の同意を得なければならない行為について，補助人が被補助人の利益を害するおそれがないにもかかわらず同意をしないときは，家庭裁判所は，被補助人の請求により，補助人の同意に代わる許可を与えることができる。

オ．家庭裁判所が特定の法律行為について補助人に代理権を付与する旨の審判をした場合であっても，被補助人は，その法律行為を自らすることができる。

1．ア　イ　　2．ア　オ　　3．イ　ウ　　4．ウ　エ　　5．エ　オ

〔第2問〕（配点：2）

法人に関する次のアからオまでの各記述のうち，判例の趣旨に照らし正しいものを組み合わせたものは，後記1から5までのうちどれか。（解答欄は，［No.2］）

ア．法人は，その定款に記載された目的に含まれない行為であっても，その目的遂行に必要な行為については，権利能力を有する。

イ．理事が法人の機関として不法行為を行い，法人が不法行為責任を負う場合には，その理事は，個人として不法行為責任を負うことはない。

ウ．法人の代表者が職務権限外の取引行為をし，当該行為が外形的に当該法人の職務行為に属すると認められる場合であっても，相手方がその職務行為に属さないことを知っていたときは，法人は，代表者の当該行為に基づいて相手方に生じた損害の賠償責任を負わない。

エ．外国人が享有することのできない権利であっても，認許された外国法人は，日本において成立する同種の法人と同様に，その権利を取得することができる。

オ．設立登記が成立要件となっている法人について，設立登記がされていなくても，法人としての活動の実態がある場合には，予定されている定款の目的の範囲内での権利能力が認められる。

1．ア　ウ　　2．ア　オ　　3．イ　ウ　　4．イ　エ　　5．エ　オ

〔第３問〕（配点：２）

錯誤に関する次のアからオまでの各記述のうち，正しいものを組み合わせたものは，後記１から５までのうちどれか。（解答欄は，［No.３］）

ア．錯誤を理由とする意思表示の取消しの可否について，錯誤の重要性は，表意者を基準として判断される。

イ．ＡのＢに対する意思表示がＡの錯誤を理由として取り消すことができるものである場合，Ｂも，Ａの錯誤を理由としてＡの意思表示を取り消すことができる。

ウ．負担のない贈与について贈与者であるＡの錯誤を理由とする取消しがされたが，受贈者であるＢが既に当該贈与契約に基づいて給付を受けていた場合，Ｂは，給付を受けた時に当該贈与契約が取り消すことができるものであることを知らなかったときは，現に利益を受けている限度において返還の義務を負う。

エ．ＡのＢに対する意思表示が錯誤を理由として取り消された場合，Ａは，その取消し前に利害関係を有するに至った善意無過失のＣに，その取消しを対抗することができない。

オ．ＡのＢに対する意思表示が錯誤に基づくものであって，その錯誤がＡの重大な過失によるものであった場合，Ａは，ＢがＡに錯誤があることを知り，又は重大な過失によって知らなかったときを除いて，錯誤を理由としてその意思表示を取り消すことができない。

１．ア　イ　　２．ア　オ　　３．イ　ウ　　４．ウ　エ　　５．エ　オ

〔第４問〕（配点：２）

Ａは，Ｂの代理人と称して，Ｃとの間でＢの所有する土地をＣに売却する旨の売買契約を締結したが，実際にはその契約を締結する代理権を有していなかった。この事例に関する次のアからオまでの各記述のうち，判例の趣旨に照らし誤っているものを組み合わせたものは，後記１から５までのうちどれか。（解答欄は，［No.４］）

ア．ＡがＣに対する無権代理人の責任を負う場合，Ａは売買契約の履行をするか，又は損害賠償責任を負うかを自ら選択することができる。

イ．Ｂが売買契約を追認した場合，ＡはＣに対する無権代理人の責任を負わない。

ウ．代理権を有しないことを知らないことにつきＣに過失がある場合，Ａは，自己に代理権がないことを知っていたときであっても，Ｃに対する無権代理人の責任を負わない。

エ．売買契約の締結後にＡがＤと共にＢを相続した場合，Ｄの追認がない限り，Ａの相続分に相当する部分においても，売買契約は当然に有効となるものではない。

オ．売買契約の締結後にＢがＡを単独で相続した場合，売買契約は当該相続により当然に有効となるものではない。

１．ア　イ　　２．ア　ウ　　３．イ　エ　　４．ウ　オ　　５．エ　オ

〔第５問〕（配点：２）

消滅時効に関する次のアからオまでの各記述のうち，誤っているものを組み合わせたものは，後記１から５までのうちどれか。（解答欄は，［No.５］）

ア．債務不履行に基づく損害賠償請求権は，債権者が権利を行使することができることを知った時から５年間行使しない場合，時効によって消滅する。

イ．詐欺を理由とする取消権は，その行為の時から５年間行使しない場合，時効によって消滅する。

ウ．不法行為に基づく損害賠償請求権は，不法行為の時から２０年間行使しない場合，時効によって消滅する。

エ．１０年より短い時効期間の定めのある権利が確定判決によって確定した場合，その時効期間は，短い時効期間の定めによる。

オ．定期金の債権は，債権者が定期金の債権から生ずる金銭その他の物の給付を目的とする各債権を行使することができることを知った時から１０年間行使しない場合，時効によって消滅する。

１．ア　ウ　　２．ア　オ　　３．イ　エ　　４．イ　オ　　５．ウ　エ

〔第６問〕（配点：２）

物権的請求権に関する次のアからオまでの各記述のうち，判例の趣旨に照らし正しいものを組み合わせたものは，後記１から５までのうちどれか。（解答欄は，［No.６］）

ア．Ａが地上権を有する甲土地に無断でＢがその所有する自動車を放置した場合，Ａは，Ｂに対し，地上権に基づく妨害排除請求権の行使として自動車を撤去するよう求めることはできない。

イ．Ａが所有する鉄塔が自然災害により傾き，鉄塔に隣接するＢの所有する甲建物を損傷させるおそれが生じた場合において，Ｂが所有権に基づく妨害予防請求権の行使として甲建物を損傷させないための措置を講ずるよう求めたときは，Ａは，過去に実際に一度でも甲建物を損傷させたことがないことを理由としてＢの請求を拒むことができる。

ウ．Ａの所有する自動車がＢの所有する山林に無断で放置され，２０年が経過した場合において，ＢがＡに対して所有権に基づく妨害排除請求権の行使として自動車の撤去を求めたときは，Ａは，妨害排除請求権の消滅時効を援用してＢの請求を拒むことができる。

エ．Ａが，Ａ所有の甲土地に洪水のため流されてきた自動車の所有者であるＢに対し，所有権に基づく妨害排除請求権の行使として自動車を撤去するよう求めた場合，Ｂは，所有権侵害について故意過失がないことを主張立証しても，Ａの請求を拒むことはできない。

オ．Aの所有する甲土地に無断でBがその所有する自転車を放置した場合において，AがBに対して所有権に基づく妨害排除請求権の行使として自転車を撤去するよう求めたときは，Bは，自己が未成年者であることを理由としてAの請求を拒むことはできない。

1．ア　イ　　2．ア　ウ　　3．イ　エ　　4．ウ　オ　　5．エ　オ

〔第7問〕（配点：3）

不動産の物権変動に関する次のアからオまでの各記述のうち，判例の趣旨に照らし正しいものを組み合わせたものは，後記1から5までのうちどれか。（解答欄は，［No.7］）

ア．A所有の甲土地をAがBに売却し，その後Aが甲土地をCに対し売却してその旨の登記がされ，更にCが甲土地をDに対し売却してその旨の登記がされた場合において，CがBに対する関係で背信的悪意者に当たるときは，Bは，Dに対し，甲土地の所有権を登記がなくても主張することができる。

イ．A所有の甲土地をAがBに売却し，その旨の登記がされたが，AがBの詐欺を理由としてAB間の売買契約を取り消した後，この取消しについて善意無過失のCに対しBが甲土地を売却し，その旨の登記がされた場合，Aは，Cに対し，甲土地の所有権を登記がなくても主張することができる。

ウ．A所有の甲土地をAがBに売却し，更にBがCに売却し，それぞれその旨の登記がされた場合において，その後，AがAB間の売買契約をBの甲土地の代金不払を理由に解除したときは，Aは，Bの代金不払の事実を知らないCに対し，甲土地の所有権を主張することができない。

エ．A所有の甲土地をAがBに売却し，その旨の登記がされた場合において，その後，これより前から所有の意思をもって甲土地を占有していたCについて取得時効が完成したときは，Cは，Bに対し，甲土地の所有権を主張することができない。

オ．甲土地を所有していたAが遺言を残さずに死亡し，BとCがAを共同相続し，Cが甲土地をBCの共有とする共同相続登記をしてCの持分にDのために抵当権を設定し，その旨の登記がされた場合において，その後，BCの遺産分割協議により甲土地がBの単独所有とされたときは，Bは，Dに対し，抵当権設定登記の抹消を請求することができない。

1．ア　イ　　2．ア　ウ　　3．イ　エ　　4．ウ　オ　　5．エ　オ

〔第８問〕（配点：２）

即時取得に関する次のアからオまでの各記述のうち，判例の趣旨に照らし誤っているものを組み合わせたものは，後記１から５までのうちどれか。（解答欄は，［No.８］）

ア．Ａは，自己所有の宝石をＢに売却して現実の引渡しをした。その後，Ｂは，宝石をＣに売却して現実の引渡しをした。さらに，その後，Ａは，ＡＢ間の売買契約をＢの強迫を理由として取り消した。この場合，Ｃは，即時取得により宝石の所有権を取得することはない。

イ．未成年者Ａは，自己所有の宝石をＢに売却して現実の引渡しをした。その後，Ａは，ＡＢ間の売買契約を未成年であることを理由として取り消した。この場合，Ｂが即時取得により宝石の所有権を取得することはない。

ウ．Ａは，Ｂ所有の宝石をＢから賃借して引渡しを受けた上，宝石をＣに預けていたが，宝石をＤに売却し，Ｃに対し，宝石を今後Ｄのために占有するよう命じ，Ｄがこれを承諾した。この場合，Ｄは，宝石がＡ所有であると信じ，かつ，そのことに過失がなかったとしても，即時取得により宝石の所有権を取得することはない。

エ．Ａは，Ｂが置き忘れた宝石を，自己所有物であると過失なく信じて持ち帰った。この場合，Ａが即時取得により宝石の所有権を取得することはない。

オ．Ａは，ＢがＣから賃借していた宝石を盗み，Ｄに贈与した。Ｄが宝石をＡの所有物であると過失なく信じて現実の引渡しを受けた場合，Ｂは，宝石の盗難時から２年間は，Ｄに宝石の回復を請求することができる。

１．ア　ウ　　２．ア　エ　　３．イ　ウ　　４．イ　オ　　５．エ　オ

〔第９問〕（配点：２）

占有の訴えに関する次のアからオまでの各記述のうち，判例の趣旨に照らし誤っているものを組み合わせたものは，後記１から５までのうちどれか。（解答欄は，［No.９］）

ア．Ａは自己の所有するコピー機をＢに賃貸していたが，Ｂはコピー機の賃貸借契約が終了した後もコピー機を使用し続け，Ａに返還しなかった。この場合，Ａは，Ｂに対し，占有回収の訴えによりコピー機の返還を請求することができる。

イ．Ａは，底面に「所有者Ａ」と印字されたシールを貼ってある自己所有のパソコンをＢに窃取された。その後，Ｂは，パソコンの外観に変更を加えることなく，パソコンを盗難の事情を知らないＣに譲渡した。この場合，Ａは，Ｃに対し，占有回収の訴えにより同パソコンの返還を請求することはできない。

ウ．Ａは自己の所有する工作機械をＢに賃貸していたが，Ｂは，工作機械の賃貸借契約継続中に工作機械をＣに窃取された。この場合，Ｂは，Ａから独立して，Ｃに対して占有回収の訴えを提起することができる。

エ．Ａは，自己の所有する自転車をＢに詐取された。この場合，Ａは，Ｂに対し，占有回収の訴えにより自転車の返還を請求することができる。

オ．Ａは，別荘地に土地を所有していた。その隣地の所有者であったＢは，Ａに無断で境界を越えてＡ所有の土地に塀を作り始め，２年後にその塀が完成した。Ａは，この時点において，Ｂに対し，占有保持の訴えによりその塀の撤去を請求することはできない。

１．アイ　２．アエ　３．イウ　４．ウオ　５．エオ

〔第10問〕（配点：２）

地上権に関する次のアからオまでの各記述のうち，誤っているものを組み合わせたものは，後記１から５までのうちどれか。（解答欄は，［No.10］）

ア．地上権者は，地上権設定者に対し，その地上権の設定登記を請求する権利を有する。

イ．約定による地上権の存続期間は，２０年以上５０年以下の範囲内で定めなければならない。

ウ．地上権は，工作物又は竹木を所有する目的で土地を使用する権利である。

エ．地下又は空間は，工作物を所有するため，上下の範囲を定めて地上権の目的とすることができる。

オ．地上権は，地上権設定者の承諾を得なければ，譲渡することができない。

１．アイ　２．アエ　３．イオ　４．ウエ　５．ウオ

〔第11問〕（配点：２）

先取特権に関する次のアからオまでの各記述のうち，判例の趣旨に照らし正しいものを組み合わせたものは，後記１から５までのうちどれか。（解答欄は，［No.11］）

ア．法人に対して電気料金債権を有する者は，供給した電気がその代表者及びその家族の生活に使用されていた場合，法人の財産について一般の先取特権を有する。

イ．旅館に宿泊客が持ち込んだ手荷物がその宿泊客の所有物でなく他人の所有物であった場合，旅館主は，その手荷物がその宿泊客の所有物であると過失なく信じたときであっても，その手荷物について旅館の宿泊の先取特権を行使することはできない。

ウ．動産の売主は，買主がその動産の転売によって得た売買代金債権につき，買主の一般債権者が当該売買代金債権を差し押さえた後は，動産の売買の先取特権に基づく物上代位権を行使することはできない。

エ．不動産の工事の先取特権の効力を保存するためには，工事を始める前にその費用の予算額を登記しなければならない。

オ．建物賃貸借において，賃借権が適法に譲渡され，譲受人が建物に動産を備え付けた場合，賃貸借関係から生じた賃貸人の債権が譲渡前に発生していたものであっても，不動産の賃貸の先取特権はその動産に及ぶ。

１．ア　イ　　２．ア　オ　　３．イ　ウ　　４．ウ　エ　　５．エ　オ

〔第12問〕（配点：２）

債務者Ａは債権者Ｂのために Ａの所有する不動産甲に抵当権を設定し，その旨の登記がされた。この場合における抵当権の消滅に関する次のアからオまでの各記述のうち，判例の趣旨に照らし正しいものを組み合わせたものは，後記１から５までのうちどれか。（解答欄は，［No.12］）

ア．Ａは，抵当権を実行することができる時から２０年が経過すれば，被担保債権が消滅していなくても，抵当権が時効により消滅したと主張することができる。

イ．甲について，その後，ＡがＣのために抵当権を設定し，その旨の登記がされた場合において，ＢがＡから甲を買い受けたときは，Ｂの抵当権は消滅しない。

ウ．Ａの一般債権者が甲につき強制競売の申立てをし，当該強制競売手続において甲が売却されたときは，Ｂの抵当権は消滅する。

エ．甲について，その後，Ａから譲渡担保権の設定を受けたＤは，譲渡担保権の実行前であっても，抵当権消滅請求をすることにより，Ｂの抵当権を消滅させることができる。

オ．甲が建物である場合において，Ａが故意に甲を焼失させたときは，Ｂの抵当権は消滅しない。

1．ア　エ　　2．ア　オ　　3．イ　ウ　　4．イ　オ　　5．ウ　エ

〔第13問〕（配点：2）

債務者Aが債権者Bのために自己の所有する不動産に根抵当権を設定した場合に関する次のアからオまでの各記述のうち，正しいものを組み合わせたものは，後記1から5までのうちどれか。（解答欄は，［No.13］）

ア．Bは，元本の確定前は，Aに対する他の債権者Cに対してその順位を譲渡することができる。

イ．Bの根抵当権にDのために転根抵当権が設定され，BがAに転根抵当権の設定の通知をした場合，Aは，元本の確定前であれば，Dの承諾を得なくてもBに弁済することができる。

ウ．元本の確定前に，Bが根抵当権によって担保されていた債権をEに譲渡した場合，それに伴って根抵当権もEに移転する。

エ．後順位抵当権者Fがいる場合，A及びBが元本確定期日を変更するためには，Fの承諾が必要である。

オ．Bが数個の不動産について根抵当権を有する場合，同一の債権の担保として数個の不動産の上に根抵当権が設定された旨の登記がその設定と同時にされたときを除き，各不動産の代価についてそれぞれの極度額まで優先権を行使することができる。

1．ア　ウ　　2．ア　エ　　3．イ　エ　　4．イ　オ　　5．ウ　オ

〔第14問〕（配点：２）

譲渡担保に関する次のアからオまでの各記述のうち，判例の趣旨に照らし正しいものを組み合わせたものは，後記１から５までのうちどれか。（解答欄は，［No.14］）

ア．所有する土地に譲渡担保権を設定した債務者は，債務の弁済期が経過した後は，債権者が担保権の実行を完了する前であっても，債務の全額を弁済して目的物を受け戻すことはできない。

イ．所有する機械に譲渡担保権を設定して譲渡担保権者に現実の引渡しをした債務者Ａは，その債務の弁済をする場合，債務の弁済と譲渡担保権者のＡに対する目的物の引渡しとの同時履行を主張することはできない。

ウ．債務者Ａが所有する構成部分の変動する在庫商品に債権者Ｂのために譲渡担保権が設定された後，商品が滅失し，その損害をてん補するための損害保険金請求権をＡが取得したときは，Ａが営業を継続しているか否かにかかわらず，Ｂは，当該保険金請求権に対して物上代位権を行使することができる。

エ．土地の賃借人が借地上に所有する建物に譲渡担保権を設定した場合，その効力が土地の賃借権に及ぶことはない。

オ．譲渡担保権によって担保されるべき債権の範囲は，強行法規や公序良俗に反しない限り，設定契約の当事者間において元本，利息及び遅延損害金について自由に定めることができる。

１．ア　ウ　　２．ア　エ　　３．イ　エ　　４．イ　オ　　５．ウ　オ

〔第15問〕（配点：２）

ＡとＢは，Ａが所有する骨董品甲をＢに１００万円で売却する旨の売買契約を締結した。この事例に関する次のアからオまでの各記述のうち，判例の趣旨に照らし正しいものを組み合わせたものは，後記１から５までのうちどれか。（解答欄は，［No.15］）

ア．売買契約の締結後，Ｂが代金１００万円を支払ったが，引渡期日前に，ＡがＢに対して甲を引き渡すつもりは全くないと告げ，Ｂの働きかけにもかかわらず翻意しないときは，Ｂは，引渡期日の到来を待つことなく，Ａに対し，債務の履行に代わる損害の賠償を請求することができる。

イ．売買契約の締結の前日に甲が焼失していたときは，当該売買契約は効力を生じない。

ウ．売買契約の締結後，Ｂが代金１００万円を支払ったが，Ａが甲をＢに引き渡す前に，甲がＢの責めに帰すべき事由により焼失した場合において，Ａが甲の焼失による損害をてん補するために支払われる損害保険金７０万円を得たときは，Ｂは，Ａに対し，７０万円の支払を請求することができる。

エ．売買契約の締結後，Ａが甲をＢに引き渡す前に，甲が第三者の失火により焼失したときは，Ｂの代金支払債務は当然に消滅する。

オ．Aが引渡期日に甲の引渡しの提供をしたところ，Bが正当な理由なく受領を拒絶したため，Aの下で甲を保管中に，Aの重過失により甲が滅失したときは，Bは，代金の支払を拒むことができない。

1．ア　ウ　　2．ア　エ　　3．イ　ウ　　4．イ　オ　　5．エ　オ

〔第16問〕（配点：2）

Aは，その債権者を害することを知りながら，所有する骨董品甲をBに贈与し，その際，Bも甲の贈与がAの債権者を害することを知っていた。この事例におけるAの債権者Cによる詐害行為取消権行使に関する次のアからオまでの各記述のうち，正しいものを組み合わせたものは，後記1から5までのうちどれか。（解答欄は，［No.16］）

ア．Cが詐害行為取消訴訟を提起する場合，Aを被告としなければならない。

イ．Bが，甲の贈与がAの債権者を害することを知っていたDに甲を売却し，引き渡した場合，Cは，Dに対し，BD間の甲の売買の取消しを請求することができる。

ウ．Bが，甲の贈与がAの債権者を害することを知っていたDに甲を売却し，引き渡した場合，Cは，Bに対し，AB間の甲の贈与の取消しを請求することができる。

エ．Cによる詐害行為取消請求を認容する確定判決の効力は，Aの全ての債権者に対してもその効力を有する。

オ．Bが，甲の贈与がAの債権者を害することを知っていたDに甲を売却し，引き渡した場合において，CのDに対する詐害行為取消請求を認容する判決が確定したときは，Dは，Bに対し，代金の返還を請求することができる。

1．ア　エ　　2．ア　オ　　3．イ　ウ　　4．イ　オ　　5．ウ　エ

〔第17問〕（配点：２）

ＡＢＣは，Ｄに対して，６０万円の借入金債務（以下「甲債務」という。）を連帯して負担し，負担部分は均等とする合意をしていた。この事例に関する次のアからオまでの各記述のうち，正しいものを組み合わせたものは，後記１から５までのうちどれか。（解答欄は，［No.17］）

ア．ＤがＡに対して甲債務の支払請求訴訟を提起し，請求を認容する判決が確定した場合において，Ｄ及びＢが別段の意思を表示していないときは，甲債務の消滅時効は，Ｂについても判決確定の時から新たにその進行を始める。

イ．ＤがＣに対して甲債務を免除する意思表示をした場合において，Ｄ及びＡが別段の意思を表示していないときは，ＤがＡの債務を免除する意思を有していなかったとしても，Ｄは，Ａに対して６０万円の支払を請求することはできない。

ウ．甲債務と相殺適状にある３０万円の乙債務をＤがＣに対して負担している場合において，Ｃが乙債務につき相殺を援用しない間に，ＤがＡに６０万円の支払を請求したときは，Ａは，２０万円についてその支払を拒むことができる。

エ．Ｂは，甲債務の履行期にＤに対して１８万円を支払った場合，Ａ及びＣに求償することはできない。

オ．甲債務と相殺適状にある２０万円の乙債務をＤがＣに対して負担している場合において，Ａが，Ｃが甲債務の連帯債務者であることを知りながら，Ｃに通知せずにＤに６０万円を支払ってＣに求償し，Ｃが乙債務との相殺をもってＡに対抗したときは，Ａは，Ｄに対し，相殺によって消滅すべきであった乙債務２０万円の支払を請求することができる。

１．ア　イ　　２．ア　ウ　　３．イ　エ　　４．ウ　オ　　５．エ　オ

〔第18問〕（配点：２）

ＡはＢ銀行に預金口座を開設し，金銭を預け入れた。この事例に関する次のアからオまでの各記述のうち，判例の趣旨に照らし誤っているものを組み合わせたものは，後記１から５までのうちどれか。（解答欄は，［No.18］）

ア．Ｃが，Ｂ銀行のＤの預金口座に振込みをするつもりで，誤ってＡの預金口座への１００万円の振込みをＣの取引銀行に依頼し，その振込みが実行された場合，Ｃは，Ｂ銀行に対し，１００万円の支払を請求することができる。

イ．Ａが死亡してＥとＦがＡを相続した場合，Ｅは単独で，Ｂ銀行に対し，Ａ名義の預金口座の取引経過の開示を求めることができる。

ウ．ＡがＢ銀行に対して有する預金債権について，譲渡はできない旨の特約がされていた場合，ＡがＧとの間で，その預金債権をＧに譲渡する契約をしても，Ｇが特約について悪意又は重過失であったときは，その譲渡は効力を生じない。

エ．Aの預金口座に係る預金が定期預金の場合，B銀行は，やむを得ない事由がなければ，Aの同意なしに満期前に預金を払い戻すことはできない。

オ．HがAに対する代金債務の全額をAH間の合意によりB銀行のAの預金口座への振込みによって支払った場合，その債務は，Hの振込みによってAがB銀行に対して同額の預金の払戻しを請求する権利を取得した時に，弁済により消滅する。

1．ア　ウ　　2．ア　エ　　3．イ　ウ　　4．イ　オ　　5．エ　オ

〔第19問〕（配点：2）

弁済による代位に関する次のアからオまでの各記述のうち，判例の趣旨に照らし誤っているものを組み合わせたものは，後記1から5までのうちどれか。（解答欄は，［No.19］）

ア．物上保証人は，被担保債権を弁済した場合，代位により取得した被担保債権につき，対抗要件を備えなくても，これを行使することができる。

イ．保証人は，被担保債権の一部を弁済したが残債務がある場合，その弁済をした価額の限度において，代位により取得した被担保債権及びその担保権を単独で行使することができる。

ウ．保証人Aと物上保証人Bとの間で，Aが自己の弁済した全額につき債権者に代位することができる旨の特約をした場合において，弁済をしたAが債権者に代位してB所有の不動産上の第一順位の抵当権を行使するときは，Aはその特約の効力を当該不動産の後順位抵当権者に主張することはできない。

エ．債権者が故意に担保を減少させたとしても，そのことについて取引上の社会通念に照らして合理的な理由がある場合，保証人は，その担保の減少に基づく免責を主張することはできない。

オ．債権者が過失により担保を減少させた後に物上保証人から抵当目的不動産を譲り受けた者は，物上保証人と債権者との間に債権者の担保保存義務を免除する旨の特約がされていたために担保の減少に基づく免責が生じていなかった場合，債権者に対して担保の減少に基づく自己の免責を主張することはできない。

1．ア　ウ　　2．ア　オ　　3．イ　ウ　　4．イ　エ　　5．エ　オ

〔第20問〕（配点：２）

安全配慮義務に関する次のアからオまでの各記述のうち，判例の趣旨に照らし誤っているものを組み合わせたものは，後記１から５までのうちどれか。（解答欄は，［No.20］）

ア．安全配慮義務違反を理由とする債務不履行に基づく損害賠償を請求する訴訟においては，原告は，安全配慮義務の内容を特定し，義務違反に該当する事実を主張立証する責任を負う。

イ．雇用契約上の安全配慮義務違反により死亡した者の遺族が債務不履行に基づく損害賠償を請求する場合には，遺族固有の慰謝料を請求することはできない。

ウ．元請企業は，下請企業に雇用されている労働者に対しても，特別な社会的接触の関係に入ったものとして，信義則上，安全配慮義務違反を理由とする債務不履行に基づく損害賠償債務を負うことがある。

エ．安全配慮義務違反を理由とする債務不履行に基づく損害賠償債務は，損害発生の時から履行遅滞に陥る。

オ．国の公務員である運転者Ａが公務遂行中に道路交通法上の通常の注意義務に違反して自動車事故を起こし，同乗していた国の公務員Ｂが負傷した場合，国は，Ｂに対し，安全配慮義務違反を理由とする債務不履行に基づく損害賠償債務を負う。

１．ア　イ　　２．ア　エ　　３．イ　ウ　　４．ウ　オ　　５．エ　オ

〔第21問〕（配点：２）

法定利率及び約定利率に関する次のアからオまでの各記述のうち，判例の趣旨に照らし正しいものを組み合わせたものは，後記１から５までのうちどれか。（解答欄は，［No.21］）

ア．利息を生ずべき債権について約定利率の定めがないときは，その利率は，最初に利息が生じた時点における法定利率による。

イ．法定利率の割合は，３年を一期とするその期ごとに見直され，必ず変更される。

ウ．将来において負担すべき費用についての損害賠償の額を定める場合，その費用を負担すべき時までの利息相当額を法定利率により控除することはできない。

エ．債務者が貸金返還債務の履行を遅滞した場合，債権者は，法定利率又は約定利率により算定された額を超える損害が生じたことを証明しても，当該損害の賠償を請求することができない。

オ．金銭消費貸借契約の利息について法定利率を超える約定利率の定めがある場合，返済を遅滞した借主は，元本及び返済期日までの約定利率の割合による利息に加えて，当該金銭消費貸借契約を締結した時点における法定利率の割合による遅延損害金を返済期日の翌日から支払済みまで支払わなければならない。

1．ア　ウ　　2．ア　エ　　3．イ　ウ　　4．イ　オ　　5．エ　オ

〔第22問〕（配点：２）

契約の成立に関する次のアからオまでの各記述のうち，契約が成立していないものの組合せとして正しいものは，後記１から５までのうちどれか。（解答欄は，［No.22］）

ア．ＡがＢに対し，承諾の期間を申込みから１週間と定めて撤回の権利の留保なく契約の申込みをし，その２日後に申込みを撤回したが，Ｂは申込みから５日後に承諾した。

イ．Ａが対話中にその終了後も契約の申込みが効力を失わない旨を表示せずに対話者であるＢに対して契約の申込みをしたところ，Ｂは対話終了後の翌日に承諾した。

ウ．Ｂは，Ａによる契約の申込みに対し，承諾の通知を発した後に死亡したが，Ａは，その承諾の通知の到達前にＢ死亡の事実を知っていた。

エ．ＡがＢに対して契約の申込みの通知を発した後に死亡したが，Ａは自らが死亡したとすればその申込みは効力を有しない旨の意思を表示しておらず，ＢはＡ死亡の事実を知らずに承諾した。

オ．ＡがＢに対して承諾の期間を申込みから１週間と定めて契約の申込みをしたところ，Ｂは申込みから１０日後に承諾した。

1．ア　ウ　　2．ア　オ　　3．イ　エ　　4．イ　オ　　5．ウ　エ

〔第23問〕（配点：２）

ＡＢ間においてＡの所有する中古の時計甲の売買契約が締結された場合について述べた次のアからオまでの各記述のうち，判例の趣旨に照らし正しいものを組み合わせたものは，後記１から５までのうちどれか。（解答欄は，［No.23］）

ア．売買契約において，Ａが甲を引き渡した日から１か月後にＢが代金を支払うことが定められていた場合であっても，Ａ及びＢの債務の履行後に第三者Ｃの詐欺を理由として契約が取り消されたときの双方の原状回復義務は，同時履行の関係に立つ。

イ．売買契約の締結時に甲がＤの住所に存在していたときであっても，引渡しをすべき場所について別段の意思表示がない限り，甲の引渡場所はＢの現在の住所である。

ウ．Ｂが，Ｅとの間で，売買契約における買主たる地位をＥに譲渡する旨の合意をした場合，Ａの承諾の有無にかかわらず，買主たる地位はＥに移転する。

エ．売買契約において契約の締結時には出生していなかったＦに甲の所有権を取得させることが定められた場合，売買契約は無効である。

オ．売買契約において第三者Ｇに甲の所有権を取得させることが定められ，Ｇの受益の意思表示がされた後，Ａが甲の引渡しを遅滞した場合，Ｂは，Ｇの承諾を得なければ，売買契約を解除することができない。

１．ア　イ　　２．ア　オ　　３．イ　エ　　４．ウ　エ　　５．ウ　オ

〔第24問〕（配点：２）

他人の権利の売買に関する次のアからオまでの各記述のうち，正しいものを組み合わせたものは，後記１から５までのうちどれか。（解答欄は，［No.24］）

ア．売主が他人の権利を取得して買主に移転することができない場合，買主は，契約時にその権利が売主に属しないことを知っていたとしても，それにより損害賠償の請求を妨げられない。

イ．売主が他人の権利を取得して買主に移転することができない場合，そのことについて売主の責めに帰すべき事由が存在しないときであっても，買主は売主に対して損害賠償請求をすることができる。

ウ．売買の目的である権利の一部が他人に属することにより，その権利の一部が買主に移転されず，履行の追完が不能である場合，そのことについて買主の責めに帰すべき事由が存在しないときは，買主は，催告をすることなく，直ちに代金の減額を請求することができる。

エ．売主が他人の権利を取得して買主に移転することができない場合，買主は，契約時にその権利が売主に属しないことを知っていたときは，契約を解除することができない。

オ．売主が他人の権利を取得して買主に移転することができない場合，買主は，善意の売主に対しては，当該権利が他人の権利であることを知った時から１年以内にその旨を通知しなければ，損害賠償の請求をすることができない。

１．アウ　　２．アエ　　３．イウ　　４．イオ　　５．エオ

〔第25問〕（配点：２）

賃貸借に関する次のアからオまでの各記述のうち，誤っているものを組み合わせたものは，後記１から５までのうちどれか。（解答欄は，［No.25］）

ア．賃貸不動産が譲渡され，その不動産の賃貸人たる地位がその譲受人に移転したときは，譲渡人が負っていた賃借人に対する費用の償還に係る債務は，譲受人が承継する。

イ．賃貸人は，賃借人の責めに帰すべき事由によって賃貸物の使用及び収益のために修繕が必要となったときであっても，その修繕をする義務を負う。

ウ．賃借物の一部が滅失その他の事由により使用及び収益をすることができなくなった場合において，それが賃借人の責めに帰することができない事由によるものであるときは，賃料は，その使用及び収益をすることができなくなった部分の割合に応じて，減額される。

エ．賃借人が適法に賃借物を転貸し，その後，賃貸人が賃借人との間の賃貸借を合意により解除した場合，賃貸人は，その解除の当時，賃借人の債務不履行による解除権を有していたときであっても，その合意解除をもって転借人に対抗することはできない。

オ．賃貸借が終了した場合，賃借人は，通常の使用及び収益によって生じた賃借物の損耗については，原状に復する義務を負わない。

１．アウ　　２．アエ　　３．イエ　　４．イオ　　５．ウオ

〔第26問〕（配点：２）

委任に関する次のアからオまでの各記述のうち，判例の趣旨に照らし正しいものを組み合わせたものは，後記１から５までのうちどれか。（解答欄は，［No.26］）

ア．委任を解除した者は，その解除の時期にかかわらず，相手方に対する損害賠償責任を負わない。

イ．法律行為でない事務の委託については，法律行為の委任に関する民法の規定は準用されない。

ウ．受任者は，委任事務を処理するのに必要な費用につき，その費用を支払った後でなければ，これを委任者に請求することはできない。

エ．委任者が死亡しても委任が終了しないこととする当事者間の特約がある場合，委任は，委任者が死亡しても当然には終了しない。

オ．委任者が破産手続開始の決定を受けたことによって委任が終了した場合には，委任者は，破産手続開始の決定を受けたことを受任者に通知したとき，又は受任者が破産手続開始決定の事実を知っていたときでなければ，受任者に対し，委任の終了を主張することができない。

１．ア　イ　　２．ア　オ　　３．イ　ウ　　４．ウ　エ　　５．エ　オ

〔第27問〕（配点：２）

組合に関する次のアからオまでの各記述のうち，正しいものを組み合わせたものは，後記１から５までのうちどれか。（解答欄は，［No.27］）

ア．組合員は，組合財産に属する金銭債権につき，その持分に応じて単独で権利を行使することができる。

イ．組合の業務の決定は，業務執行者があるときであっても，組合員の過半数をもってする。

ウ．組合の存続期間を定めた場合であっても，各組合員は，やむを得ない事由があるときは，脱退することができる。

エ．組合の成立後に新たに加入した組合員は，その加入前に生じた組合の債務について弁済する責任を負わない。

オ．組合員は，組合員の過半数の同意がある場合には，清算前に組合財産の分割を求めることができる。

１．ア　イ　　２．ア　オ　　３．イ　ウ　　４．ウ　エ　　５．エ　オ

〔第28問〕（配点：２）

不当利得に関する次のアからオまでの各記述のうち，判例の趣旨に照らし正しいものを組み合わせたものは，後記１から５までのうちどれか。（解答欄は，［No.28］）

ア．所有者から寄託された動産を受寄者が売却し，買主に即時取得が成立した場合，買主は，寄託者に対し，不当利得返還義務を負わない。

イ．第三者からだまし取った金銭を用いて債務が弁済された場合において，第三者からだまし取った金銭を用いて債務者が弁済をしたことを知らなかったことについて債権者に過失があるときは，債権者は，当該第三者に対して不当利得返還義務を負う。

ウ．過失により弁済期が到来したものと誤信をして，弁済期が到来する前に債務の弁済としての給付を行った者は，弁済期が到来するまでは，その給付したものの返還を求めることができる。

エ．債務者が債権の受領権限がない者に対し弁済をした場合において，真の債権者がその受領者に対して不当利得返還請求をしたときは，その受領者は，弁済をした債務者に過失があったことを主張して，請求を拒絶することができる。

オ．自らを債務者であると誤信して他人の債務を弁済した者は，債権者が善意でその債権を消滅時効により消滅させてしまった場合，債権者に対し弁済金の返還請求をすることができない。

1．ア　ウ　　2．ア　オ　　3．イ　ウ　　4．イ　エ　　5．エ　オ

〔第29問〕（配点：２）

不法行為に関する次のアからオまでの各記述のうち，判例の趣旨に照らし誤っているものを組み合わせたものは，後記１から５までのうちどれか。（解答欄は，［No.29］）

ア．金銭債権を有する者が，その債務者を負傷させたことにより不法行為に基づく損害賠償債務を負った場合，当該金銭債権を自働債権，損害賠償債権を受働債権とする相殺をもって債務者に対抗することはできない。

イ．報道により他人の名誉を毀損した報道機関は，その報道が公共の利害に関する事実に係り，専ら公益を図ることに出たものであって，摘示した事実が真実であると信ずるにつき相当な理由があったとしても，その事実が真実であると証明できなかったときは，不法行為責任を負う。

ウ．子が他人の不法行為によって重傷を負った場合，その両親は，そのために子が生命を害されたときにも比肩すべき精神上の苦痛を受けたときは，自己の権利として加害者に慰謝料を請求することができる。

エ．未成年者が責任能力を有し被害者に対する不法行為責任を負う場合であっても，その監督義務者に未成年者に対する監督義務違反があり，その義務違反と当該未成年者の不法行為によって生じた結果との間に相当因果関係が認められるときには，監督義務者は被害者に対する不法行為責任を負う。

オ．使用者が被用者の加害行為につき使用者責任に基づいて第三者に損害賠償責任を負う場合，当該被用者は，加害行為につき故意又は重過失がない限り，当該第三者に対する損害賠償責任を負わない。

1．ア　イ　　2．ア　ウ　　3．イ　オ　　4．ウ　エ　　5．エ　オ

〔第30問〕（配点：２）

普通養子縁組に関する次のアからオまでの各記述のうち，誤っているものを組み合わせたものは，後記１から５までのうちどれか。（解答欄は，［No.30］）

ア．１７歳の者が縁組をして養子となるには，その法定代理人の同意を得なければならない。

イ．後見人が被後見人を養子とするには，家庭裁判所の許可を得なければならない。

ウ．配偶者のある者が配偶者の嫡出子を養子とする場合には，配偶者の同意を得ることを要しない。

エ．自己の孫を養子とする場合には，その孫が未成年者であっても，家庭裁判所の許可を得ることを要しない。

オ．縁組の当事者の一方が死亡した場合には，他方の当事者は，家庭裁判所の許可を得なければ離縁をすることができない。

１．アウ　２．アオ　３．イウ　４．イエ　５．エオ

〔第31問〕（配点：２）

親権を行う者とその子との間及び子相互間の利益相反行為に関する次のアからオまでの各記述のうち，判例の趣旨に照らし誤っているものを組み合わせたものは，後記１から５までのうちどれか。（解答欄は，［No.31］）

ア．親権者が利益相反行為をした場合には，その行為は無権代理行為となる。

イ．親権者が共同相続人である数人の子を代理して遺産分割の協議をすることは，利益相反行為に当たる。

ウ．親権者とその数人の子が共同相続人である場合に，親権者が自ら相続の放棄をすると同時にその子全員を代理して相続の放棄をすることは，利益相反行為に当たらない。

エ．親権者がその子の名義で金銭を借り受け，その子が所有する不動産に抵当権を設定する場合であっても，親権者がその金銭を自らの用途に供する意図を有していたときには，利益相反行為に当たる。

オ．父母が共に親権者である場合に，父とその子との利益が相反する行為をするには，母が親権者として単独でその子のための代理行為をする必要がある。

１．アウ　２．アエ　３．イウ　４．イオ　５．エオ

〔第32問〕（配点：２）

後見に関する次のアからオまでの各記述のうち，誤っているものを組み合わせたものは，後記１から５までのうちどれか。（解答欄は，［No.32］）

ア．未成年後見人が数人ある場合，身上の監護に関する権限については，家庭裁判所は，職権で，各未成年後見人が単独で又は数人の未成年後見人が職務を分掌して，その権限を行使すべきことを定めることができる。

イ．成年後見人が成年被後見人を代理してその居住している建物を売却する場合には，家庭裁判所の許可を得なければならない。

ウ．未成年被後見人Ａが成年に達した後後見の計算の終了前にＡと未成年後見人との間で契約を締結した場合，Ａは，その契約を取り消すことができる。

エ．成年後見人が成年被後見人を代理して預金の払戻しを受けるには，後見監督人があるときは，その同意を得なければならない。

オ．任意後見契約が登記されている場合に家庭裁判所が後見開始の審判をするには，本人の利益のため特に必要があると認めるときでなければならない。

１．アウ　　２．アエ　　３．イウ　　４．イオ　　５．エオ

〔第33問〕（配点：２）

遺贈に関する次のアからオまでの各記述のうち，判例の趣旨に照らし誤っているものを組み合わせたものは，後記１から５までのうちどれか。（解答欄は，［No.33］）

ア．遺贈は，成年に達しなければ，することができない。

イ．寄与分は，被相続人が相続開始の時において有した財産の価額から遺贈の価額を控除した残額を超えることができない。

ウ．相続財産の一部の割合について包括遺贈を受けた者は，相続財産に属する債務を承継しない。

エ．Ａが所有する甲不動産をＢに生前贈与したが，所有権移転登記未了のうちにＣに遺贈する旨の遺言をし，Ａの死亡後にＡからＣへの遺贈を原因とする所有権移転登記がされた場合，ＣがＡの相続人であっても，Ｂは，Ｃに対し，甲不動産の所有権の取得を対抗することができない。

オ．遺贈は，遺言者の死亡以前に受遺者が死亡したときは，その効力を生じない。

１．アウ　　２．アオ　　３．イウ　　４．イエ　　５．エオ

〔第34問〕（配点：２）

遺言の執行に関する次のアからオまでの各記述のうち，誤っているものを組み合わせたものは，後記１から５までのうちどれか。（解答欄は，［No.34］）

ア．自筆証書遺言に係る遺言書を保管している相続人は，相続の開始を知った後，遅滞なく，遺言書を保管している旨を他の相続人に通知しなければならない。

イ．遺言執行者がないとき，又はなくなったときは，家庭裁判所は，利害関係人の請求によって，これを選任することができる。

ウ．遺言執行者がある場合には，遺贈の履行は，遺言執行者のみが行うことができ，遺言者の相続人がこれを行うことはできない。

エ．遺産分割方法の指定として遺産に属する預金債権の全部を相続人の一人に承継させる旨の遺言があったときは，遺言執行者は，遺言者がその遺言に別段の意思を表示した場合を除き，その預金の払戻しを請求することができる。

オ．遺言執行者は，遺言者がその遺言に別段の意思を表示した場合を除き，やむを得ない事由がなければ，第三者にその任務を行わせることができない。

１．アウ　２．アオ　３．イウ　４．イエ　５．エオ

〔第35問〕（配点：２）

相続と贈与に関する次のアからオまでの各記述のうち，判例の趣旨に照らし誤っているものを組み合わせたものは，後記１から５までのうちどれか。（解答欄は，［No.35］）

ア．特別受益に当たる贈与の価額がその受贈者である相続人の具体的相続分の価額を超える場合，その相続人は，超過した価額に相当する財産を他の共同相続人に返還しなければならない。

イ．Ａが，婚姻後２１年が経過した時点で，Ａとその配偶者Ｂが居住するＡ所有のマンション甲をＢに贈与し，その後に死亡した場合，当該贈与については，その財産の価額を相続財産に算入することを要しない旨の意思表示（持戻し免除の意思表示）がされたものと推定される。

ウ．特別受益に当たる贈与は，地震により目的物が滅失した場合であっても，相続開始の時においてなお原状のままであるものとみなしてその価額を定める。

エ．不動産の死因贈与の受贈者Ａが贈与者Ｂの相続人である場合において，限定承認がされたときは，死因贈与に基づくＢからＡへの所有権移転登記が相続債権者Ｃによる差押登記よりも先にされたとしても，Ａは，Ｃに対し，その不動産の所有権の取得を対抗することができない。

オ．特別受益に当たる贈与は，当事者双方が遺留分権利者に損害を加えることを知ってしたものでない場合，相続開始前の１０年間にしたものに限り，遺留分を算定するための財産の価額に算入される。

１．アイ　２．アウ　３．イオ　４．ウエ　５．エオ

〔第36問〕（配点：２）

承継人に関する次のアからオまでの各記述のうち，判例の趣旨に照らし誤っているものを組み合わせたものは，後記１から５までのうちどれか。（解答欄は，［No.36］）

ア．錯誤によって取り消すことができる行為は，錯誤による意思表示をした者の契約上の地位の承継人も，取り消すことができる。

イ．時効の完成猶予の効力は，その事由が生じた当事者の承継人に対しては生じない。

ウ．占有者の包括承継人は，取得時効に関して，自己の占有のみを主張することもできる。

エ．共有者の一人であるＡが共有物について他の共有者であるＢに対して有する債権は，Ｂの特定承継人に対しては，行使することができない。

オ．遺留分権利者の承継人は，遺留分侵害額に相当する金銭の支払を請求することができる。

１．ア　ウ　　２．ア　オ　　３．イ　エ　　４．イ　オ　　５．ウ　エ

〔第37問〕（配点：２）

撤回に関する次のアからオまでの各記述のうち，誤っているものを組み合わせたものは，後記１から５までのうちどれか。（解答欄は，［No.37］）

ア．選択債権について債務者が選択権行使の意思表示をした場合，その意思表示は，債権の弁済期前であっても，債権者の承諾を得なければ，撤回することができない。

イ．解除の意思表示は，撤回することができない。

ウ．相続の放棄は，相続の承認又は放棄をすべき期間内は，撤回することができる。

エ．遺贈の承認は，遺贈義務者が履行に着手するまでは，撤回することができる。

オ．遺言者は，その遺言を撤回する権利を放棄することができない。

１．ア　イ　　２．ア　オ　　３．イ　ウ　　４．ウ　エ　　５．エ　オ

刑　法

〔第１問〕（配点：２）

次の１から５までの各記述を判例の立場に従って検討した場合，正しいものはどれか。（解答欄は，［No.１］）

１．甲は，Ｘに対し，暴行や脅迫を用いて，自殺するように執拗に要求し，要求に応じて崖から海に飛び込んで自殺するしかないとの精神状態に陥らせた上で，Ｘを崖から海に飛び込ませて死亡させた。この場合，甲に，Ｘに対する殺人罪は成立しない。

２．甲は，追死する意思がないのにあるように装い，その旨誤信したＸに心中を決意させた上で，毒物を渡し，それを飲み込ませて死亡させた。この場合，甲に，Ｘに対する殺人罪は成立しない。

３．甲は，財物を奪取するために，当該財物の占有者Ｘに対し，反抗を抑圧するに足りる程度の暴行や脅迫を用いて，当該財物を差し出すしかないとの精神状態に陥らせた上で，当該財物を差し出させた。この場合，甲に，Ｘに対する強盗罪は成立せず，窃盗罪の間接正犯が成立する。

４．甲は，日頃から暴行を加えて自己の意のままに従わせて万引きをさせていた満１２歳の実子Ｘに対し，これまでと同様に万引きを命じて実行させた。この場合，Ｘが是非善悪の判断能力を有する者であれば，甲に，窃盗罪の間接正犯は成立せず，Ｘとの間で同罪の共同正犯が成立する。

５．甲は，Ｘが管理する工事現場に保管されている同人所有の機械を，同人に成り済まして，甲をＸであると誤信した中古機械買取業者Ｙに売却し，同人に同機械を同所から搬出させた。この場合，甲に，Ｘに対する窃盗罪の間接正犯が成立する。

〔第２問〕（配点：３）

横領の罪に関する次の１から５までの各記述を判例の立場に従って検討した場合，誤っているものを２個選びなさい。（解答欄は，［No.２］，［No.３］順不同）

1．甲は，乙からの委託に基づき，同人所有の衣類が入った，施錠されていたスーツケース１個を預かり保管していたところ，衣類を古着屋に売却して自己の遊興費を得ようと考え，勝手に開錠し，中から衣類を取り出した。この場合，遅くとも衣類を取り出した時点で不法領得の意思の発現と認められる外部的行為があったといえるから，甲には，横領罪が成立する。

2．甲は，乙と共に一定の目的で積み立てていた現金を１個の金庫の中に入れて共同保管していたところ，乙に無断でその現金全てを抜き取り，自己の遊興費に費消した。この場合，甲には，横領罪が成立する。

3．株式会社の取締役経理部長甲は，同会社の株式の買い占めに対抗するための工作資金として自ら業務上保管していた会社の現金を第三者に交付した。この場合，甲が，会社の不利益を回避する意図を有していたとしても，当該現金の交付が会社にとって重大な経済的負担を伴うもので，甲が自己の弱みを隠す意図をも有していたなど，専ら会社のためにしたとは認められないときは，甲には，業務上横領罪が成立する。

4．甲は，乙から某日までに製茶を買い付けてほしい旨の依頼を受け，その買付資金として現金を預かっていたところ，その現金を確実に補填するあてがなかったにもかかわらず，後日補填するつもりで自己の遊興費に費消した。この場合，甲がたまたま補填することができ，約定どおりに製茶の買い付けを行ったとしても，甲には，横領罪が成立する。

5．甲は，自己が所有し，その旨登記されている土地を乙に売却し，その代金を受領したにもかかわらず，乙への移転登記が完了する前に，同土地に自己を債務者とし丙を抵当権者とする抵当権を設定し，その登記が完了した。この場合，同抵当権が実行されることなく，後日，その登記が抹消されたとしても，甲には，横領罪が成立する。

〔第３問〕（配点：２）

学生Ａ及びＢは，過剰防衛に関する次の【事例】について，後記【会話】のとおり議論している。【会話】の中の①から④までの（　）内から適切なものを選んだ場合，正しいものの組合せは，後記１から５までのうちどれか。（解答欄は，［No.４］）

【事　例】

Ⅰ．甲は，同じ居室にいた乙が机を押し倒してきたため，反撃として，同机を乙に向けて押し返した。これにより，乙は転倒し，左手中指の腱を断裂した。乙は，机の下敷きになっており，直ちに強い攻撃はできなかったが，体勢を立て直せば間もなく攻撃を再開できる状況であった。甲は，引き続き，防衛の意思で，必要な限度を超えて，乙の顔面を殴ったが，これにより乙に怪我は生じなかった。

Ⅱ．甲は，乙からいきなり殴られ，更に攻撃を加えられそうになったので，反撃として，乙の顔面を殴った。乙は転倒して頭部を地面に打ち付け，意識を失って動かなくなったが，腹が立っていた甲は，引き続き，専ら攻撃の意思で，倒れている乙の胸部を蹴り付け，肋骨骨折を負わせた。その後，乙は，頭部を地面に打ち付けた際に生じた脳内出血が原因で死亡した。

【会　話】

学生Ａ．Ⅰの事例で，甲が机を押し返した行為は，急迫不正の侵害に対する反撃だけど，その行為と乙の顔面を殴った行為との関係は，どのように考えるべきだろうか。

学生Ｂ．その点は，時間的・場所的な関係や甲の主観面等に照らし，①（ａ．別個の行為・ｂ．一連一体の行為）と捉えるべきだろう。

学生Ａ．そうすると，甲には，どのような犯罪が成立するだろうか。

学生Ｂ．甲には，②（ｃ．過剰防衛としての傷害罪が成立する・ｄ．暴行罪のみが成立する）だろう。

学生Ａ．Ⅱの事例でも，甲が乙の顔面を殴った行為は，急迫不正の侵害に対する反撃であることに変わりないよね。甲には，どのような犯罪が成立するだろうか。

学生Ｂ．乙が意識を失って動かなくなっているのに，専ら攻撃の意思で蹴り付けているのだから，顔面を殴る行為と胸部を蹴り付ける行為の間には断絶があると思う。甲には，③（ｅ．過剰防衛としての傷害致死罪が成立する・ｆ．傷害罪のみが成立する）という結論が妥当だろう。

学生Ａ．Ⅱの事例で，Ｂ君のように，両暴行の間に断絶があると解すると，④（ｇ．違法性が否定されるべき行為が遡って違法と評価されることになる・ｈ．専ら攻撃の意思で胸部を蹴り付けた場合の方が，防衛の意思で胸部を蹴り付けた場合より軽い罪が成立する）という問題が生じるのではないか。

学生Ｂ．その点は，量刑上考慮すれば足りるという説明が可能なのではないか。

１．①a　③e　　２．①b　④g　　３．②d　③e　　４．②c　④g
５．③f　④h

〔第４問〕（配点：３）

遺棄の罪に関する次の１から５までの各記述を判例の立場に従って検討した場合，正しいものを２個選びなさい。（解答欄は，［No.５］，［No.６］順不同）

１．遺棄罪（刑法第２１７条）の成立には，生命に対する危険の発生が必要である。

２．妊婦の依頼を受け，母体保護法上，許されない堕胎を行った産婦人科医師が，それにより出生した未熟児について，医療設備の整った病院に搬送することが容易であり，同病院の医療を受けさせれば，同児が短期間内に死亡することはなく，むしろ生育する可能性がある場合において，そのことを認識しながら，生存に必要な保護を行わず同児を死亡させたときは，同医師に，保護責任者遺棄等致死罪（刑法第２１９条，第２１８条）が成立し得る。

３．保護責任者遺棄等罪（刑法第２１８条）にいう「老年者，幼年者，身体障害者又は病者」は，例示列挙であり，同罪の客体はそれらの者に限られず，扶助を必要とする者であれば足りる。

４．保護責任者遺棄等致傷罪（刑法第２１９条，第２１８条）には，傷害結果に故意がある場合は含まれない。

５．保護責任者遺棄等罪（刑法第２１８条）における遺棄には，置き去りは含まれない。

〔第５問〕（配点：２）

共犯と錯誤に関する次のアからオまでの各記述を判例の立場に従って検討した場合，正しいものの個数を後記１から５までの中から選びなさい。（解答欄は，［No.７］）

ア．甲及び乙がAに対する暴行を共謀したが，Aの態度に激高した甲が殺意をもってAを殺害した場合，甲及び乙に殺人罪の共同正犯が成立するが，乙は傷害致死罪の刑で処断される。

イ．甲及び乙がAに対する強盗を共謀したが，その強盗の機会に，甲が過失によってAに傷害を負わせた場合，甲及び乙に強盗致傷罪の共同正犯が成立する。

ウ．甲及び乙が共謀して，公務員Aに虚偽の内容の公文書の作成を教唆することにしたが，乙はAを買収することに失敗したため，甲に無断で，Bに公文書を偽造することを教唆し，Bが公文書を偽造した場合，甲に虚偽公文書作成罪の教唆犯が成立する。

エ．甲が乙にA方に侵入して金品を窃取するように教唆して，その犯行を決意させたが，乙はA方と誤認して隣のB方に侵入してしまい，B方から金品を窃取した場合，甲にB方への住居侵入罪及びBに対する窃盗罪の教唆犯は成立しない。

オ．甲が乙の傷害行為を幇助する意思で，乙に包丁を貸与したところ，乙が殺意をもってその包丁でAを刺殺した場合，甲に殺人罪の幇助犯が成立し，傷害致死罪の幇助犯は成立しない。

１．０個　　２．１個　　３．２個　　４．３個　　５．４個

〔第６問〕（配点：２）

次の１から５までの各記述を判例の立場に従って検討した場合，誤っているものはどれか。（解答欄は，［No.８］）

１．甲は，乙から，大学の入学試験を代わりに受けてほしいと頼まれてこれを引き受け，乙に成り済まして入学試験を受け，乙名義で答案を作成して提出した。この場合，甲に有印私文書偽造罪が成立する。

２．甲は，架空請求により金銭をだまし取るために使おうと考え，実在しない「法務局民事訴訟管理センター」名義で，契約不履行による民事訴訟が提起されているので連絡をされたい旨記載されたはがきを印刷し，一般人をして実在する公務所が権限内で作成した公文書であると誤信させるに足りる程度の形式・外観を備えた文書を作成した。この場合，甲に有印公文書偽造罪が成立する。

３．甲は，Ｘ市立病院の事務長を務める公務員であるが，同病院のために発注書を作成する権限を授与されていないのに，行使の目的で，同病院が業者Ａに医療器具を発注していないにもかかわらず，それを発注した旨を記載した内容虚偽の「Ｘ市立病院事務長甲」名義の発注書を作成した。この場合，甲に虚偽有印公文書作成罪が成立する。

４．甲は，支払督促制度を悪用して乙の財産を不正に差し押さえるなどして金銭を得ようと考え，乙に対する内容虚偽の支払督促を簡易裁判所に申し立てた上，乙宛ての支払督促正本等を配達しようとした郵便配達員に対し，乙本人を装い，郵便送達報告書の「受領者の押印又は署名」欄に乙の氏名を記載して提出し，支払督促正本等を受領した。この場合，甲に有印私文書偽造罪が成立する。

５．甲は，消費者金融業者に提出する目的で，公文書である乙の国民健康保険被保険者証の氏名欄に自己の氏名が印刷された紙を貼り付けた上で，複写機を使用してこれをコピーし，一般人をして甲の国民健康保険被保険者証の真正なコピーであると誤信させるに足りる程度の形式・外観を備えたものを作成した。この場合，甲に有印公文書偽造罪が成立する。

〔第７問〕（配点：２）

学生Ａ，Ｂ及びＣは，後記【会話】のとおり議論している。【会話】中の①から⑤までの（　）内から適切なものを選んだ場合，正しいものの組合せは，後記１から５までのうちどれか。（解答欄は，［No.９］）

【会　話】

学生Ａ．人に意図的に害悪を加えることは，本来であれば許されないはずです。それにもかかわらず，刑罰という苦痛を人に与えることが正当化される実質的な根拠は何でしょうか。

学生Ｂ．私は，刑罰は犯罪に対する非難を含むもので，その意味で①（ａ．応報・ｂ．社会統制の手段）としての性質を持ち，②（ｃ．犯罪者の改善更生・ｄ．正義の実現）という観点に照らして，犯罪に対する反作用であること自体に刑罰の正当化根拠を見いだすことができると考えます。もう少し詳しく言うと，自らの意思で犯罪行為を行うことを決意し実行した犯罪者に対して，その意思決定を回顧的に非難する点に刑罰の正当化根拠があるということです。

学生Ｃ．Ｂ君は，③（ｅ．非決定論・ｆ．決定論）の立場を前提にしているのですね。しかし，（①）としての刑罰自体に刑罰を正当化する根拠があるという説明では，刑罰を科すことそれ自体が目的ということになりませんか。刑罰は，国家の制度の一種なのだから，国民の現実的な利益を実現する手段として合目的性の観点から正当化されるべきではないでしょうか。私は，刑罰を科すことが許される根拠は，④（ｇ．被害感情の緩和・ｈ．犯罪の予防）にあると思います。犯罪によって得られる快楽を上回る苦痛を刑罰として予告すれば，一般人に対する威嚇的な効果があるからです。刑罰は（④）という公的利益の達成に資するために，人に科すことが正当化されるのだと思います。

学生Ａ．私も，基本的にＣ君の考えに賛成ですが，（④）の観点を強調しすぎると，⑤（ｉ．責任・ｊ．被害感情）の程度を超える刑罰を科すことも肯定されかねず，刑法の基本原則に反する帰結をもたらすことになるのではないでしょうか。

１．①ａ　③ｆ　　２．①ｂ　⑤ｊ　　３．②ｄ　④ｈ　　４．②ｃ　⑤ｉ
５．③ｅ　④ｇ

〔第８問〕（配点：４）

公務執行妨害罪に関する次のアからオまでの各記述を判例の立場に従って検討し，正しい場合には１を，誤っている場合には２を選びなさい。（解答欄は，アからオの順に［No.10］から［No.14］）

ア．甲は，市役所の生活保護係職員乙による生活保護に関する説明に不満を抱き，同人に罵声を浴びせながら抗議するとともに，丸めたパンフレットを同人の顔面付近に２，３回突き付け，そのうち１回はパンフレットの先端が同人の顎に触れ，さらに，約２回にわたり，乙が座っている椅子を両手で持って椅子の前脚を床から持ち上げては落とすことによりその身体を揺さぶった。甲の行為は，公務執行妨害罪にいう「暴行」に当たらないので，甲に公務執行妨害罪は成立しない。［No.10］

イ．甲は，警察官乙らが捜索差押許可状に基づき甲方の捜索に来た際，乙らにより甲方玄関ドアの鍵が開けられる前に，居室内にあった覚醒剤入りの注射器を足で踏み付けて壊した。甲の行為は，公務執行妨害罪にいう「暴行」に当たらないので，甲に公務執行妨害罪は成立しない。［No.11］

ウ．窃盗犯人甲は，その窃盗行為を目撃した制服警察官乙から追跡されている途中で，逮捕を免れるため，同人に対し，その反抗を抑圧するに足りる程度の暴行を加えて抵抗し，そのまま逃走した。甲には事後強盗罪のみが成立し，公務執行妨害罪は成立しない。［No.12］

エ．甲は，日本国内にある外国大使館の職員乙がその大使館の業務に従事していた際に，同人の顔面を殴った。乙は「公務員」に当たらないので，甲に公務執行妨害罪は成立しない。［No.13］

オ．甲は，税務調査を免れるため，同調査のため甲方に来た所轄税務署職員乙の顔面を殴った。その際，乙は，規則により調査時に携帯が義務付けられている検査章を携帯していなかったが，甲がその呈示を求めることはなかった。乙に規則違反があった以上，乙の調査は職務の権限外の行為であり，甲に公務執行妨害罪は成立しない。［No.14］

〔第９問〕（配点：２）

原因において自由な行為に関する次の各【見解】に従って後記の各【事例】における甲の罪責を検討した場合，後記１から５までの各【記述】のうち，誤っているものはどれか。（解答欄は，［No.15］）

【見　解】

Ａ．責任能力がある状態で行われた原因行為を実行行為と捉える。

Ｂ．責任能力を欠いた状態で行われた結果行為を実行行為と捉えつつ，責任能力は意思決定時に存在すれば足り，必ずしも実行行為時に存在することは必要ない。

【事　例】

Ⅰ．甲は，Ｘ宅に赴いて同人を殺害しようと決意し，心神喪失状態に陥る可能性があることを認識しつつ，自宅において景気づけのために覚醒剤を使用したところ，心神喪失状態に陥り，当初の計画どおりＸを殺害した。

Ⅱ．甲は，Ｘ宅に赴いて同人を殺害しようと決意し，心神喪失状態に陥る可能性があることを認識しつつ，自宅において景気づけのために覚醒剤を使用したところ，心神喪失状態に陥ったが，Ｘ宅には赴かず，Ｘの殺害には及ばなかった。

Ⅲ．甲は，覚醒剤を使用すると粗暴になり周囲に暴行を加える習癖があると知りつつ，覚醒剤を使用した結果，心神喪失状態に陥り，Ｘと口論になり，殺意を生じて同人を殺害した。

【記　述】

１．Ａの見解によれば，事例Ⅰでは，甲に，Ｘに対する殺人既遂罪が成立し得る。

２．Ａの見解を採った上で，未遂犯の成立時期は結果発生の現実的な危険性が生じた段階に求められるべきで，それが常に実行行為の開始段階に認められる必然性はないと考えれば，事例Ⅱでは，甲に，Ｘに対する殺人未遂罪は成立しない。

３．Ａの見解によれば，事例Ⅲでは，甲に，Ｘに対する殺人既遂罪が成立し得る。

４．Ｂの見解によれば，事例Ⅰでは，甲に，Ｘに対する殺人既遂罪が成立し得る。

５．Ｂの見解によれば，事例Ⅱでは，甲に，Ｘに対する殺人未遂罪は成立しない。

〔第10問〕(配点：２)

親族間の犯罪に関する特例について次の１から５までの各記述を判例の立場に従って検討した場合，誤っているものはどれか。(解答欄は，[No.16])

１．甲が，実母乙の使用するタンスから，乙がその友人丙から預かり同タンスに保管していた丙所有の宝石を窃取した場合，甲の窃取行為について刑は免除されない。

２．甲が，実父乙の内縁の妻である丙が乙から預かり保管していた乙所有の時計を窃取した場合，甲の窃取行為について刑は免除されない。

３．甲は，家庭裁判所から実父乙の成年後見人に選任されていたところ，後見の事務として業務上預かり保管中の乙の預金を引き出して自己の借金の返済に充てた場合，甲の横領行為について刑は免除されない。

４．甲が，友人乙を教唆して，乙の実父丙が所有し，管理している自動車を窃取させた場合，甲の窃盗教唆行為について刑は免除されない。

５．甲が，同居していない祖父乙を恐喝して同人から現金の交付を受けた場合，甲の恐喝行為について刑は免除されない。

〔第11問〕（配点：４）

次のアからオまでの各記述を判例の立場に従って検討し，正しい場合には１を，誤っている場合には２を選びなさい。（解答欄は，アからオの順に［No.17］から［No.21］）

ア．甲及び乙は，深夜，路上を一人で歩いていたＶ女を見付け，約６キロメートル先のひとけのない工事現場にＶ女を連れ込んで強制的にＶ女と性交しようと決意し，二人でＶ女の背後からその身体を抱きかかえながら，付近に停めていた自動車にＶ女を押し込んで乗せ，同車を発進させたが，性交には至らなかった。甲及び乙には，強制性交等未遂罪の共同正犯が成立する。［No.17］

イ．甲は，強制的にＶ女と性交しようと決意し，深夜，路上において，Ｖ女を押さえ付けて反抗を抑圧したが，付近から人の声が聞こえたため性交を諦めて，Ｖ女のハンドバッグから財布を奪い取ろうと考え，「騒ぐな。殺すぞ。」と申し向けてＶ女の畏怖心を強めた上，財布を奪い取った。甲には，強盗・強制性交等未遂罪が成立する。［No.18］

ウ．甲は，Ｖが居住する木造家屋に火をつけて焼損しようと考え，同家屋台所において，プロパンガスを多量かつ長時間にわたり放出するとともに，ガソリン約１８リットルを撒布したが，点火行為には至らなかった。甲には，現住建造物等放火未遂罪が成立する。［No.19］

エ．甲は，Ｖを殺害する意思で，毒入りの菓子を箱詰めし，それをＶ宅に宛てて宅配便で発送した。しかし，仕事に嫌気が差した配達員により，その菓子は配達途中に川に捨てられた。甲には，殺人未遂罪が成立する。［No.20］

オ．甲は，Ｖ宅に侵入し，金品を強取しようと決意し，Ｖを脅すためのナイフを入手した上，それを携行してＶ宅に向かった。しかし，Ｖ宅に至る手前で，罪悪感を覚え，計画を中止することに決め，自宅に引き返した。甲には，強盗予備罪の中止犯が成立する。［No.21］

〔第12問〕（配点：２）

業務妨害罪に関する次の１から５までの各記述を判例の立場に従って検討した場合，誤っているものはどれか。（解答欄は，［No.22］）

１．利用客のキャッシュカードの暗証番号等を盗撮する目的で，現金自動預払機が２台設置されている銀行の無人出張所において，そのうち１台にカメラを設置し，当該現金自動預払機に客を誘導する意図で，一般客を装い，もう１台の現金自動預払機を２時間占拠した場合，偽計業務妨害罪が成立する。

２．講演会の主催者が閲覧する可能性を認識した上，インターネット上の掲示板に，当該講演会の会場に放火するという趣旨の書き込みをし，当該主催者に閲覧させた結果，当該講演会を中止させた場合，威力業務妨害罪が成立する。

３．公職選挙法上の選挙長による立候補届出受理事務を妨害する目的で，その届出場所において，突如大声を発し，ボールペンを机にたたき付けるという暴行・脅迫に至らない言動を用いてその事務を滞らせた場合，威力業務妨害罪が成立する。

４．知人Ａに対する嫌がらせの目的で，同人に成り済まし，同人に無断で宅配ピザ店に電話をかけてピザ５０枚を注文し，これを同人宅まで配達することを依頼して，同店店員にピザ５０枚を作らせ，配達させた場合，偽計業務妨害罪が成立する。

５．弁護士Ｘの弁護士としての活動を困難にさせる目的で，同人から，同人が携行し，その業務にとって重要な訴訟記録等が入ったかばんを奪い取った上，自宅に保管した場合，偽計業務妨害罪が成立する。

〔第13問〕（配点：２）

幇助犯の成否について，学生Ａ及びＢが次の【会話】のとおり議論している。【会話】中の①から⑤までの（　）内に後記アからオまでの【事例群】から適切な事例を入れた場合，正しいものの組合せは，後記１から５までのうちどれか。（解答欄は，［No.23］）

【会　話】

学生Ａ．（①）に，乙に幇助犯は成立すると思うか。

学生Ｂ．幇助行為と結果との間に，物理的因果性も心理的因果性もないと思うので，乙に幇助犯は成立しないだろう。

学生Ａ．（②）は，どうだろうか。

学生Ｂ．乙の行為の有無にかかわらず，生じた結果は同じだったと考えると，共犯行為と結果との間の因果関係に欠けるという結論になるようにも思えるね。

学生Ａ．しかし，幇助犯は，正犯の実行が容易になり，結果の発生が促進されたという関係さえあれば，行為と結果との因果関係を認めるのが判例だろう。

学生Ｂ．なるほど。乙がいることで甲が安心でき，精神的に後押ししたという心理的因果性がありそうなので，乙に幇助犯の成立を認めるべきだね。

学生Ａ．（③）は，どうだろうか。

学生Ｂ．（②）と同じ理由で，乙に幇助犯の成立が認められるように思う。ただ，教唆犯の成立を認める余地もあるかもしれないね。

学生Ａ．（④）は，どうだろうか。

学生Ｂ．判例は片面的幇助を肯定する以上，乙に幇助犯が成立するんじゃないか。

学生Ａ．（⑤）は，どうだろうか。

学生Ｂ．この場合，乙の立場を考えれば，幇助犯が成立すると思うよ。

【事例群】

ア．乙が，甲が空き巣に入ろうとしていることを知りながら，甲に黙ってＶ方玄関の施錠を外したところ，甲が玄関からＶ方に侵入し，空き巣に成功した場合

イ．乙が，空き巣に入ろうと決意していた甲から頼まれ，甲が空き巣に入る際，見張りをしていたところ，特に何も起きないまま，甲が空き巣に成功した場合

ウ．甲が万引きをしようとしていることを目撃した店員乙が，甲と意思を通じることなく，甲の万引きを黙認し，甲が万引きに成功した場合

エ．甲が空き巣に入ることを知り，乙が甲に黙って見張りをしていたが，特に何も起きないまま，甲が空き巣に成功した場合

オ．乙が空き巣に使うことができるものとしてＶ方の合鍵を甲に渡したため，甲がＶ方に行ったが，無施錠であったため合鍵を使わず，空き巣に成功した場合

１．①イ　②エ　③ア　④ウ　⑤オ

２．①イ　②エ　③オ　④ア　⑤ウ

3．①エ　②イ　③ウ　④オ　⑤ア
4．①エ　②イ　③オ　④ア　⑤ウ
5．①エ　②イ　③オ　④ウ　⑤ア

〔第14問〕（配点：３）

放火罪に関する次の１から５までの各記述を判例の立場に従って検討した場合，正しいものを２個選びなさい。（解答欄は，［No.24］，［No.25］順不同）

1．甲が自己の所有する空き家に放火したが，公共の危険が生じなかった場合，甲には，非現住建造物等放火未遂罪が成立する。

2．甲が乙に頼まれて，乙所有の大型家具を，丙が居住する家屋に近接する甲所有の畑地で燃やし始めたところ，周辺に火の粉が飛び散り，予期に反して，同家屋の屋根のひさしに飛び火して，同ひさしを焼損させたところで火が消し止められた場合，甲には，延焼罪が成立する。

3．甲が住宅内にいる乙を殺害する目的で放火し，住宅が焼失した上，乙が死亡した場合，甲には，殺人罪は成立せず，現住建造物等放火罪のみが成立する。

4．甲が，一部の部屋のみが現に住居に使用されている木造の集合住宅の空き部屋に放火し，同室のみを焼損させた場合，甲には，現住建造物等放火罪が成立する。

5．甲が憂さ晴らしの目的で，甲の世帯を含めて計３０世帯が居住するマンション内部に設置されたエレベーターのかご内に，灯油を染み込ませて点火した新聞紙を投げ入れて放火したが，エレベーターのかごの側壁を焼損したにとどまり，住居部分には延焼しなかった場合，甲には，現住建造物等放火未遂罪が成立する。

〔第15問〕（配点：３）

次の１から５までの各記述を判例の立場に従って検討した場合，誤っているものを２個選びなさい。（解答欄は，［No.26］，［No.27］順不同）

１．甲は，火災保険金をだまし取る目的で，同居する家族が不在の間に，自宅に放火して焼失させ，その後，火災原因を偽って火災保険金の支払を受けた。この場合，甲には，現住建造物等放火罪及び詐欺罪が成立し，これらは併合罪となる。

２．甲は，強盗目的で，乙方に侵入した上，乙及び丙をそれぞれ殴打して緊縛し，その際，両名に怪我を負わせ，乙が管理していた現金１００万円を強取した。この場合，甲には，住居侵入罪及び１個の強盗致傷罪が成立し，これらは牽連犯となる。

３．甲は，乙を教唆して丙占有の自動車を盗むことを決意させ，乙にこれを実行させた後，乙から頼まれて，同自動車を預かり保管した。この場合，甲には，窃盗教唆罪及び盗品等保管罪が成立し，これらは牽連犯となる。

４．甲は，乙を殺害して金品を強取しようと考え，甲の自宅内で乙を殺害して現金を強取した後，引き続き，その死体を自宅の床下に埋めて遺棄した。この場合，甲には，強盗殺人罪及び死体遺棄罪が成立し，これらは併合罪となる。

５．甲は，乙名義で預金口座を開設する目的で，同人に成り済まし，同人名義で口座開設申込書を作成し，これを銀行の係員に提出して，乙名義の預金通帳の交付を受けた。この場合，甲には，有印私文書偽造罪，同行使罪及び詐欺罪が成立し，これらは牽連犯となる。

〔第16問〕（配点：２）

名誉毀損罪及び侮辱罪に関する次の１から５までの各記述を判例の立場に従って検討した場合，正しいものはどれか。（解答欄は，［No.28］）

１．名誉毀損罪及び侮辱罪の保護法益は，いずれも人の外部的名誉であり，法人については，侮辱罪の客体になり得ない。

２．死者であっても，その外部的名誉を保護すべきことに変わりはないので，死者の名誉を毀損する事実が摘示された場合も，その事実の真偽にかかわらず，名誉毀損罪が成立し得る。

３．特定かつ少数の者に特定人の名誉を毀損する事実を摘示した場合，その内容が拡散する可能性があったとしても，「公然と」事実を摘示したことにはならない。

４．風評の形式を用いて人の社会的評価を低下させる事実が摘示された場合，刑法第２３０条の２にいう「真実であることの証明」の対象となるのは，風評が存在することではなく，そのような風評の内容たる事実が存在することである。

5．表現方法が嘲笑的であるとか，適切な調査がないまま他人の文章を転写しているなどといった，事実を摘示する際の表現方法や事実調査の程度は，摘示された事実が刑法第２３０条の２にいう「公共の利害に関する事実」に当たるか否かを判断する際に考慮すべき要素の一つである。

〔第17問〕（配点：２）

緊急避難（刑法第３７条第１項）に関する次の【記述】の中の①から⑥までの（　）内に，後記アからスまでの【語句群】から適切な語句を入れた場合，（　）内に入るものの組合せとして正しいものは，後記１から５までのうちどれか。なお，①から⑥までの（　）内にはそれぞれ異なる語句が入る。（解答欄は，［No.29］）

【記　述】

緊急避難を（①）と解する見解によれば，その不処罰の根拠は，切迫した心理状態のために適法な行為を期待し得ないことに求められる。この見解によれば，緊急避難によって侵害を転嫁される第三者は緊急避難行為に対して（②）で対抗できることになる。この見解に対しては，刑法第３７条第１項が（③）を守るための緊急避難を認めていることと整合しないという批判がある。他方，緊急避難を（④）と解する見解によれば，その不処罰の根拠は，法益が衝突する状況下で被侵害法益と同等以上の法益を保全する行為は社会全体の利益を（⑤）させるものではないことに求められる。また，この見解に立つと，緊急避難行為に対して（②）で対抗することを認めるのは困難である。さらに，緊急避難を基本的には（④）と解しつつ，保全法益と被侵害法益がいずれも生命である場合には，（①）であると解する見解もある。この見解は，自己又は第三者の生命に対する危難を避けるために無関係の第三者の生命を犠牲にする行為を（⑥）と評価するのは不当であるという考え方に基づくものである。

【語句群】

ア．違法性阻却事由　イ．責任阻却事由　ウ．個人的法益　エ．社会的法益
オ．他人の法益　カ．自己の法益　キ．増加　ク．減少　ケ．正当行為
コ．正当防衛　サ．緊急避難　シ．違法　ス．違法でない

１．①ア　③ウ　⑤ク
２．①イ　③エ　⑤キ
３．②ケ　④ア　⑥ス
４．②コ　⑤ク　⑥ス
５．③オ　④ア　⑥シ

〔第18問〕（配点：４）

詐欺罪に関する次の【見解】についての後記アからオまでの各【記述】を検討し，正しい場合には１を，誤っている場合には２を選びなさい。（解答欄は，アからオの順に［No.30］から［No.34］）

【見　解】

規約上，会員である名義人のみがクレジットカードを利用できるものとされ，その利用者が会員本人であることの確認義務が加盟店に課されている場合，名義人に成り済まし，クレジットカードを利用して商品を購入する行為は，その利用が名義人から許されており，かつ，利用代金が規約に従い名義人において決済されることが見込まれるときであっても，詐欺罪が成立する。

【記　述】

ア．この【見解】に対しては，名義人に依頼されてクレジットカードを利用して商品を購入した場合，詐欺罪の実質的違法性がなく，財産犯として処罰するのは行き過ぎであるとの批判が可能である。［No.30］

イ．この【見解】は，クレジットカード利用者と名義人の同一性が加盟店にとって商品交付の判断の基礎となる重要な事項に当たると理解している。［No.31］

ウ．この【見解】によれば，名義人に成り済ましてクレジットカードを利用して商品を購入する行為について，行為者が，当該名義人において現実に決済されるものと誤信していた場合でも，詐欺罪が成立し得ることとなる。［No.32］

エ．この【見解】は，名義人の個別的な信用を基礎としてクレジットカードシステムが構築されていることを前提に，個々の事案における詐欺罪の成否の判断において，加盟店の経済的損失の有無を重視するものである。［No.33］

オ．この【見解】に対しては，加盟店が名義人以外の利用であることを知りながら，クレジットカードの利用を認めた場合でも詐欺罪の既遂が成立することになり，妥当ではないとの批判が可能である。［No.34］

〔第19問〕（配点：２）

故意に関する次の各【見解】についての後記１から５までの各【記述】のうち，誤っているものはどれか。（解答欄は，［No.35］）

【見　解】

Ａ．故意の有無については，構成要件を基準にして判断すべきであるところ，殺人罪においては，行為者の認識した事実と発生した事実とが，「およそ人を殺す」という点で一致していれば故意が認められる。また，行為者の認識した客体に対しても，結果が発生した客体に対しても故意犯が成立する。

Ｂ．故意の有無については，構成要件を基準にして判断すべきであるところ，殺人罪においては，行為者の認識した事実と発生した事実とが，「その人を殺す」という点で一致していなければ故意は認められない。

【記　述】

１．甲が，Ｘを焼死させようと思い，Ｘの全身に灯油をかけて火をつけたところ，Ｘが熱さに耐えかね，火を消そうとして近くの湖に飛び込んで溺死したという事例においては，Ａ，Ｂいずれの見解でも，甲に殺人既遂罪が成立する。

２．Ａの見解に対しては，甲が殺意をもってＸを狙い拳銃を発射したところ，弾丸がＸの腕を貫通した上，予想外にＹの胸部にも当たり，Ｘを負傷させるとともにＹを死亡させたという事例において，行為者に過剰な故意責任を課すことになり，責任主義に反するとの批判がある。

３．Ｂの見解によれば，【記述】２の事例で，甲にＹに対する殺人既遂罪が成立する。

４．Ｂの見解に対しては，客体の錯誤と方法の錯誤のいずれに当たるのかが必ずしも明らかではない場合において，故意の有無につき，どのように判断するのか明確ではないとの批判がある。

５．Ｂの見解によれば，甲がＸを殺害しようと考え，Ｘと似た者を見付けて，Ｘと思い，その者をナイフで刺し殺したが，実際には，その者はＹであったという事例において，甲にＹに対する殺人既遂罪が成立する。

〔第20問〕（配点：２）

次の【事例】に関する後記アからエまでの各【記述】を判例の立場に従って検討した場合，正しいものの個数を後記１から５までの中から選びなさい。（解答欄は，［No.36］）

【事　例】

甲は，某所公園内において，ベンチ上に置いてあるバッグ１個（以下「本件バッグ」という。）を発見し，誰かが置き忘れたものと考え，警察に届け出るため，これを手に取り，同公園から路上に出た。一方，本件バッグをベンチに置き忘れたことに気付いたＶは，同公園に戻ろうとして同路上に至ったところ，甲を発見した。Ｖは，甲が本件バッグを盗んだと疑い，「バッグを返せ。」と言いながら，甲の腹部を２回足で蹴り，甲から本件バッグを奪い，さらに，甲を蹴り上げるような仕草を続けた。甲は，Ｖの暴行を避けようとして，その胸付近を１回平手で突いたところ，その勢いでＶが後方に転倒し，後頭部を路面に打ち付け，失神した。甲は，その頃には，Ｖが本件バッグの所有者であると分かっていたが，Ｖの態度に怒りを覚えたことなどから，本件バッグを自己のものにしようと考え，失神しているＶからこれを取り上げて自宅に持ち帰った。

その後，甲が本件バッグ内を確認したところ，Ｖ名義の預金口座のキャッシュカード等在中の財布，Ｖ所有の携帯電話機等の物品が入っていた。甲は，これらを見て，Ｖの氏名，勤務先のほか，携帯電話機にわいせつな盗撮画像が保存されていることを知り，これを奇貨とし，Ｖから上記キャッシュカードの暗証番号を聞き出して上記口座から預金を引き出そうと思い，勤務先にいたＶに電話をかけ，「あんた盗撮してるな。警察に携帯を持って行かれたくないなら，あんたのキャッシュカードの暗証番号を教えろ。」と要求するなどした。Ｖは，この要求を断れば，盗撮の事実が警察に露見すると思い，やむを得ず甲に同暗証番号を教えた。その後，甲は，上記キャッシュカードを用いて現金自動預払機から現金５０万円を引き出した。

【記　述】

ア．甲が本件バッグを警察に届け出るために某所公園内から持ち出した行為は，Ｖによる占有の回復を困難にする行為であるため，窃盗罪又は占有離脱物横領罪が成立する。

イ．Ｖは本件バッグを甲から取り返す目的で暴行を加えており，この暴行は正当行為に該当するため，甲がＶの胸付近を１回平手で突いた行為の違法性が阻却される余地はなく，甲には，暴行罪又は傷害罪が成立する。

ウ．甲が本件バッグをＶから取り上げた行為は，甲の暴行に起因するＶの失神状態に乗じて本件バッグの占有を取得したといえるため，強盗罪が成立する。

エ．甲が現金自動預払機から現金５０万円を引き出した行為は，甲が，これに先行してＶから暗証番号を聞き出した時点で，Ｖの預金の払戻しを受け得る地位を得たことにより，その預金の占有を取得したといえるため，窃盗罪は成立しない。

1．0個　　2．1個　　3．2個　　4．3個　　5．4個

解説編

憲法

民法

刑法

憲　法

第１問	外国人の人権	論理	肢別解答率					
			肢ア		肢イ		肢ウ	
正解：〔No.１〕１，〔No.２〕１，〔No.３〕２			1	2	1	2	1	2
		全　体	95%	5%	89%	11%	43%	57%
		上位30%	97%	3%	95%	5%	40%	60%
		下位20%	84%	16%	69%	31%	52%	48%

ア　根拠となっている。

最大判昭53.10.4（百選Ⅰ１事件）。判例は，外国人の政治活動の自由が問題となった事案において，「在留期間中の憲法の基本的人権の保障を受ける行為を在留期間の更新の際に消極的な事情としてしんしやくされないことまでの保障が与えられているものと解することはできない。」としている。その理由として，判例は，「外国人に対する憲法の基本的人権の保障は，……外国人在留制度のわく内で与えられているにすぎない」ということを挙げている。したがって，ｂの見解がａの見解の根拠となっている。

イ　根拠となっている。

大阪地判平５.６.29。外国人の地方参政権が問題となった事案で最判平７.２.28（百選Ⅰ３事件）の原審は，「憲法93条２項所定の『住民』を，憲法15条の『国民』とは別個の概念としてとらえるのは適切ではなく，これを統一的に解すべきであり……憲法93条２項の『住民』は，日本『国民』であることがその前提となっているというべきである。」としている。その理由として，当該原審は，「地方公共団体の政治，行政は，国の政治，行政と互いに関連しており，地方公共団体が国の事務を処理することもある」ということを挙げている。したがって，ｂの見解がａの見解の根拠となっている。

ウ　根拠となっていない。

外国人の人権享有主体性について，肯定説には，文言説と性質説がある。文言説は，憲法第三章の規定が，「何人も」という場合には日本国民だけではなく，外国人も含まれると解する見解である（本記述ａの見解）。これに対して，性質説は，憲法によって保障された人権の性質を検討して，できるだけ外国人にも人権保障を及ぼそうとする見解である（本記述ｂの見解）。したがって，ｂの見解はａ見解の根拠となっていない。なお，判例（最大判昭53.10.4，百選Ⅰ１事件）は，外国人の政治活動の自由が問題になった事案で，「憲法第三章の諸規定による基本的人権の保障は，権利の性質上日本国民のみをその対象としていると解されるものを除き，わが国に在留する外国人に対しても等しく及ぶ」として，性質説の立場に立つことを明らかにしている。

【文献情報】芦部（憲法）P.92～98。有斐閣憲法ⅠP.222～230。憲法ⅠP.36～40。

第2問	プライバシーの侵害	判例	肢別解答率							
			1	2	3	4	5	6	7	8
正解：〔No.4〕3		全　体	2%	10%	62%	21%	1%	1%	3%	1%
		上位 30%	2%	4%	73%	15%	1%	0%	3%	1%
		下位 20%	8%	27%	33%	22%	6%	2%	3%	0%

【誤答行動分析】

本問の上位30%の正答率は73%であるのに対して，下位20%の正答率は33%であり，その差は40%となっている。そして，下位20%は，肢２を選択した比率が27%，肢４を選択した比率が22%と高くなっており，記述イと記述ウの正誤の判断において差がついたと推測できる。

本問は，いわゆるグーグル検索結果削除事件（最決平29.1.31，百選Ⅰ63事件）に関する理解を問う問題である。記述イと記述ウは，結論に至るまでの論理や判断枠組みに関する記述であり，押さえておくべき部分である。比較的新しい判例についても，丁寧に学習しておく必要があるだろう。

ア　正しい。

最決平29.1.31（百選Ⅰ63事件）により，本記述は正しい。

判例は，「個人のプライバシーに属する事実をみだりに公表されない利益は，法的保護の対象となる」とした上で，「児童買春をしたとの被疑事実に基づき逮捕されたという本件事実は，他人にみだりに知られたくない抗告人のプライバシーに属する事実である」としている。

イ　誤り。　**!!!**

本記述は，検索事業者が検索結果を表示することは，インターネット上の情報を媒介しているにすぎず，検索事業者自身による表現行為とはいえないとしている点で，誤っている。

最決平29.1.31（百選Ⅰ63事件）。判例は，「検索事業者は，インターネット上のウェブサイトに掲載されている情報を網羅的に収集してその複製を保存し，同複製を基にした索引を作成するなどして情報を整理し，利用者から示された一定の条件に対応する情報を同索引に基づいて検索結果として提供するものであるが，この情報の収集，整理及び提供はプログラムにより自動的に行われるものの，同プログラムは検索結果の提供に関する検索事業者の方針に沿った結果を得ることができるように作成されたものであるから，検索結果の提供は検索事業者自身による表現行為という側面を有する」としている。

ウ　正しい。　**!!!**

最決平29.1.31（百選Ⅰ63事件）により，本記述は正しい。

判例は，「検索事業者による検索結果の提供行為の性質等を踏まえると，検索事業者が，ある者に関する条件による検索の求めに応じ，その者のプライバシーに属する事実を含む記事等が掲載されたウェブサイトのＵＲＬ等情報を検索結果の一部として提供する行為が違法となるか否かは，当該事実の性質及び内容，当該ＵＲＬ等情報が提供されることによってその者のプライバシーに属する事実が伝達される範囲とその者が被る具体的被害の程度，その者の社会的地位や影響力，上記記事等の目的や意義，上記記事等が掲載された時の社会的状況とその後の変化，上記記事等において当該事実を記載する必要性など，当該事実を公表されない法的利益と当該ＵＲＬ等情報を検索結果として提供する理由に関する諸事情を比較衡量して判断すべきもので，その結果，当該事実を公表されない法的利益が優越することが明らかな場合には，検索事業者に対し，当該ＵＲＬ等情報を検索結果から削除することを求めることができるものと解するのが相当である」としている。

以上により，正しい組合せは「ア○　イ×　ウ○」であり，したがって，正解は肢3となる。

【文献情報】芦部（憲法）P.123～127。有斐閣憲法ⅠP.275～278。憲法ⅠP.120～123。

第3問　投票価値の平等	論理	肢別解答率					
		肢ア		肢イ		肢ウ	
		1	2	1	2	1	2
正解：〔No.5〕2，〔No.6〕2，〔No.7〕1	全　体	2%	98%	1%	99%	98%	2%
	上位30%	0%	100%	0%	100%	99%	1%
	下位20%	11%	89%	5%	95%	94%	6%

ア　根拠となっていない。

見解aは，「衆議院議員選挙においては，各選挙区間の議員1人当たりの有権者数の比率の較差が1対1を超えることは，憲法上正当化されない」とし，各投票が選挙の結果に及ぼす影響力が数字的に完全に同一であることまでも要求するものといえる。これに対し，見解bのように，「投票価値の平等は，国民の意思を公正かつ効果的に代表するために国会が正当に考慮することのできる他の政策的な目的との関連において，調和的に実現されるべきである」と考えると，投票価値の平等は，常に絶対的な形における実現を必要とするものではなく，各投票が選挙の結果に及ぼす影響力が数字的に完全に同一であることまでも要求するものと考えることはできない（最大判昭51.4.14，百選Ⅱ148事件参照）。したがって，見解bは，見解aの根拠となっていない。

イ　根拠となっていない。

見解aは，「参議院議員選挙においては，二院制の下，地域代表の性質を有するという参議院の特殊性により，投票価値の平等の要請が後退するのもやむを得ない」としている（最大判昭58.4.27参照）。これに対し，見解bのように，「参議院は，国権の最高機関として適切に民意を国政に反映する義務を負っており，衆参両院の選挙制度は同質的とされるべきである」と考えると，参議院議員の選挙であること自体から，直ちに投票価値の平等の要請が後退してよいと解すべき理由は見いだし難い（最大判平24.10.17，百選Ⅱ150事件参照）。したがって，見解bは，見解aの根拠となっていない。

ウ　根拠となっている。

見解bのように，「憲法第14条第1項に定める法の下の平等は，選挙権に関しては，国民は全て政治的価値において平等であるべきとする徹底した平等化を志向するものである」（最大判昭51.4.14，百選Ⅱ148事件参照。）と考えると，見解aのように，「地方議会議員選挙においては，当該地方公共団体の住民が，選挙権行使の資格だけでなく，投票価値においても平等に取り扱われるべきである」と考えることになる（最判昭59.5.17，百選Ⅱ151事件参照）。したがって，見解bは，見解aの根拠となっている。

【文献情報】芦部（憲法）P.144～153。有斐閣憲法ⅠP.290～292，ⅡP.19～22。憲法ⅠP.86～87，148～149。

第4問	思想・良心の自由	判例	肢別解答率							
			1	2	3	4	5	6	7	8
正解：〔No.8〕5		全　体	6%	1%	0%	0%	88%	3%	2%	0%
		上位30%	3%	0%	0%	0%	94%	2%	1%	0%
		下位20%	19%	3%	3%	0%	61%	8%	6%	0%

ア　誤り。

本記述は，労働者の思想・信条の自由に対する直接的制約であるから，その経緯や調査方法の相当性にもかかわらず，違法性が認められるとしている点で，誤っている。

最判昭63.2.5（百選Ⅰ35事件）。判例は，「Aが，本件書面交付の要求〔注：上告人がB党員ではない旨を書面にしたためることの要求〕と右調査目的との関連性を明らかにしないで，右要求を繰り返したことは，このような調査に当たる者として慎重な配慮を欠いたものというべきであり，調査方法として不相当な面があるといわざるを得ない。しかしながら，前記事実関係によれば，本件書面交付の要求は，上告人がB党員ではない旨の返答をしたことから，Aがその旨を書面にするように説得するに至ったものであり，右要求は，強要にわたるものではなく，また，本件話合いの中で，Aが，上告人に対し，上告人が本件書面交付の要求を拒否することによって不利益な取扱いを受ける虞のあることを示唆したり，右要求に応じることによって有利な取扱いを受け得る旨の発言をした事実はなく，さらに，上告人は右要求を拒否した，というのであって，右事実関係に照らすと，Aがした本件書面交付の要求は，社会的に許容し得る限界を超えて上告人の精神的自由を侵害した違法行為であるということはできない。」としており，経緯や調査方法の相当性を考慮して違法性を判断している。

イ　正しい。

最判平23.5.30（百選Ⅰ37事件）は，国歌斉唱の際の起立斉唱の職務命令が19条に違反するかが問題になった事案において，「学校の儀式的行事である卒業式等の式典における国歌斉唱の際の起立斉唱行為は，一般的，客観的に見て，これらの式典における慣例上の儀礼的な所作としての性質を有するものであり，かつ，そのような所作として外部からも認識されるものというべきである。もっとも，……一般的，客観的に見ても，国旗及び国歌に対する敬意の表明の要素を含む行為であるということができる。そうすると，自らの歴史観ないし世界観との関係で否定的な評価の対象となる『日の丸』や『君が代』に対して敬意を表明することには応じ難いと考える者が，これらに対する敬意の表明の要素を含む行為を求められることは，その行為が個人の歴史観ないし世界観に反する特定の思想の表明に係る行為そのものではないとはいえ，個人の歴史観ないし世界観に由来する行動（敬意の表明の拒否）と異なる外部的行為（敬意の表明の要素を含む行為）を求められることとなり，その限りにおいて，その者の思想及び良心の自由についての間接的な制約となる」としている。

ウ　正しい。

最判平8.3.19（百選Ⅰ36事件）は，強制加入団体である税理士会の政治献金が会員の思想の自由との関係で「目的ノ範囲内」（民法43条（当時））といえるかが問題になった事案で，「その目的の範囲を判断するに当たっては，会員の思想・信条の自由との関係で，次のような考慮が必要である。」とした上で，「法が税理士会を強制加入の法人としている以上，その構成員である会員には，様々の思想・信条及び主義・主張を有する者が存在することが当然に予定されている。……特に，政党など規正法上の政治団体に対して金員の寄付をするかどうかは，選挙における投票の自由と表裏を成すものとして，会員各人が市民としての個人的な政治的思想，見解，判断等に基づいて自主的に決定すべき事柄である」としている。

以上により，正しい組合せは「ア×　イ○　ウ○」であり，正解は肢5となる。

【文献情報】芦部（憲法）P.91，154～158。有斐閣憲法ⅠP.234，305～316。憲法ⅠP.55～56，158～171。

第5問	政教分離原則	判例	肢別解答率							
			1	2	3	4	5	6	7	8
正解：〔No.9〕2		全　体	33%	15%	10%	2%	26%	7%	7%	1%
		上位30%	34%	19%	9%	2%	23%	7%	5%	1%
		下位20%	19%	6%	14%	2%	28%	11%	16%	5%

ア　正しい。

最大判昭52.7.13（百選Ⅰ42事件）により，本記述は正しい。

神職主宰のもとに神式に則り挙行された体育館起工式における挙式費用に対する地方公共団体による公金支出の適法性が争われた事案において，判例は，「元来，わが国においては，キリスト教諸国や回教諸国等と異なり，各種の宗教が多元的，重層的に発達，併存してきているのであつて，このような宗教事情のもとで信教の自由を確実に実現するためには，単に信教の自由を無条件に保障するのみでは足りず，国家といかなる宗教との結びつきをも排除するため，政教分離規定を設ける必要性が大であつた。これらの諸点にかんがみると，憲法は，政教分離規定を設けるにあたり，国家と宗教との完全な分離を理想とし，国家の非宗教性ないし宗教的中立性を確保しようとしたもの，と解すべきである」としている。

イ　正しい。

最大判平９.４.２（百選Ⅰ44事件）により，本記述は正しい。

県が靖國神社又は護國神社の挙行した例大祭，みたま祭又は慰霊大祭に際し玉串料，献灯料又は供物料を県の公金から支出して奉納したことが政教分離原則に違反しないかが争われた事案において，判例は，「憲法20条３項にいう宗教的活動とは，およそ国及びその機関の活動で宗教とのかかわり合いを持つすべての行為を指すものではなく，そのかかわり合いが右にいう相当とされる限度を超えるものに限られるというべきであって，当該行為の目的が宗教的意義を持ち，その効果が宗教に対する援助，助長，促進又は圧迫，干渉等になるような行為をいう」とした上で，「本件玉串料等の奉納は，たとえそれが戦没者の慰霊及びその遺族の慰謝を直接の目的としてされたものであったとしても，世俗的目的で行われた社会的儀礼にすぎないものとして憲法に違反しないということはできない」としている。

ウ　誤り。　★

本記述は，大嘗祭に際し，知事が公費で出張した上，これに参列し拝礼した行為は，地方公共団体の長という公職にある者の社会的儀礼として，日本国及び日本国民統合の象徴である天皇の即位に祝意を表する目的で行われたものにすぎず，宗教とかかわり合いのある行為とはいえないとしている点で，誤っている。

最判平14.7.11（百選Ⅰ45事件）。本記述と同様の事例において，判例は，「大嘗祭は，天皇が皇祖及び天神地祇に対して安寧と五穀豊穣等を感謝するとともに国家や国民のために安寧と五穀豊穣等を祈念する儀式であり，神道施設が設置された大嘗宮において，神道の儀式にのっとり行われたというのであるから，鹿児島県知事である被上告人がこれに参列し拝礼した行為は，宗教とかかわり合いを持つものである」としつつ，「被上告人の大嘗祭への参列の目的は，天皇の即位に伴う皇室の伝統儀式に際し，日本国及び日本国民統合の象徴である天皇に対する社会的儀礼を尽くすものであり，その効果も，特定の宗教に対する援助，助長，促進又は圧迫，干渉等になるようなものではないと認められる。したがって，被上告人の大嘗祭への参列は，宗教とのかかわり合いの程度が我が国の社会的，文化的諸条件に照らし，信教の自由の保障の確保という制度の根本目的との関係で相当とされる限度を超えるものとは認められず，憲法上の政教分離原則及びそれに基づく政教分離規定に違反するものではない」としている。

以上により，正しい組合せは「ア○　イ○　ウ×」であり，したがって，正解は肢2となる。

【文献情報】芦部（憲法）P.165～173。有斐閣憲法ⅠP.324～335。憲法ⅠP.182～199。

<table>
<tr><td>第6問</td><td>知る権利</td><td rowspan="3">論理</td><td colspan="6">肢別解答率</td></tr>
<tr><td colspan="2" rowspan="5">正解：〔No.10〕2，〔No.11〕2，〔No.12〕1</td><td colspan="2">肢ア</td><td colspan="2">肢イ</td><td colspan="2">肢ウ</td></tr>
<tr><td>1</td><td>2</td><td>1</td><td>2</td><td>1</td><td>2</td></tr>
<tr><td>全　体</td><td>9%</td><td>91%</td><td>1%</td><td>98%</td><td>85%</td><td>15%</td></tr>
<tr><td>上位30%</td><td>5%</td><td>95%</td><td>0%</td><td>100%</td><td>90%</td><td>10%</td></tr>
<tr><td>下位20%</td><td>22%</td><td>78%</td><td>5%</td><td>95%</td><td>72%</td><td>28%</td></tr>
</table>

ア　根拠となっていない。

見解ａは，反論記事掲載請求権について，知る権利の一局面として憲法21条１項を直接の根拠として認めるとする見解である。この見解は，情報発信がマス・メディアに集中していた状況を前提に，受け手である一般国民にも，反論記事掲載請求権という形で情報発信を認める必要性があることを根拠としている。しかし，見解ｂのように，インターネットの普及によって双方向的な情報流通が可能となり，誰もが自ら情報の発信者となることが容易になった状況においては，反論記事掲載請求権という形で情報発信を認める必要性があるとはいい難い。したがって，見解ｂは，見解ａの根拠となっていない。

イ　根拠となっていない。

見解ｂのように，国民の知る権利を実現するためにいかなる放送制度を採用するかは立法裁量の問題であると考えると，日本放送協会の放送を受信することのできる受信設備を設置した者に受信契約の締結を強制する放送法の規定の合憲性審査は緩やかなものとなる（最大判平29.12.6，百選Ⅰ77事件参照）のが自然であり，見解ａのように，憲法21条１項の保障する情報摂取の自由を制限するものとして合憲性を厳格に審査するとの見解には結びつかない。したがって，見解ｂは，見解ａの根拠となっていない。

ウ　根拠となっている。

見解ｂによれば，インターネット上において表現の場を提供する行為は知る権利に資するものとして，憲法21条１項の保障を受けるところ，電子掲示板の運営はこれに当たる。よって，見解ａのように，児童買春その他の犯罪から児童を保護すること等の目的のため，電子掲示板の運営者に届出義務を課した上，一定の書き込みに関する削除義務を課すことは，憲法21条１項に違反するといえる。したがって，見解ｂは，見解ａの根拠となる。なお，本記述と異なり，電子掲示板運営者に対する届出義務と義務違反に対する処罰規定の合憲性が問題となった事案において，判例（最判平26.1.16）は，「本件届出制度は，上記の正当な立法目的を達成するための手段として必要かつ合理的なものというべきであって，憲法21条１項に違反するものではない」としている。

【文献情報】芦部（憲法）P.180～183，194～197。有斐閣憲法ⅠP.353。憲法ⅠP.216～217，233。重判平26憲法６事件。

第7問	憲法 23 条	判例	肢別解答率					
正解：〔No.13〕2，〔No.14〕1，〔No.15〕2			肢ア		肢イ		肢ウ	
			1	2	1	2	1	2
		全　体	2%	98%	98%	2%	3%	97%
		上位 30%	1%	99%	99%	1%	3%	97%
		下位 20%	5%	95%	94%	6%	8%	92%

ア　誤　り。

本記述は，先端技術分野においても，研究活動の内容や方法等に対する制限は学会の自主規制等に委ねるべきであり，法律によって制約することは許されないとしている点で，誤っている。

先端技術分野の規制について，通説は，法律による必要最小限度の制約を認めている。その理由として，通説は，研究者の自主的な判断に基づく自制によるだけでは，先端技術がもたらす重大な脅威・危険を除去することは困難な場合があることを挙げている。

イ　正しい。

最大判昭51.5.21（百選Ⅱ136事件）により，本記述は正しい。

判例は，全国中学校一せい学力調査の実施を阻止する目的で中学校の校内に侵入等をしたとして教職員組合員らが建造物侵入罪等で起訴された事案において，

「大学教育の場合には，学生が一応教授内容を批判する能力を備えていると考えられるのに対し，普通教育においては，児童生徒にこのような能力がなく，教師が児童生徒に対して強い影響力，支配力を有することを考え，また，普通教育においては，子どもの側に学校や教師を選択する余地が乏しく，教育の機会均等をはかる上からも全国的に一定の水準を確保すべき強い要請があること等に思いをいたすときは，普通教育における教師に完全な教授の自由を認めることは，とうてい許されない」としている。

ウ　誤　り。

本記述は，教授の任免や施設の管理等，研究教育の内容に直接関係しない事項については，大学の自治権は及ばないとしている点で，誤っている。

最大判昭38.5.22（百選Ⅰ86事件）。判例は，大学の学生団体主催の演劇発表会が大学の教室で行われた際に，学生が観客の中に私服警官を発見し暴行を行ったとして暴力行為等処罰に関する法律違反で起訴された事案において，「大学における学問の自由を保障するために，伝統的に大学の自治が認められている。この自治は，とくに大学の教授その他の研究者の人事に関して認められ，大学の学長，教授その他の研究者が大学の自主的判断に基づいて選任される。また，大学の施設と学生の管理についてもある程度で認められ，これらについてある程度で大学に自主的な秩序維持の権能が認められている。」としている。

【文献情報】芦部（憲法）P.173～179。有斐閣憲法ⅠP.336～351。憲法ⅠP.200～213。

第8問	財産権	判例	肢別解答率							
			1	2	3	4	5	6	7	8
正解：〔No.16〕5		全　体	1%	0%	0%	0%	89%	3%	7%	0%
		上位30%	1%	0%	0%	0%	96%	0%	3%	0%
		下位20%	6%	5%	3%	2%	66%	6%	13%	0%

ア　誤　り。

本記述は，国民の個々の財産権につき基本的人権として保障するものではないとしている点で，誤っている。

最大判62.4.22（百選Ⅰ96事件）。判例は，森林法旧186条が共有森林につき持分価格２分の１以下の者に民法256条１項の共有持分請求権を否定している点が憲法29条に違反しないかが争われた事案において，「憲法29条は，……私有財産制度を保障しているのみでなく，社会的経済的活動の基礎をなす国民の個々の財産権につきこれを基本的人権として保障する」としている。その理由として，判例は，「憲法29条は，１項において『財産権は，これを侵してはならない。』と規定し」ていることを挙げている。

イ　正しい。

最大判53.7.12（百選Ⅰ99事件）により，本記述は正しい。

判例は，国有農地等の売払いに関する特別処置法２条等が所有する土地の売り払いの価格を買収の対価相当額から時価の７割に変更するものであったこと等が憲法29条に違反しないかが争われた事案で，「法律でいつたん定められた財産権の内容を事後の法律で変更しても，それが公共の福祉に適合するようにされたものである限り，これをもつて違憲の立法ということができない」としている。その理由として，判例は，「憲法29条１項は，「財産権は，これを侵してはならない。」と規定しているが，同条２項は，『財産権の内容は，公共の福祉に適合するやうに，法律でこれを定める。』と規定している。」ことを挙げている。

ウ　正しい。

最判昭29.1.22により，本記述は正しい。

判例は，自作農創設特別措置法15条１項２号による宅地の買収が憲法29条３項に違反しないかが争われた事案において，「自創法により買収された農地，宅地，建物等が買収申請人である特定の者に売渡されるとしても，……本件買収の公共性」は否定されないとして，「公共のために用いる」には，特定の個人が受益者となる場合も含まれ得ることを認めている。判例の結論に賛成する学説は，その理由として，特定の個人のみが利便を受けることになったとしても，収用全体の目的が「公共のため」であればよいということを挙げている。

以上により，正しい組合せは「ア×　イ○　ウ○」であり，したがって，正解は肢5となる。

【文献情報】芦部（憲法）P.242～250。有斐閣憲法ⅠP.481～499。憲法ⅠP.339～367。

第9問	生存権と法制度	判例	肢別解答率							
			1	2	3	4	5	6	7	8
正解：〔No.17〕4		全　体	1%	4%	34%	60%	0%	0%	1%	1%
		上位30%	1%	3%	20%	75%	0%	0%	0%	1%
		下位20%	2%	5%	58%	34%	0%	0%	2%	0%

【誤答行動分析】

本問の上位30%の正答率は75%であるのに対して，下位20%の正答率は34%であり，その差は41%となっている。そして，下位20%は肢３を選択した比率が58%と高いことから，記述ウで差がついたと推測できる。

記述ウは，学生無年金障害者訴訟（最判平19.9.28，百選Ⅱ134事件）についての理解を問うものである。百選掲載判例に関する出題であり，過去にも出題されている。日頃から，判例を正確に把握し，過去問にもしっかりと取り組むことが重要だろう。

ア　正しい。

最大判昭57.7.7（百選Ⅱ132事件）により，本記述は正しい。

障害福祉年金を受給していた者が，障害福祉年金と児童扶養手当との併給禁止規定に従って児童扶養手当の受給資格の認定申請を却下されたため，当該併給禁止規定が憲法25条，14条，13条に違反しないかが争われた事案において，判例は，「憲法25条の規定の趣旨にこたえて具体的にどのような立法措置を講ずるかの選択決定は，立法府の広い裁量にゆだねられており，それが著しく合理性を欠き明らかに裁量の逸脱・濫用と見ざるをえないような場合を除き，裁判所が審査判断するのに適しない事柄である」とし，「憲法25条の規定の要請にこたえて制定された法令において，受給者の範囲，支給要件，支給金額等につきなんら合理的理由のない不当な差別的取扱をしたり，あるいは個人の尊厳を毀損するような内容の定めを設けているときは，別に所論指摘の憲法14条及び13条違反の問題を生じうる」としている。

イ　誤　り。

本記述は，老齢加算を廃止する保護基準の改定については，不利益変更であることに鑑み，厚生労働大臣に専門技術的かつ政策的見地からの広範な裁量権は認められないとしている点で，誤っている。

最判平24.2.28（百選Ⅱ135事件）。生活保護法に基づく生活扶助の支給を受けている者が，同法の委任に基づいて厚生労働大臣が定めた「生活保護法による保護の基準」の数次の改定により，原則として70歳以上の者を対象とする生活扶助の加算が段階的に減額されて廃止されたことに基づいて所轄の福祉事務所長らからそれぞれ生活扶助の支給額を減額する旨の保護変更決定を受けたため，保護基準の上記改定は憲法25条1項等に反する違憲，違法なものであるとして，上記各保護変更決定の取消しを求めた事案において，判例は，「最低限度の生活は，抽象的かつ相対的な概念であって，その具体的な内容は，その時々における経済的・社会的条件，一般的な国民生活の状況等との相関関係において判断決定されるべきものであり，これを保護基準において具体化するに当たっては，高度の専門技術的な考察とそれに基づいた政策的判断を必要とするものである……。したがって，保護基準中の老齢加算に係る部分を改定するに際し，最低限度の生活を維持する上で老齢であることに起因する特別な需要が存在するといえるか否か及び高齢者に係る改定後の生活扶助基準の内容が健康で文化的な生活水準を維持することができるものであるか否かを判断するに当たっては，厚生労働大臣に上記のような専門技術的かつ政策的な見地からの裁量権が認められる」とし，そして，「老齢加算の全部についてその支給の根拠となる上記の特別な需要が認められない場合であっても，老齢加算の廃止は，これが支給されることを前提として現に生活設計を立てていた被保護者に関しては，保護基準によって具体化されていたその期待的利益の喪失を来す側面があることも否定し得ないところである。そうすると，上記のような場合においても，厚生労働大臣は，老齢加算の支給を受けていない者との公平や国の財政事情といった見地に基づく加算の廃止の必要性を踏まえつつ，被保護者のこのような期待的利益についても可及的に配慮するため，その廃止の具体的な方法等について，激変緩和措置の要否などを含め，上記のような専門技術的かつ政策的な見地からの裁量権を有している」としている。たしかに本判例は，「広い」との文言を用いず，また，判断過程審査の手法を用いて比較的審査密度の深い審査を行っているが，不利益変更であることは裁量の考慮要素の1つとされるにとどまり，本記述のように，専門技術的かつ政策的見地からの広範な裁量権を積極的に否定したわけではない。

ウ　誤り。　**!!!**

本記述は，保険料負担能力のない20歳以上60歳未満の者のうち20歳以上の学生とそれ以外の者との間に障害基礎年金の受給に関し差異が生じた場合，その合憲性については，憲法25条及び14条の趣旨に照らし，慎重に検討する必要があるとしている点で，誤っている。

最判平19.9.28（百選Ⅱ134事件）。国民年金法の規定に基づき，保険料負担能力のない20歳以上60歳未満の者のうち20歳以上の学生とそれ以外の者との間に障害基礎年金等の受給に関し差異が生じていた点が問題となった事案において，判例は，「確かに，加入等に関する区別によって，……保険料負担能力のない20歳以上60歳未満の者のうち20歳以上の学生とそれ以外の者との間に障害基礎年金等の受給に関し差異が生じていたところではあるが，いわゆる拠出制の年金である障害基礎年金等の受給に関し保険料の拠出に関する要件を緩和するかどうか，どの程度緩和するかは，国民年金事業の財政及び国の財政事情にも密接に関連する事項であって，立法府は，これらの事項の決定について広範な裁量を有するというべきであるから，上記の点は上記判断を左右するものとはいえない」としている。

以上により，正しい組合せは「ア○　イ×　ウ×」であり，したがって，正解は肢4となる。

【文献情報】芦部（憲法）P.134～135，278～281。有斐閣憲法ⅠP.501～512。憲法ⅠP.368～382。

第10問　裁判を受ける権利

正解：〔No.18〕1，〔No.19〕2，〔No.20〕1

判例	肢別解答率					
	肢ア		肢イ		肢ウ	
	1	2	1	2	1	2
全　体	98%	2%	10%	90%	96%	4%
上位30%	99%	1%	8%	92%	97%	3%
下位20%	94%	6%	20%	80%	91%	9%

ア　正しい。

最大判平23.11.16（百選Ⅱ175事件）により，本記述は正しい。

裁判員制度について，裁判官以外の者が構成員となった裁判体は「裁判所」には当たらず憲法32条等に違反するかが争われた事案において，判例は，「旧憲法では，24条において『日本臣民ハ法律ニ定メタル裁判官ノ裁判ヲ受クルノ権ヲ奪ハルヽコトナシ』と規定されていたが，憲法では，32条において『何人も，裁判所において裁判を受ける権利を奪はれない。』と規定され，憲法37条1項においては『すべて刑事事件においては，被告人は，公平な裁判所の迅速な公開裁判を受ける権利を有する。』と規定されており，『裁判官による裁判』から『裁判所における裁判』へと表現が改められた。また，憲法は，『第6章 司法』において，最高裁判所と異なり，下級裁判所については，裁判官のみで構成される旨を明示した規定を置いていない。……憲法制定過程を見ても，ヨーロッパの国々で行われていた参審制を排除する趣旨は認められない。刑事裁判に国民が参加して民主的基盤の強化を図ることと，憲法の定める人権の保障を全うしつつ，証拠に基づいて事実を明らかにし，個人の権利と社会の秩序を確保するという刑事裁判の使命を果たすこととは，決して相容れないものではなく，このことは，陪審制又は参審制を有する欧米諸国の経験に照らしても，基本的に了解し得るところである。そうすると，国民の司法参加と適正な刑事裁判を実現するための諸原則とは，十分調和させることが可能であり，憲法上国民の司法参加がおよそ禁じられていると解すべき理由はなく，国民の司法参加に係る制度の合憲性は，具体的に設けられた制度が，適正な刑事裁判を実現するための諸原則に抵触するか否かによって決せられるべきものである。換言すれば，憲法は，一般的には国民の司法参加を許容しており，これを採用する場合には，上記の諸原則が確保されている限り，陪審制とするか参審制とするかを含め，その内容を立法政策に委ねていると解される」としている。したがって，大日本帝国憲法で「法律ニ定メタル裁判官ノ裁判」を受ける権利が保障されていたのに対し，日本国憲法32条が保障するのは「裁判所において裁判を受ける権利」であることを踏まえれば，憲法上国民の司法参加がおよそ禁じられていると解すべき理由はない。

イ　誤り。

本記述は，性質上純然たる訴訟事件の裁判が，公開の法廷における対審及び判決によらず非公開でなされた場合には，憲法32条に違反することはないとしている点で，誤っている。

最大決昭35.7.6（百選Ⅱ124事件)。非訟事件について，非公開，非対審，かつ決定（審判）の方式で簡易に処理する手続によることが，憲法82条や32条に反しないかが問題となった事案において，判例は，「若し性質上純然たる訴訟事件につき，当事者の意思いかんに拘わらず終局的に，事実を確定し当事者の主張する権利義務の存否を確定するような裁判が，憲法所定の例外の場合を除き，公開の法廷における対審及び判決によつてなされないとするならば，それは憲法82条に違反すると共に，同32条が基本的人権として裁判請求権を認めた趣旨をも没却する」としている。その理由として，判例は，「憲法は一方において，基本的人権として裁判請求権を認め，何人も裁判所に対し裁判を請求して司法権による権利，利益の救済を求めることができることとすると共に，他方において，純然たる訴訟事件の裁判については，……公開の原則の下における対審及び判決によるべき旨を定めたのであつて，これにより，近代民主社会における人権の保障が全うされる」ということを挙げている。

ウ　正しい。

最大判昭35.12.7により，本記述は正しい。

地方議会議員の除名処分の取消しを求めたが，議員の任期が満了したため，訴えの利益がないとされた事案において，判例は，「憲法32条は，訴訟の当事者が訴訟の目的たる権利関係につき裁判所の判断を求める法律上の利益を有することを前提として，かかる訴訟につき本案の裁判を受ける権利を保障したものであつて，右利益の有無にかかわらず常に本案につき裁判を受ける権利を保障したものではない」としている。

【文献情報】芦部（憲法）P.267〜268，366〜367。有斐閣憲法ⅠP.548〜551。憲法ⅠP.435〜443。

第11問	主　権	学説	肢別解答率					
			1	2	3	4	5	6
正解：〔No.21〕5		全　体	0%	1%	1%	2%	95%	0%
		上位30%	0%	1%	0%	1%	98%	0%
		下位20%	2%	2%	3%	11%	80%	3%

主権の概念は多義的であるが，一般に，①国家権力そのもの（国家の統治権），②国家権力の属性としての最高独立性，③国政に関する最高の決定権，という３つの異なる意味に用いられる。

ア　国家権力そのもの（国家の統治権）

「日本国ノ主権ハ本州，北海道，九州及四国並ニ吾等ノ決定スル諸小島ニ局限セラルベシ」（ポツダム宣言８項）というときの「主権」は，①国家権力そのもの（国家の統治権）という意味である。

イ　国政に関する最高の決定権

「日本国民は，（中略）ここに主権が国民に存することを宣言し，この憲法を確定する。」（憲法前文１項）というときの「主権」は，③国政に関する最高の決定権という意味である。

ウ　国家権力の属性としての最高独立性

「政治道徳の法則は，普遍的なものであり，この法則に従ふことは，自国の主権を維持し，他国と対等関係に立たうとする各国の責務であると信ずる。」（憲法前文３項）というときの「主権」は，②国家権力の属性としての最高独立性という意味である。

エ　国政に関する最高の決定権

「天皇は，日本国の象徴であり日本国民統合の象徴であつて，この地位は，主権の存する日本国民の総意に基く。」（憲法１条）というときの「主権」は，③国政に関する最高の決定権という意味である。

以上により，国政に関する最高の決定権という意味で主権の概念を用いたものの組合せは，イとエであり，したがって，正解は肢５となる。

【文献情報】芦部（憲法）P.39～43。有斐閣憲法ⅠP.90～94。

第12問	「おことば」の憲法上の位置付け	論理	肢別解答率					
			肢ア		肢イ		肢ウ	
			1	2	1	2	1	2
正解：〔No.22〕2，〔No.23〕2，〔No.24〕1		全　体	23%	77%	12%	88%	98%	2%
		上位30%	14%	86%	7%	93%	99%	1%
		下位20%	36%	64%	23%	77%	94%	6%

ア　根拠となっていない。

見解ａは，天皇の行為を国事行為と私的行為のみならず，公的行為として位置付ける立場（三分説）のうち，天皇は象徴であり，「おことば」を述べることは象徴としての行為であるとする見解（象徴的行為説）である。この見解の論者によれば，象徴としての地位を根拠に，天皇には象徴たる地位にふさわしい公的行為を行うことが認められるべきという法的効果が導かれるとされる。この見解に対しては，見解ｂのように，象徴という言葉は社会心理的な意味を有するものであり，天皇を象徴と定めた憲法の規定から法的効果を導くことはできないとの批判がある。したがって，本記述の見解ｂは，見解ａの根拠となっていない。

イ　根拠となっていない。

見解ａは，天皇の行為を国事行為と私的行為のみならず，公的行為として位置付ける立場（三分説）のうち，天皇は公人であり，「おことば」を述べることは公人としての行為であるとする見解（公人的行為説）である。この見解に対しては，憲法が「国事に関する行為のみを行ひ」（憲法４条１項）と規定していることを重視して，見解ｂのように，天皇の行為は限定するべきであり，天皇の行為には，憲法が定める国事行為と私的行為の二つしかない（二分説）と考えるべきであるとの批判がある。したがって，本記述の見解ｂは，見解ａの根拠となっていない。

ウ　根拠となっている。

見解ａは，天皇の行為には，憲法が定める国事行為と私的行為の二つしかないとする立場（二分説）のうち，天皇が「おことば」を述べることは「儀式を行ふこと」（憲法７条10号）に含まれるとする見解（10号説）である。見解ｂのように，天皇が自ら儀式を主宰する場合だけでなく，式に参列して儀式的・儀礼的行為を行うことも「儀式を行ふこと」と解釈することができると考えると，天皇が「おことば」を述べる行為は，国会の開会式に出席（参列）して儀式的儀礼的行為として行われたものとして，憲法７条10号の国事行為として位置付けられる。したがって，本記述の見解ｂは，見解ａの根拠となっている。

【文献情報】芦部（憲法）P.51～52。有斐閣憲法ⅠP.136～142。

第13問 選挙権及び選挙制度	判例	肢別解答率							
		1	2	3	4	5	6	7	8
正解：〔No.25〕4	全　体	1%	33%	2%	60%	0%	2%	0%	2%
	上位30%	0%	31%	0%	66%	0%	1%	0%	2%
	下位20%	0%	39%	8%	45%	2%	3%	0%	3%

ア　正しい。

選挙権の法的性格について，国政への参加を国民に保障する権利という面のみを有すると考える見解（権利一元説）と，かかる権利であると同時に選挙人としての地位に基づいて公務員の選挙に関与する公務という側面も併せ有すると考える見解（権利・公務二元説）の対立がある。両者の実質的違いはほとんどないといわれているが，選挙犯罪による被処罰者の選挙権及び被選挙権の停止を定める公職選挙法の規定についてみると，二元説からは，選挙権の公務としての性格に基づく最小限度の制約とされるのに対して，一元説からも，選挙の公正確保を目的としたものであり，制限が必要最小限度であれば許されるとされている。よって，選挙権の法的性格につき権利一元説と権利・公務二元説のいずれの見解に立っても，選挙犯罪による被処罰者の選挙権及び被選挙権の停止を定める公職選挙法の規定が，憲法14条及び44条ただし書に違反する差別的待遇ではないと解することは可能である。したがって，本記述は正しい。

イ　誤　り。

本記述は，同改正後の公職選挙法附則の規定が，当分の間，在外選挙制度の対象を比例代表選出議員の選挙に限定したことについても，判例が，同改正当時から全く理由がなく，憲法15条１項，３項，43条１項等に違反すると解しているとしている点で，誤っている。

最大判平17.９.14（百選Ⅱ147事件）。本記述前段について。判例は，「自ら選挙の公正を害する行為をした者等の選挙権について一定の制限をすることは別として，国民の選挙権又はその行使を制限することは原則として許されず，国民の選挙権又はその行使を制限するためには，そのような制限をすることがやむを得ないと認められる事由がなければならないというべきである。そして，そのような制限をすることなしには選挙の公正を確保しつつ選挙権の行使を認めることが事実上不能ないし著しく困難であると認められる場合でない限り，上記のやむを得ない事由があるとはいえず，このような事由なしに国民の選挙権の行使を制限することは，憲法15条１項及び３項，43条１項並びに44条ただし書に違反する」とした上で，「本件改正前の公職選挙法が，本件選挙当時，在外国民であった上告人らの投票を全く認めていなかったことは，憲法15条１項及び３項，43条１項並びに44条ただし書に違反する」としている。その理由として，判例は，「世界各地に散在する多数の在外国民に選挙権の行使を認めるに当たり，公正な選挙の実施や候補者に関する情報の適正な伝達等に関して解決されるべき問題があったとしても，既に昭和59年の時点で，選挙の執行について責任を負う内閣がその解決が可能であることを前提に上記の法律案を国会に提出していることを考慮すると，同法律案が廃案となった後，国会が，10年以上の長きにわたって在外選挙制度を何ら創設しないまま放置し，本件選挙において在外国民が投票をすることを認めなかったことについては，やむを得ない事由があったとは到底いうことができない」ということを挙げている。したがって，本記述前段は正しい。

本記述後段について。判例は，公職選挙法附則の規定のうち，在外選挙制度の対象となる選挙を当分の間両議院の比例代表選出議員の選挙に限定する部分について，「遅くとも，本判決言渡し後に初めて行われる衆議院議員の総選挙又は参議院議員の通常選挙の時点においては，……憲法15条１項及び３項，43条１項並びに44条ただし書に違反する」としている。その理由として，判例は，「投票日前に選挙公報を在外国民に届けるのは実際上困難であり，在外国民に候補者個人に関する情報を適正に伝達するのが困難であるという状況の下で，候補者の氏名を自書させて投票をさせる必要のある衆議院小選挙区選出議員の選挙又は参議院選挙区選出議員の選挙について在外国民に投票をすることを認めることには検討を要する問題があるという見解もないではなかったことなどを考慮すると，初めて在外選挙制度を設けるに当たり，まず問題の比較的少ない比例代表選出議員の選挙についてだけ在外国民の投票を認めることとしたことが，全く理由のないものであったとまでいうことはできない。しかしながら，本件改正後に在外選挙が繰り返し実施されてきていること，通信手段が地球規模で目覚ましい発達を遂げていることなどによれば，在外国民に候補者個人に関する情報を適正に伝達することが著しく困難であるとはいえなくなったものというべきである。また，参議院比例代表選出議員の選挙制度を非拘束名簿式に改めることなどを内容とする公職選挙法の一部を改正する法律……が平成12年11月１日に公布され，同月21日に施行されているが，この改正後は，参議院比例代表選出議員の選挙の投票については，公職選挙法86条の３第１項の参議院名簿登載者の氏名を自書することが原則とされ，既に平成13年及び同16年に，在外国民についてもこの制度に基づく選挙権の行使がされている」ことから，「遅くとも，本判決言渡し後に初めて行われる衆議院議員の総選挙又は参議院議員の通常選挙の時点においては，衆議院小選挙区選出議員の選挙及び参議院選挙区選出議員の選挙について在外国民に投票をすることを認めないことについて，やむを得ない事由があるということはでき」ないということを挙げている。

よって，本判決は，公職選挙法附則の規定について，同改正当時から全く理由がなかったとしていたわけではない。したがって，本記述後段は誤っている。

ウ　誤　り。

本記述は，公職選挙法の規定によって禁じられた政見放送としての品位を損なう言動をした場合の責任は，事後的に候補者自身に負わせれば足りることを根拠として，放送事業者が政見放送において用いられた差別的用語を削除した行為を憲法21条１項に違反するとしている点で，誤っている。

最判平２.４.17（百選Ⅰ157事件）。判例は，政見放送において身体障害者に対する差別用語を使用した発言部分が公職選挙法150条の２に違反するとして削除して放送された事案において，「右規定は，テレビジョン放送による政見放送が直接かつ即時に全国の視聴者に到達して強い影響力を有していることにかんがみそのような言動が放送されることによる弊害を防止する目的で政見放送の品位を損なう言動を禁止したものであるから，右規定に違反する言動がそのまま放送される利益は法的に保護された利益とはいえず，したがつて，右言動がそのまま放送されなかつたとしても，不法行為法上，法的利益の侵害があったとはいえない」としており，差別用語を削除した行為を憲法21条１項に違反するとはしていない。

以上により，正しい組合せは「ア○　イ×　ウ×」であり，正解は肢４となる。

【文献情報】芦部（憲法）P.271～275。有斐閣憲法ⅠP.535～544。憲法ⅠP.253，415～425。

<table>
<tr><td rowspan="2">第14問</td><td rowspan="2">憲法 41 条</td><td rowspan="3">学説</td><td colspan="6">肢別解答率</td></tr>
<tr><td colspan="2">肢ア</td><td colspan="2">肢イ</td><td colspan="2">肢ウ</td></tr>
<tr><td colspan="2" rowspan="4">正解：〔No.26〕1，
〔No.27〕2，〔No.28〕1</td><td>1</td><td>2</td><td>1</td><td>2</td><td>1</td><td>2</td></tr>
<tr><td>全　体</td><td>73%</td><td>27%</td><td>2%</td><td>98%</td><td>93%</td><td>7%</td></tr>
<tr><td>上位 30%</td><td>79%</td><td>21%</td><td>0%</td><td>100%</td><td>94%</td><td>6%</td></tr>
<tr><td>下位 20%</td><td>66%</td><td>34%</td><td>9%</td><td>91%</td><td>91%</td><td>9%</td></tr>
</table>

ア　正しい。

憲法41条の「国権の最高機関」につき，国会は国政全般を統括する機関であるとの見解（統括機関説）によると，他の国家機関は，国会の下位にあり，国権の発動の仕方について国会の意思に従わなければならないとされたが，権力分立に反すると批判された。そこで，「国権の最高機関」につき，国会が国民に最も近く，国民を代表していることを強調するための政治的美称であるとする見解（政治的美称説）や，並列関係にある国家機関のうち一番高い地位にある機関が，国政全般の動きに絶えず注意しつつ，その円滑な運営を図ることを意味するとする見解（最高責任地位説）などが唱えられた。政治的美称説や最高責任地位説によっても，どの国家機関に帰属するのか不明確な権能については国会に属するものと推定することが可能である。よって，憲法41条の「国権の最高機関」につき，国政全般を統括する機関であるとの見解に立たないとしても，どの国家機関に帰属するのか不明確な権能については国会に属するものと推定することは可能である。したがって，本記述は正しい。

イ　誤　り。

本記述は，憲法41条の「立法」につき，実質的意味の立法を意味しているとの見解に立つと，国民の権利を直接に制限し，義務を課す法規範についてのみ法律で定めれば足り，行政各部の組織の根本部分について法律で定めてはならないこととなるとしている点で，誤っている。

憲法41条の「立法」につき，実質的意味の立法を意味しているとの見解に立ったとしても，実質的意味の立法が何を指すかはさらに見解が分かれる。本記述のように，国民の権利を直接に制限し，義務を課すことと解する見解（法規説）があるが，一般的抽象的法規範の定立とする見解もある（一般的抽象的法規範説）。この見解によると，国民の権利を創設し，あるいは国民に利益を付与する規範についても法律で定めなければならないと解することができるし，また，行政組織に関する定めも含まれるので，行政各部の組織の根本部分についての定めは法律に留保されると解することも可能である。

ウ　正しい。

憲法41条の「唯一の立法機関」については，国会中心立法の原則と国会単独立法の原則の２つの意味があるとされているが，内閣の法律案提出権を肯定すると，国会以外の国家機関が立法過程に関与することとなり，国会単独立法の原則との関係で問題がある。しかし，法律案の提出は立法に不可欠の要素であるが，立法そのものではなく，その準備行為であって，国会が独占しなければならないものではないと解すると，内閣の法律案提出権を肯定しても，国会単独立法の原則に反しないといえる。よって，憲法41条の「唯一の立法機関」につき，内閣の法律案提出権を肯定する見解に立つと，法律案の提出は立法に不可欠の要素であるが，立法そのものではなく，その準備行為であって，国会が独占しなければならないものではないと解することとなるといえる。したがって，本記述は正しい。

【文献情報】芦部（憲法）P.305～309。有斐閣憲法ⅡP.70～82。

第15問 内閣総理大臣による国務大臣の任命及び罷免	条文	肢別解答率					
		肢ア		肢イ		肢ウ	
正解：〔No.29〕1，〔No.30〕1，〔No.31〕2		1	2	1	2	1	2
	全　体	97%	3%	78%	22%	4%	96%
	上位30%	97%	3%	82%	18%	2%	98%
	下位20%	95%	5%	63%	38%	9%	91%

ア　正しい。

憲法68条１項により，本記述は正しい。

内閣総理大臣は，国務大臣を任命する。但し，その過半数は，国会議員の中から選ばれなければならない。その趣旨は，国会の信任を基礎として内閣を構成する議院内閣制の趣旨を徹底させるという点にある。したがって，内閣総理大臣は国会議員以外の者を国務大臣に任命することができるが，国務大臣の過半数は国会議員の中から選ばなければならない。

イ　正しい。

憲法７条５号により，本記述は正しい。

国務大臣の任免には国事行為として天皇の認証が必要であり，天皇の認証には内閣の助言と承認が必要である（憲法７条５号）。国務大臣の任免の実質的決定権は内閣総理大臣にある（憲法68条１項本文）という事柄の性質上，内閣は助言と承認を拒むことはできないと解されている。

ウ　誤　り。

本記述は，内閣総理大臣による国務大臣の罷免の効力発生には天皇の認証が必要であるとしている点で，誤っている。

内閣総理大臣は，任意に国務大臣を罷免することができる（憲法68条２項）が，国務大臣の任免には天皇の認証が必要である（憲法７条５号）。この「認証」は，ある行為が権限ある機関によってなされたことを公に証明する行為であり，認証されるべき行為の効力要件ではないと解されている。よって，内閣総理大臣による国務大臣の罷免の効力発生には，天皇の認証は必要ない。

【文献情報】芦部（憲法）P.337～338。有斐閣憲法ⅡP.179～192。

第16問　違憲判断の方法

正解：〔No.32〕2，〔No.33〕1，〔No.34〕2

判例	肢別解答率					
	肢ア		肢イ		肢ウ	
	1	2	1	2	1	2
全　体	47%	53%	82%	18%	29%	71%
上位30%	49%	51%	85%	15%	17%	83%
下位20%	39%	61%	75%	25%	52%	48%

【誤答行動分析】

本問の上位30%の正答率と下位20%の正答率の差は，記述アが−10%，記述イが10%，記述ウが35%である。したがって，記述ウで差がついたと推測できる。

記述ウは，いわゆる郵便法違憲判決（最大判平14.9.11，百選Ⅱ128事件）に関する理解を問う問題である。記述ウにおいては，かかる判決が適用違憲の判断をしている旨を述べているが，かかる判決ではそのような解釈をしていない。百選掲載判例に関しては，結論のみならず結論に至る理由付けも把握しておく必要がある。

合憲限定解釈，適用違憲，部分違憲は，法令の一部が違憲であるという評価を前提としている点で共通しているが，以下のように分類されている。

まず，解釈によって違憲部分が法令の適用範囲に含まれないようにするのが合憲限定解釈であるのに対し，違憲部分を切り取ってその部分のみ違憲無効であると判断するのが部分違憲と適用違憲とされている。そして，適用違憲は，適用審査として，法令の当該部分が違憲であるとするにとどまり，それ以外の部分は合憲とも違憲とも判断していないのに対し，部分違憲は，法令一般審査の帰結として，部分違憲とされなかった部分は合憲であるとの含意がある点で異なるといわれている。

ア 誤 り。

本記述は，被告人の配布行為に罰則規定が適用される限りにおいて憲法21条１項及び31条に違反すると判示したとしている点で，誤っている。

最判平24.12.7（百選Ⅰ13事件)。判例は,「『政治的行為』とは，公務員の職務の遂行の政治的中立性を損なうおそれが，観念的なものにとどまらず，現実的に起こり得るものとして実質的に認められるものを指」すとした上で,「本件配布行為は，管理職的地位になく，その職務の内容や権限に裁量の余地のない公務員によって，職務と全く無関係に，公務員により組織される団体の活動としての性格もなく行われたものであり，公務員による行為と認識し得る態様で行われたものでもないから，公務員の職務の遂行の政治的中立性を損なうおそれが実質的に認められるものとはいえない。そうすると，本件配布行為は本件罰則規定の構成要件に該当しないというべきである。……なお，原判決は，本件罰則規定を被告人に適用することが憲法21条１項，31条に違反するとしているが，そもそも本件配布行為は本件罰則規定の解釈上その構成要件に該当しないためその適用がないと解すべきであって，上記憲法の各規定によってその適用が制限されるものではないと解されるから，原判決中その旨を説示する部分は相当ではない」としている。本判決は，合憲限定解釈（あるいは，違憲判断を前提とするわけではないが，憲法の趣旨を汲んで限定解釈するとする「憲法適合的解釈」）の手法を採用したものといわれている。

イ 正しい。

最大判平22.１.20（富平神社事件)，最大判平22.１.20（百選Ⅰ47事件，空知太神社事件）により，本記述は正しい。

判例（最大判平22.１.20，富平神社事件）は，市有地上に神社施設が存在する状態を解消するため，無償で使用させていた私有地を町内会に譲与した事案について，合憲と判断している。これに対し，判例（最大判平22.１.20，百選Ⅰ47事件，空知太神社事件）は，市有地が明らかな宗教施設といわざるを得ない神社施設の敷地として長期間にわたり継続的に無償貸与され，氏子集団による宗教的活動を行うために提供されていた事案について,「本件利用提供行為は，市と本件神社ないし神道とのかかわり合いが，我が国の社会的，文化的諸条件に照らし，信教の自由の保障の確保という制度の根本目的との関係で相当とされる限度を超えるものとして，憲法89条の禁止する公の財産の利用提供に当たり，ひいては憲法20条１項後段の禁止する宗教団体に対する特権の付与にも該当する」としている。本判決は，法令違憲ではなく，処分違憲の手法を採用したものである。

ウ　誤　り。　**!!!**

本記述は，郵便法の損害賠償責任免除・制限規定が当該事案に適用される限りにおいて憲法17条に違反すると判示したとしている点で，誤っている。

最大判平14.9.11（百選Ⅱ128事件）。判例は，「法〔注：郵便法（当時）〕68条，73条の規定のうち，書留郵便物について，郵便業務従事者の故意又は重大な過失によって損害が生じた場合に，不法行為に基づく国の損害賠償責任を免除し，又は制限している部分は，憲法17条が立法府に付与した裁量の範囲を逸脱したものであるといわざるを得ず，同条に違反し，無効である」としている。本判決は，部分違憲のうち，法令の意味ないし適用の一部を無効とする「意味上の部分違憲」の手法を採用したものといわれている。

【文献情報】芦部（憲法）P.399～401。有斐閣憲法Ⅱ P.315～319。

第17問	地方自治	判例	肢別解答率							
			1	2	3	4	5	6	7	8
正解：〔No.35〕7		全　体	1%	0%	21%	1%	3%	0%	71%	2%
		上位30%	0%	0%	20%	0%	1%	0%	77%	1%
		下位20%	2%	5%	14%	3%	20%	2%	48%	6%

ア　誤　り。

本記述は，憲法95条に基づく手続が実際にとられた例はないとしている点で，誤っている。

憲法95条は地方自治特別法に住民投票を要求するが，その趣旨は，①国の特別法による地方自治権の侵害の防止，②地方公共団体の個性の尊重，③地方公共団体の平等権の尊重，④地方行政における民意の尊重の４点にあり，これらの点は，①を中心に相互に関連しているとされている。この住民投票の手続を経て制定された地方自治特別法としては，首都建設法など18都市16件にわたる一連の建設法がある。

イ　誤　り。

本記述は，地方公共団体が国とは別途に課税権の主体となることは憲法上予定されていないとしている点で，誤っている。

最判平25.3.21（百選Ⅱ201事件）。判例は，条例による租税の賦課徴収が問題となった事案において，「普通地方公共団体は，地方自治の本旨に従い，その財産を管理し，事務を処理し，及び行政を執行する権能を有するものであり（憲法92条，

94条)，その本旨に従ってこれらを行うためにはその財源を自ら調達する権能を有することが必要であることからすると，普通地方公共団体は，地方自治の不可欠の要素として，……国とは別途に課税権の主体となることが憲法上予定されている……。しかるところ，憲法は，普通地方公共団体の課税権の具体的内容について規定しておらず，普通地方公共団体の組織及び運営に関する事項は法律でこれを定めるものとし（憲法92条)，普通地方公共団体は法律の範囲内で条例を制定することができるものとしていること（憲法94条)，さらに，租税の賦課については国民の税負担全体の程度や国と地方の間ないし普通地方公共団体相互間の財源の配分等の観点からの調整が必要であることに照らせば，普通地方公共団体が課することができる租税の税目，課税客体，課税標準，税率その他の事項については，憲法上，租税法律主義（憲法84条）の原則の下で，法律において地方自治の本旨を踏まえてその準則を定めることが予定されており，これらの事項について法律において準則が定められた場合には，普通地方公共団体の課税権は，これに従ってその範囲内で行使されなければならない」としている。

ウ　正しい。

最大判昭50.9.10（百選Ｉ83事件）により，本記述は正しい。

判例は，「条例が国の法令に違反するかどうかは，両者の対象事項と規定文言を対比するのみでなく，それぞれの趣旨，目的，内容及び効果を比較し，両者の間に矛盾牴触があるかどうかによってこれを決しなければならない。例えば，ある事項について国の法令中にこれを規律する明文の規定がない場合でも，当該法令全体からみて，右規定の欠如が特に当該事項についていかなる規制をも施すことなく放置すべきものとする趣旨であると解されるときは，これについて規律を設ける条例の規定は国の法令に違反することとなりうるし，逆に，特定事項についてこれを規律する国の法令と条例とが併存する場合でも，後者が前者とは別の目的に基づく規律を意図するものであり，その適用によって前者の規定の意図する目的と効果をなんら阻害することがないときや，両者が同一の目的に出たものであっても，国の法令が必ずしもその規定によって全国的に一律に同一内容の規制を施す趣旨ではなく，それぞれの普通地方公共団体において，その地方の実情に応じて，別段の規制を施すことを容認する趣旨であると解されるときは，国の法令と条例との間にはなんらの矛盾牴触はなく，条例が国の法令に違反する問題は生じえないのである」としている。

以上により，正しい組合せは「ア×　イ×　ウ○」であり，したがって，正解は肢7となる。

【文献情報】芦部（憲法）P.378～385。有斐閣憲法ⅡP.385～390。

第18問	条　約	条文	肢別解答率							
			1	2	3	4	5	6	7	8
正解：〔No.36〕6		全　体	1%	6%	1%	1%	31%	52%	5%	4%
		上位30%	1%	2%	0%	0%	33%	59%	3%	3%
		下位20%	2%	20%	6%	6%	30%	28%	8%	0%

ア　誤　り。

本記述は，条約承認の議案は，先に衆議院に提出しなければならないとしている点で，誤っている。

憲法61条は，「条約の締結に必要な国会の承認については，前条第２項の規定を準用する。」と規定し，衆議院の優越について規定する憲法60条２項を準用するも，予算先議権について規定する憲法60条１項は準用していない。よって，条約承認の議案は，先に衆議院に提出する必要はない。

イ　正しい。

憲法73条３号本文，７条８号により，本記述は正しい。

条約を締結する権限は内閣にある（憲法73条３号本文）が，批准を要する条約についての批准書の認証は天皇の国事行為である（憲法７条８号）。

ウ　誤　り。

本記述は，条約は，天皇が国事行為としてこれを公布することによって有効に成立するとしている点で，誤っている。

条約は，事前又は事後に国会の承認を得て，内閣が締結することによって成立する（憲法73条３号，61条）。天皇の公布（憲法７条１号）は，既に成立した国法を国民一般に周知させる表示行為であり，効力発生要件とされている。

以上により，正しい組合せは「ア×　イ〇　ウ×」であり，したがって，正解は肢6となる。

【文献情報】芦部（憲法）P.325。有斐閣憲法ⅡP.140，206，424～426。

第19問	憲法改正	学説	肢別解答率					
			肢ア		肢イ		肢ウ	
正解：〔No.37〕2，〔No.38〕1，〔No.39〕1			1	2	1	2	1	2
		全　体	4%	96%	97%	3%	93%	7%
		上位30%	2%	98%	97%	3%	96%	4%
		下位20%	23%	77%	88%	13%	73%	25%

ア　誤り。

本記述は，②在職議員数説の根拠として，①法定議員数説の根拠を述べている点で，誤っている。

憲法96条1項の「総議員」の意味について，①法定議員数説と②在職議員数説がある。①法定議員数説は，除名，辞職，死亡その他の事由による欠員が出ても定足数が一定になり「総議員」の数を巡る争いを避けられること，憲法改正の発議要件を厳格にして議決を慎重にさせるのが憲法の趣旨に合致することを根拠としている。これに対し，②在職議員数説は，①法定議員数説とすると，欠員数だけの議員が常に反対の投票をしたのと同じに取り扱われることになり妥当ではないこと等を根拠としている。

イ　正しい。

改正案を国会に提案する権限を内閣が有するか否かについて，肯定説と否定説がある。肯定説に対しては，内閣の発案権を認めると国会の自主的審議権が害されるとの批判がされている。これに対して，肯定説は，内閣に発案権を認めたとしても，各議院は内閣の改正案に対する修正権を持つので，国会の自主的審議権を害するおそれはないと反論する。したがって，本記述は正しい。

ウ　正しい。

憲法96条1項で要求される国民投票の「過半数」について，①有権者総数の過半数か，②無効投票を含めた投票総数の過半数か，③有効投票総数の過半数かで争いがある。①の見解に対しては，有権者総数（投票した者と棄権者）の過半数と解すると，改正案に賛成した者（投票した者の一部）と，改正案に反対した者（投票した者の一部及び棄権者）となるため，棄権者が全て改正案に反対の意思と評価されてしまう点で妥当ではないとの批判が可能である。したがって，本記述は正しい。

【文献情報】芦部（憲法）P.405～409。有斐閣憲法ⅡP.408～410。

第20問	憲法の法源	学説	肢別解答率							
			1	2	3	4	5	6	7	8
正解：〔No.40〕4		全　体	0%	12%	0%	64%	0%	9%	0%	15%
		上位30%	0%	10%	0%	74%	0%	5%	0%	11%
		下位20%	0%	11%	3%	39%	2%	25%	0%	20%

【誤答行動分析】

本問の上位30%の正答率は74%であるのに対して，下位20%の正答率は39%であり，その差は35%となっている。そして，下位20%は肢6または肢8を選択した比率がそれぞれ25%・20%と高いことから，記述アを誤りと判断してしまったと推測できる。

記述アは，憲法慣習についての理解を問う問題である。定評のある基本書等において取り上げられている論点であり，把握しておきたい。また，未知の論点であっても，「憲法の空白を埋める事実」は憲法に明らかに違反する事実ではなく，硬性憲法の原則に反することはない，と基本的な知識を基に考えることも可能である。

ア　正しい。　**!!!**

憲法典として制定された形式的意味の憲法は，通常，法律の制定と同じ手続では改正できず，より困難な重い手続を経なければならず，そうであるがゆえに，最高の形式的効力を持つ（硬性憲法）。その趣旨は，人権保障のような国の政治の重要なルールを形式的意味の憲法に規定することによって，安易な改正から保護しようとする点にある。この硬性憲法の原則を重視する立場からは，憲法に反する事実が反復・継続された場合に，国家機関を政治的に拘束する憲法慣習の成立を認めることは，基本的には許されない（いわゆる「憲法の変遷」論）。もっとも，硬性憲法の原則を重視する立場をとっても，憲法の規定を具体化する事実や憲法の空白を埋める事実が反復・継続された場合には，国家機関を政治的に拘束する憲法慣習の成立を認めることができるといえる。したがって，本記述は正しい。

イ　誤り。

本記述は，判例が，後の裁判を法的に拘束するという立場をとるならば，法律の合憲性に関する最高裁判所の判例を変更することは，後の最高裁判所であっても，許されないとしている点で，誤っている。

判例の法的拘束力を認める場合，最高裁判例は，後の最高裁判所をも拘束することになるのが原則であるが，状況の変化などから特に必要がある場合には，判例変更は可能であるとされている。憲法判例も同様である。

ウ　誤　り。

本記述は，条約の国内法的効力は憲法に劣るという立場をとるならば，裁判所が，立法事実の存否を判断するための資料として，国際人権条約を参照することは，許されないとしている点で，誤っている。

憲法と条約の効力関係につき，憲法優位説が判例・通説であるが，憲法に基づく国内法的手続を経て日本国内で公布されたのであれば，その条約は国内法的効力を持つことになり，憲法法源の１つに数えることができる。その裁判規範性の程度については問題が別途生じるが，例えば，国際人権規約の自由権規約などをめぐっては，日本の裁判において国内法の解釈基準あるいは指針等とされるとする間接適用論や，具体的な権利規定の直接的根拠と見る直接適用論などが展開されている。また，最高裁判所の判例にも，立法事実の存否の判断資料として，わが国が批准した条約等を検討しているものがある（最大判平20.6.4，百選Ⅰ26事件等）。よって，憲法優位説に立ったとしても，裁判所が，立法事実の存否を判断するための資料として，国際人権条約を参照することは許される。

以上により，正しい組合せは「ア○　イ×　ウ×」であり，したがって，正解は肢4となる。

【文献情報】芦部（憲法）P.33～34，396～397，403～404。有斐閣憲法ⅠP.8～14。

民　法

第1問	補　助	条文	肢別解答率				
			1	2	3	4	5
正解：〔No.1〕5		全　体	2%	2%	7%	22%	66%
		上位30%	2%	2%	4%	18%	74%
		下位20%	6%	5%	14%	38%	38%

ア　誤　り。

本記述は，保佐開始の原因がある者についても，補助開始の審判をすることができるとしている点で，誤っている。

民法15条１項ただし書。精神上の障害により事理を弁識する能力が不十分である者については，家庭裁判所は，本人，配偶者，４親等内の親族，後見人，後見監督人，保佐人，保佐監督人又は検察官の請求により，補助開始の審判をすることができる。ただし，民法７条〔注：後見開始の審判〕又は民法11条本文〔注：保佐開始の審判〕に規定する原因がある者については，この限りでない。これにより，事理弁識能力を欠く常況にある者及び事理弁識能力が著しく不十分な者は，事理弁識能力が不十分な者に含まれるが，前者は後見開始の審判，後者は保佐開始の審判の対象になり，いずれの者も補助開始の審判の対象にならない。その趣旨は，成年後見制度は判断能力が不十分な者の保護を目的としているところ，保護を受ける者の判断能力の程度に応じて行為能力を制限する点にある。

イ　誤　り。

本記述は，家庭裁判所が相当と認める場合を除き，本人の同意を得なければならないとしている点で，誤っている。

民法15条２項参照。本人以外の者の請求により補助開始の審判をするには，本人の同意がなければならない。家庭裁判所が相当と認める場合に，本人の同意を不要とする規定は存在しない。その趣旨は，補助の対象者は，事理弁識能力がそれなりにあるため，その自己決定を尊重する点にある。

ウ　誤　り。

本記述は，職権で補助開始の審判を取り消すことができるとしている点で，誤っている。

民法18条１項。民法15条１項本文〔注：補助開始の審判〕に規定する原因が消滅したときは，家庭裁判所は，本人，配偶者，４親等内の親族，未成年後見人，未成年後見監督人，補助人，補助監督人又は検察官の請求により，補助開始の審判を取り消さなければならない。本人の判断能力の回復により補助開始の原因が消滅したときに補助開始の審判を取り消す場合は，民法18条１項所定の者の請求に基づいて取り消されるのであり，職権による取消しは認められない。

エ　正しい。

民法17条３項により，本記述は正しい。

補助人の同意を得なければならない行為について，補助人が被補助人の利益を害するおそれがないにもかかわらず同意をしないときは，家庭裁判所は，被補助人の請求により，補助人の同意に代わる許可を与えることができる。その趣旨は，補助人の同意は，被補助人の行為によって本人が不利益を被ることを避けるためのものであるところ，本人が不利益を被るおそれがない場合にも被補助人の行為を確定的に有効にすることができないとすると補助人の存在がかえって被補助人の不利益をもたらすことになるため，補助人の同意に代わる家庭裁判所の許可を与えて，本人の行為を確定的に有効にする点にある。

オ　正しい。

民法876条の９第１項参照により，本記述は正しい。

家庭裁判所は，民法15条１項本文〔注：補助開始の審判〕に規定する者又は補助人若しくは補助監督人の請求によって，被補助人のために特定の法律行為について補助人に代理権を付与する旨の審判をすることできる。この場合，補助人に代理権を付与する旨の審判がされた特定の法律行為について，被補助人は行為能力を制限されない。よって，補助人に代理権だけが付与された特定の法律行為について，被補助人はその法律行為を自ら行うことができる。

以上により，正しい記述はエとオであり，したがって，正解は肢５となる。

【文献情報】佐久間１P.100～103。

第2問	法　人	判例	肢別解答率				
			1	2	3	4	5
正解：〔No.2〕1		全　体	84%	6%	5%	1%	4%
		上位30%	91%	3%	4%	0%	2%
		下位20%	64%	14%	9%	3%	9%

ア　正しい。

民法34条，最判昭27.2.15により，本記述は正しい。

法人は，法令の規定に従い，定款その他の基本約款で定められた目的の範囲内において，権利を有し，義務を負う。判例は，「目的の範囲内」の判断について，「仮りに定款に記載された目的自体に包含されない行為であつても目的遂行に必要な行為は，また，社団の目的の範囲に属する」としている。

イ　誤　り。

本記述は，理事は，個人として不法行為責任を負うことはないとしている点で，誤っている。

最判昭49.2.28。判例は，「株式会社の代表取締役が，その職務を行うにつき不法行為をして他人に損害を加えたため，右株式会社がその賠償の責に任ずる場合には，右代表取締役も，個人として不法行為責任を負う」としている。

ウ　正しい。

最判昭50.7.14により，本記述は正しい。

判例は，「行為の外形から見てその職務行為に属するものと認められる場合であつても，相手方において，右行為がその職務行為に属さないことを知つていたか，又はこれを知らないことにつき重大な過失のあつたときは，当該……団体は相手方に対して損害賠償の責任を負わない」としている。判例の結論に賛成する学説は，その理由として，取引的不法行為の場合に「職務を行うについて」（一般社団法人及び一般財団法人に関する法律78条）の要件に関して外形理論がとられるのは，法人と取引関係に入ったと信じた者を害しないようにするためであるから，職務に属しないことを知り，又は重大な過失により知らない相手方は保護に値しないということを挙げている。

エ　誤　り。

本記述は，外国人が享有することのできない権利であっても，認許された外国法人は，日本において成立する同種の法人と同様に，その権利を取得することができるとしている点で，誤っている。

民法35条２項ただし書。民法35条１項の規定により認許された外国法人は，日本において成立する同種の法人と同一の私権を有する。ただし，外国人が享有することのできない権利及び法律又は条約中に特別の規定がある権利については，この限りでない。よって，外国人が享有することができない権利については，認許された外国法人は，その権利を取得することができない。

オ　誤　り。

本記述は，設立登記がされていなくても，法人としての活動の実態がある場合には，予定されている定款の目的の範囲内での権利能力が認められるとしている点で，誤っている。

法人は，権利・義務の帰属点としての地位を与えられたものであり，法人格を付与されるということは，その団体が権利能力を有することを意味する。そして，設立登記が成立要件となっているとは，設立登記によって法人格を取得することを意味する。よって，設立登記が成立要件となっている法人について，設立登記をしなければ，権利能力は認められない（一般法人法22条，163条，会社法49条等）。

以上により，正しい記述はアとウであり，したがって，正解は肢１となる。

【文献情報】佐久間１P.342～346，356～358，376～377。

第３問	錯　誤	条文	肢別解答率				
			1	2	3	4	5
正解：〔No.３〕４		全　体	0%	5%	1%	58%	36%
		上位 30%	0%	2%	1%	70%	27%
		下位 20%	2%	20%	5%	36%	38%

ア　誤　り。

本記述は，錯誤の重要性は，表意者を基準として判断されるとしている点で，誤っている。

民法95条１項柱書。意思表示は，次に掲げる錯誤に基づくものであって，その錯誤が法律行為の目的及び取引上の社会通念に照らして重要なものであるときは，取り消すことができる。よって，錯誤の重要性は，法律行為の目的及び取引上の社会通念に照らして判断される。

イ　誤　り。

本記述は，Ｂも，Ａの錯誤を理由としてＡの意思表示を取り消すことができるとしている点で，誤っている。

民法120条２項。錯誤，詐欺又は強迫によって取り消すことができる行為は，瑕疵ある意思表示をした者又はその代理人若しくは承継人に限り，取り消すことができる。その趣旨は，表意者の利益保護を図る点にある。よって，Ｂは，Ａの錯誤を理由としてＡの意思表示を取り消すことができない。

ウ　正しい。

民法121条の２第２項により，本記述は正しい。

民法121条の２第１項は，「無効な行為に基づく債務の履行として給付を受けた者は，相手方を原状に復させる義務を負う。」と規定し，同条２項は，「前項の規定にかかわらず，無効な無償行為に基づく債務の履行として給付を受けた者は，給付を受けた当時その行為が無効であること（給付を受けた後に前条の規定により初めから無効であったものとみなされた行為にあっては，給付を受けた当時その行為が取り消すことができるものであること）を知らなかったときは，その行為によって現に利益を受けている限度において，返還の義務を負う。」と規定している。その趣旨は，無償行為を取り消す場合，当事者の一方のみが返還義務を負うことから，利益の受領後の管理処分の結果として当事者間に不均衡が生じるおそれはない一方で，善意の受領者の管理処分について利益保護を図る必要がある点にある。

エ　正しい。

民法95条４項により，本記述は正しい。

民法95条１項〔注：錯誤〕の規定による意思表示の取消しは，善意でかつ過失がない第三者に対抗することができない。その趣旨は，錯誤による意思表示をした者は軽率であるとの非難を免れないところ，その意思表示に基づく法律関係を前提として利害関係を有するに至った善意無過失の第三者があるときは，その第三者を保護し，取引の安全を図る点にある。そして，かかる趣旨から，同条項の第三者は取消し前の第三者に限られると解される。よって，Ａは，その取消し前に利害関係を有するに至った善意無過失のＣに，その取消しを対抗することができない。

オ　誤　り。

本記述は，Ａは，ＢがＡに錯誤があることを知り，又は重大な過失によって知らなかったときを除いて，錯誤を理由としてその意思表示を取り消すことができないとしている点で，誤っている。

民法95条３項２号。民法95条３項柱書は，「錯誤が表意者の重大な過失によるものであった場合には，次に掲げる場合を除き，第１項の規定による意思表示の取消しをすることができない。」と規定し，同条項１号は，「相手方が表意者に錯誤があることを知り，又は重大な過失によって知らなかったとき。」，同条項２号は，「相手方が表意者と同一の錯誤に陥っていたとき。」と規定している。同条項２号の趣旨は，自らも表意者と同じ錯誤に陥っていた相手方は，表意者の錯誤を責めることができる立場になく，その信頼は保護するに値しないとする点にある。よって，Ａは，ＢがＡに錯誤があることを知り，又は重大な過失によって知らなかったときのみならず，ＢがＡと同一の錯誤に陥っていたときにも，錯誤を理由としてその意思表示を取り消すことができる。

以上により，正しい記述はウとエであり，したがって，正解は肢４となる。

【文献情報】佐久間１P.151～153，163～165，218～219，224。

第４問	無権代理	条文	肢別解答率				
			1	2	3	4	5
正解：〔No.４〕２		全　体	7%	89%	1%	2%	1%
		上位 30%	1%	97%	1%	1%	0%
		下位 20%	14%	72%	6%	5%	3%

ア　誤　り。

本記述は，Ａは売買契約の履行をするか，又は損害賠償責任を負うかを自ら選択することができるとしている点で，誤っている。

民法117条１項。他人の代理人として契約をした者は，自己の代理権を証明したとき，又は本人の追認を得たときを除き，相手方の選択に従い，相手方に対して履行又は損害賠償の責任を負う。その趣旨は，無権代理は代理権がないのに代理人として契約した者によって引き起こされているところ，この者に責任を負わせて相手方の保護を図る点にある。よって，Ａは売買契約の履行をするか，又は損害賠償責任を負うかを自ら選択することができず，Ｃの選択に従い，売買契約の履行をするか，又は損害賠償責任を負う。

イ　正しい。

民法117条１項により，本記述は正しい。

他人の代理人として契約をした者は，自己の代理権を証明したとき，又は本人の追認を得たときを除き，相手方の選択に従い，相手方に対して履行又は損害賠償の責任を負う。その趣旨は，本人の追認を得た場合は，当該代理行為の効力は本人に帰属するため，無権代理人に責任を負わせて相手方の保護を図る必要がない点にある。

ウ　誤　り。

本記述は，Ａは，自己に代理権がないことを知っていたときであっても，Ｃに対する無権代理人の責任を負わないとしている点で，誤っている。

民法117条２項２号ただし書。他人の代理人として契約をした者が代理権を有しないことを相手方が過失によって知らなかったとき，他人の代理人として契約をした者は無権代理人の責任を免れる。ただし，他人の代理人として契約をした者が自己に代理権がないことを知っていたときは，この限りでない。その趣旨は，無権代理人に代理権がないことを知らないことについて過失がある相手方が保護されないのは，自己に代理権がないことについて善意無過失の無権代理人も本条の責任を負うことから，他人の重い責任によって保護を受ける者は，無過失であることが求められるべきであるという理由によるところ，悪意の無権代理人との関係ではかかる理由が妥当しない点にある。よって，Ａは，自己に代理権がないことを知っていたときは，Ｃに対する無権代理人の責任を負う。

エ　正しい。

最判平５.１.21（百選Ⅰ36事件）により，本記述は正しい。

判例は，無権代理人が本人を他の相続人と共に共同相続した場合において，「他の共同相続人全員の追認がない限り，無権代理行為は，無権代理人の相続分に相当する部分においても，当然に有効となるものではない」としている。その理由として，判例は，「無権代理行為を追認する権利は，その性質上相続人全員に不可分的に帰属するところ，無権代理行為の追認は，本人に対して効力を生じていなかった法律行為を本人に対する関係において有効なものにするという効果を生じさせるものであるから，共同相続人全員が共同してこれを行使しない限り，無権代理行為が有効となるものではない」ということを挙げている。

オ　正しい。

最判昭37.４.20（百選Ⅰ35事件）により，本記述は正しい。

判例は，本人が無権代理人を相続した場合において，「被相続人の無権代理行為は一般に本人の相続により当然有効となるものではない」としている。その理由について，判例は，「相続人たる本人が被相続人の無権代理行為の追認を拒絶しても，何ら信義に反するところはない」ということを挙げている。

以上により，誤っている記述はアとウであり，したがって，正解は肢2となる。

【文献情報】佐久間1 P.266，297～299，306～307，311。

第5問	消滅時効	条文	肢別解答率				
			1	2	3	4	5
正解：〔No.5〕3		全　体	2%	3%	72%	10%	12%
		上位30%	1%	1%	85%	6%	8%
		下位20%	13%	5%	36%	25%	22%

ア　正しい。

民法166条1項1号により，本記述は正しい。

民法166条1項柱書は，「債権は，次に掲げる場合には，時効によって消滅する。」と規定し，同条項1号は，「債権者が権利を行使することができることを知った時から5年間行使しないとき。」と規定している。同号の趣旨は，現実に債権を行使できる状況になりながら行使しないことを根拠に，主観的起算点からの短期消滅時効を認める点にある。

イ　誤　り。

本記述は，詐欺を理由とする取消権は，その行為の時から5年間行使しない場合，時効によって消滅するとしている点で，誤っている。

民法126条。取消権は，追認をすることができる時から5年間行使しないときは，時効によって消滅する。行為の時から20年を経過したときも，同様とする。よって，詐欺を理由とする取消権は，追認をすることができる時から5年間行使しないとき，又は行為の時から20年を経過したときは，時効によって消滅する。

ウ　正しい。

民法724条2号により，本記述は正しい。

民法724条柱書は，「不法行為による損害賠償の請求権は，次に掲げる場合には，時効によって消滅する。」と規定し，同条2号は，「不法行為の時から20年間行使しないとき。」と規定している。その趣旨は，客観的起算点からの消滅時効期間を20年間という長期にすることで，被害者の保護を図る点にある。

エ　誤　り。

本記述は，時効期間は，短い時効期間の定めによるとしている点で，誤っている。

民法169条１項。確定判決又は確定判決と同一の効力を有するものによって確定した権利については，10年より短い時効期間の定めがあるものであっても，その時効期間は，10年とする。その趣旨は，確定判決があれば，10年より短い消滅時効を定める理由の大半は消滅するから，一律に10年の消滅時効とする点にある。

オ　正しい。

民法168条１項１号により，本記述は正しい。

民法168条１項柱書は，「定期金の債権は，次に掲げる場合には，時効によって消滅する。」と規定し，同条項１号は，「債権者が定期金の債権から生ずる金銭その他の物の給付を目的とする各債権を行使することができることを知った時から10年間行使しないとき。」と規定している。その趣旨は，定期金の債権は各期に支払う個々の債権を生み出す基本の債権であることから，これによって発生する個々の債権とは異なった規律をする点にある。

以上により，誤っている記述はイとエであり，したがって，正解は肢３となる。

【文献情報】佐久間１P.228，409～410，415～416。

第６問	物権的請求権	判例	肢別解答率				
			1	2	3	4	5
正解：〔No.６〕５		全　体	0%	0%	0%	1%	98%
		上位30%	0%	0%	0%	0%	99%
		下位20%	2%	2%	0%	6%	89%

ア　誤　り。

本記述は，Ａは，Ｂに対し，地上権に基づく妨害排除請求権の行使として自動車を撤去するよう求めることはできないとしている点で，誤っている。

民法265条参照。地上権者は，他人の土地において工作物又は竹木を所有するため，その土地を使用する権利を有する。地上権は，土地占有機能を含む物権であることから，物権的請求権として，返還請求権，妨害排除請求権及び妨害予防請求権が認められる。よって，Aは，Bに対し，地上権に基づく妨害排除請求権の行使として自動車を撤去するよう求めることができる。

イ　誤　り。

本記述は，Aは，過去に実際に一度でも甲建物を損傷させたことがないことを理由としてBの請求を拒むことができるとしている点で，誤っている。

妨害予防請求権は，現実には侵害状態が生じていないが，侵害の危険性がすでにある場合に，侵害の防止に必要な措置を行うよう請求する権利である。そして，侵害の危険性は，現に客観的違法状態があるか否かが具体的事情により判断され，過去に実際に損害を生じさせていないことは妨害予防請求を拒む理由そのものにはなり得ない。本記述では，Aが所有する鉄塔が自然災害により傾き，鉄塔に隣接するBの所有する甲建物を損傷させるおそれが生じているため，客観的に侵害の危険性がすでに認められる。よって，Aは，過去に実際に一度でも甲建物を損傷させたことがないことを理由としてBの請求を拒むことができない。

ウ　誤　り。

本記述は，Aは，妨害排除請求権の消滅時効を援用してBの請求を拒むことができるとしている点で，誤っている。

大判大5.6.23。判例は，所有権に基づき書状の返還を求めた事案において，所有権に基づく所有物の返還請求権は，所有権自体と同じく消滅時効によって消滅することはないとしている。その理由として，判例は，所有権に基づく返還請求権は，所有権の一作用であり，所有権により発生する独立の権利とはいえないということを挙げている。妨害排除請求権も物権的請求権として，同様のことがいえる。よって，Aは，妨害排除請求権の消滅時効を援用してBの請求を拒むことができない。

エ　正しい。

大判昭12.11.19（百選Ⅰ50事件）により，本記述は正しい。

判例は，隣地の土砂が自己の所有地内に崩壊する危険があるため，隣地所有者に対し所有権に基づく妨害予防請求権を行使した事案において，危険の発生について隣地所有者の故意・過失の有無を問わないとし，また，侵害者の行為によるものであるかも問わないとしている。判例の結論に賛成する学説は，その理由として，物権的請求権の行使において問題となる侵害者の責任は，客観的に違法な侵害状態に対する責任と解されていることを挙げている。

オ　正しい。

物権的妨害排除請求権は，占有の喪失以外の方法で物権が違法に妨害されている場合に妨害物の除去や妨害行為の停止などの行為を求める権利である。そして，請求の相手方は現に違法な妨害状態を生じさせている者又はその妨害状態を除去することができる者である。それゆえ，物権的妨害排除請求の相手方に行為能力があることは要件とならない。したがって，本記述は正しい。

以上により，正しい記述はエとオであり，したがって，正解は肢５となる。

【文献情報】佐久間２P.241，306～307，312。

第７問	不動産の物権変動	判例	肢別解答率				
			1	2	3	4	5
正解：〔No.７〕４		全　体	0%	2%	1%	92%	5%
		上位30%	0%	1%	0%	96%	3%
		下位20%	2%	14%	6%	55%	23%

ア　誤　り。

本記述は，Ｂは，Ｄに対し，甲土地の所有権を登記がなくても主張することができるとしている点で，誤っている。

最判平8.10.29（百選Ⅰ61事件）。判例は，「所有者甲から乙が不動産を買い受け，その登記が未了の間に，丙が当該不動産を甲から二重に買い受け，更に丙から転得者丁が買い受けて登記を完了した場合に，たとい丙が背信的悪意者に当たるとしても，丁は，乙に対する関係で丁自身が背信的悪意者と評価されるのでない限り，当該不動産の所有権取得をもって乙に対抗することができる」としている。その理由として，判例は，「（１）丙が背信的悪意者であるがゆえに登記の欠缺を主張する正当な利益を有する第三者に当たらないとされる場合であっても，乙は，丙が登記を経由した権利を乙に対抗することができないことの反面として，登記なくして所有権取得を丙に対抗することができるというにとどまり，甲丙間の売買自体の無効を来すものではなく，したがって，丁は無権利者から当該不動産を買い受けたことにはならないのであって，また，（２）背信的悪意者が正当な利益を有する第三者に当たらないとして民法177条の『第三者』から排除される所以は，第一譲受人の売買等に遅れて不動産を取得し登記を経由した者が登記を経ていない第一譲受人に対してその登記の欠缺を主張することがその取得の経緯等に照らし信義則に反して許されないということにあるのであって，登記を経由した者がこの法理によって『第三者』から排除されるかどうかは，その者と第一譲受人との間で相対的に判断されるべき事柄である」ということを挙げている。よって，DがBに対する関係で背信的悪意者に当たる場合でなければ，Bは，Dに対し，甲土地の所有権を登記なくして主張することができない。

イ　誤　り。

本記述は，Aは，Cに対し，甲土地の所有権を登記がなくても主張することができるとしている点で，誤っている。

大判昭17.9.30（百選Ⅰ55事件）。判例は，取消後に利害関係に入った第三者との関係では，取消しによる物権変動の遡及的消滅について第三者に対抗するためには登記が必要であるとしている。よって，AがBの詐欺を理由としてAB間の売買契約を取り消した後，この取消しについて善意無過失のCに対しBが甲土地を売却し，その旨の登記がなされた場合，Aは，Cに対し，甲土地の所有権を登記なくして主張することができない。

ウ　正しい。

民法545条1項ただし書，大判大10.5.17により，本記述は正しい。

当事者の一方がその解除権を行使したときは，各当事者は，その相手方を原状に復させる義務を負う。ただし，第三者の権利を害することはできない。また，判例は，「第三者」に該当する者とは，解除された契約の効果について解除前に新たに利害関係を有するに至った者であって対抗要件を備えた者をいうとしている。本記述において，A所有の甲土地をAがBに売却し，更にBがCに売却し，それぞれその旨の登記がされた後，AがAB間の売買契約をBの甲土地の代金不払を理由に解除したところ，Cは解除された契約の効果について解除前に新たに利害関係を有するに至った者であって対抗要件を備えた者に当たる。よって，Aは，Cに対し，甲土地の所有権を主張することができない。

エ　誤　り。

本記述は，Cは，Bに対し，甲土地の所有権を主張することができないとしている点で，誤っている。

最判昭41.11.22。判例は，「第三者のなした登記後に時効が完成した場合においては，その第三者に対しては，登記を経由しなくても時効取得をもつてこれに対抗することができる」としている。判例の結論に賛成する学説は，その理由として，時効完成時の所有者が当事者と同視されるのであるから，時効取得は，時効取得者が占有を開始した当時の所有者のほか，時効完成前に当初の所有者等から所有権を取得した者（時効完成前の第三者）にも，登記なくして対抗できるということを挙げている。本記述において，甲土地をＡがＢに売却し，その旨の登記がなされた後に，Ｃについて甲土地の取得時効が完成しているのであるから，Ｂは時効完成前の第三者である。よって，Ｃは，Ｂに対し，甲土地の所有権を主張することができる。

オ　正しい。

民法909条ただし書により，本記述は正しい。

遺産の分割は，相続開始の時にさかのぼってその効力を生ずる。ただし，第三者の権利を害することはできない。その趣旨は，相続開始後，遺産分割前に遺産分割の目的物につき利害関係を有するに至った者の保護を図る点にある。本記述において，Ａが死亡し，ＢとＣがＡの相続を開始した後，遺産分割前に，甲土地のＣの持分にＤのための抵当権の設定がなされているところ，Ｄは，相続開始後，遺産分割前に遺産分割の目的物につき利害関係を有するに至った者に当たる。したがって，ＢＣは，遺産分割の遡及効による甲土地のＢの単独所有をＤに対抗することができない。よって，Ｂは，Ｄに対し，抵当権設定登記の抹消を請求することができない。

以上により，正しい記述はウとオであり，したがって，正解は肢４となる。

【文献情報】佐久間２P.78，82～83，90，96～97，107。リークエⅥP.341～342。

第８問	即時取得	判例	肢別解答率				
			1	2	3	4	5
正解：〔No.８〕１		全　体	89%	3%	5%	2%	1%
		上位30%	97%	1%	1%	1%	0%
		下位20%	59%	19%	13%	6%	3%

ア　誤　り。

本記述は，Ｃは，即時取得により宝石の所有権を取得することはないとしている点で，誤っている。

民法192条，121条参照。取引行為によって，平穏に，かつ，公然と動産の占有を始めた者は，善意であり，かつ，過失がないときは，即時にその動産について行使する権利を取得する（民法192条）。即時取得は，占有という動産に関する権利の外形に対する信頼を保護し，無権利の動産占有者と取引した者に権利取得を認める制度である。そして，取り消された行為は，初めから無効であったものとみなされるため（民法121条），Ａが，ＡＢ間の売買契約をＢの強迫を理由として取り消したことにより，Ｂは宝石について遡って無権利者となる。よって，無権利者Ｂから宝石を購入して現実の引渡しを受けているから，Ｃは，即時取得により宝石の所有権を取得することができることがある。

イ　正しい。

民法192条参照により，本記述は正しい。

取引行為によって，平穏に，かつ，公然と動産の占有を始めた者は，善意であり，かつ，過失がないときは，即時にその動産について行使する権利を取得する。そして，「取引行為」は有効であることが必要である。即時取得制度は，占有という動産に関する権利の外形を信じて取引した者を，前主に権利があった場合と同様の地位におくものであるが，取引行為が無効である場合には，前主が権利を有していたとしても，取引者は権利を取得することができないからである。よって，ＡがＡＢ間の売買契約をＡが未成年であることを理由として取り消した場合，Ｂが宝石を取得した取引行為は遡及的に無効となる（民法121条）から，Ｂが即時取得により宝石の所有権を取得することはない。

ウ　誤　り。

本記述は，Ｄは，宝石がＡ所有であると信じ，かつ，そのことに過失がなかったとしても，即時取得により宝石の所有権を取得することはないとしている点で，誤っている。

最判昭57.9.7。判例は，「指図による占有移転を受けることによつて民法192条にいう占有を取得したものである」としている。判例の結論に賛成する学説は，その理由として，指図による占有移転は，譲渡当事者以外の第三者を巻き込んで占有移転がなされており，第三者の占有を通じて譲渡が公示されることによって，占有状態の外観に生ずる変更があるということを挙げている。本記述において，Ａは，Ｂ所有の宝石をＢから賃借して引渡しを受けた上，宝石をＣに預けていたが，宝石をＤに売却し，Ｃに対し，宝石を今後Ｄのために占有するよう命じ，Ｄがこれを承諾したところ，宝石について処分権限を有しないＡからＤに対し指図による占有移転がなされている（民法184条）。よって，Ｄは，宝石がＡ所有であると信じ，かつ，そのことに過失がなかった場合，即時取得により宝石の所有権を取得することができる。

エ　正しい。

大判昭７.５.18により，本記述は正しい。

判例は，他人の所有する樹木を自己所有と誤信して伐採した事案において，即時取得は成立しないとしている。判例の結論に賛成する学説は，その理由として，即時取得は取引安全を保護するための制度であるから，即時取得が成立するためには，「取引行為によって」占有が取得されたことを要するということを挙げている。よって，Ａは，Ｂが置き忘れた宝石を，自己所有物だと過失なく信じて持ち帰った行為は「取引行為」に当たらないから，Ａが即時取得により宝石の所有権を取得することはない。

オ　正しい。

民法193条により，本記述は正しい。

前条〔注：民法192条（即時取得）〕の場合において，占有物が盗品又は遺失物であるときは，被害者又は遺失者は，盗難又は遺失の時から２年間，占有者に対してその物の回復を請求することができる。そして，「被害者又は遺失者」には，所有者に限られず，借主や受寄者も含まれる（大判大10.７.８，大判昭４.12.11）。よって，借主であるＢは，宝石の盗難時から２年間は，Ｄに宝石の回復を請求することができる。

以上により，誤っている記述はアとウであり，したがって，正解は肢１となる。

【文献情報】佐久間１P.224，２P.144～152，156。

第９問	占有の訴え	条文	肢別解答率				
			1	2	3	4	5
正解：〔No.９〕２		全　体	21%	50%	2%	1%	25%
		上位30%	12%	65%	1%	0%	23%
		下位20%	30%	19%	13%	9%	30%

ア　誤　り。

本記述は，Ａは，Ｂに対し，占有回収の訴えによりコピー機の返還を請求することができるとしている点で，誤っている。

民法200条１項。占有者がその占有を奪われたときは，占有回収の訴えにより，その物の返還及び損害の賠償を請求することができる。本記述において，Ａは，Ｂにコピー機を賃貸していたのであり，任意に物の占有をＢに移転した場合であるから，「占有を奪われた」とはいえない。よって，Aは，Bに対し，占有回収の訴えによりコピー機の返還を請求することはできない。

イ　正しい。

民法200条２項，最判昭56.３.19により，本記述は正しい。

占有回収の訴えは，占有を侵奪した者の特定承継人に対して提起することができない。ただし，その承継人が侵奪の事実を知っていたときは，この限りでない。そして，判例は，「侵奪を知つて占有を承継したということができるためには，右の承継人が少なくともなんらかの形での侵奪があつたことについての認識を有していたことが必要であり，単に前主の占有取得がなんらかの犯罪行為ないし不法行為によるものであつて，これによつては前主が正当な権利取得者とはなりえないものであることを知つていただけでは足りないことはもちろん，占有侵奪の事実があつたかもしれないと考えていた場合でも，それが単に一つの可能性についての認識にとどまる限りは，未だ侵奪の事実を知つていたものということはできない」としている。本記述において，Aは，底面に「所有者A」と印字されたシールが貼ってある自己所有のパソコンをBに窃取され，Bはパソコンの外観に変更を加えることなく，パソコンを盗難の事情を知らないCに譲渡しているところ，Cは占有侵奪の事実について認識していないため，「侵奪の事実を知っていた」とはいえない。よって，Aは，Cに対し，占有回収の訴えにより同パソコンの返還を請求することはできない。

ウ　正しい。

民法200条１項により，本記述は正しい。

占有者がその占有を奪われたときは，占有回収の訴えにより，その物の返還及び損害の賠償を請求することができる。占有の訴えは，本権の有無に関わりなく占有を保護するためのものであるから，占有者は，本権者から独立して，占有の訴えを提起することができる。よって，賃借人Bは「占有者」であるから，本権者であるAから独立して，Cに対して占有回収の訴えを提起することができる。

エ　誤　り。

本記述は，Aは，Bに対し，占有回収の訴えにより自転車の返還を請求することができるとしている点で，誤っている。

大判大11.11.27。判例は，「占有者がその占有を奪われたとき」とは，意思に基づかずに占有を奪われた場合を指し，占有者が他人に任意に物を移転したときは，移転の意思が他人の欺罔によって生じた場合であってもこれに当たらないとしている。判例の結論に賛成する学説は，その理由として，占有回収の訴えは占有を失った者に例外的に与えられる保護であるということを挙げている。本記述において，Aが自己の所有する自転車をBに詐取された場合，「占有を奪われた」とはいえない。よって，Aは，Bに対し，占有回収の訴えにより自転車の返還を請求することはできない。

オ　正しい。

民法201条1項ただし書により，本記述は正しい。

占有保持の訴えは，妨害の存する間又はその消滅した後1年以内に提起しなければならない。ただし，工事により占有物に損害を生じた場合において，その工事に着手した時から1年を経過し，又はその工事が完成したときは，これを提起することができない。本記述において，BがAに無断で境界を越えてA所有の土地に塀を作り始め，塀を作る工事によりA所有の土地に損害が生じているところ，2年後にその塀が完成している。よって，Aは，2年後にその塀が完成した時点において，Bに対し，占有保持の訴えによりその塀の撤去を請求することはできない。

以上により，誤っている記述はアとエであり，したがって，正解は肢2となる。

【文献情報】佐久間2 P.297〜298。

第10問	地上権	条文	肢別解答率				
			1	2	3	4	5
正解：〔No.10〕3		全　体	11%	1%	69%	2%	17%
		上位30%	6%	0%	80%	1%	13%
		下位20%	14%	8%	34%	6%	36%

ア　正しい。

民法177条により，本記述は正しい。

地上権は不動産物権であるため，民法177条により登記が第三者対抗要件となり，地上権者は，地上権設定者に対し，その地上権の設定登記を請求する権利を有する。なお，これに対し，土地賃借権も登記により第三者に対抗できるが（民法605条），債権であるため，当事者間に登記する旨の特約がない限り，土地賃借人は賃貸人に対し登記請求権を有しない（大判大10.7.11）。

イ　誤　り。

本記述は，約定による地上権の存続期間は，20年以上50年以下の範囲内で定めなければならないとしている点で，誤っている。

永小作権（民法278条）と異なり，約定による地上権の存続期間の規定は存在しないため，永久とする約定も有効である。なお，建物所有を目的とする地上権については，存続期間は原則として最低30年となる（借地借家法３条）。

ウ　正しい。

民法265条により，本記述は正しい。

地上権者は，他人の土地において工作物又は竹木を所有するため，その土地を使用する権利を有する。地上権は，建物等の工作物を所有する場合など，安定した長期の土地使用の必要性に応えるものである。

エ　正しい。

民法269条の２第１項により，本記述は正しい。

地下又は空間は，工作物を所有するため，上下の範囲を定めて地上権の目的とすることができる。この場合においては，設定行為で，地上権の行使のためにその土地の使用に制限を加えることができる。その趣旨は，トンネル，電線，高架鉄道，道路などを敷設する場合には，土地を全面的に利用する必要はなく，地下又は上空の一定の範囲を利用することで十分である点にある。

オ　誤　り。

本記述は，地上権は，地上権設定者の承諾を得なければ，譲渡することができないとしている点で，誤っている。

地上権は物権であるから，地上権者は，地上権の処分を自由にすることができる。なお，これに対し，賃借人が賃借権を譲渡・転貸するには，賃貸人の承諾（民法612条１項），又は承諾に代わる裁判所の許可（借地借家法19条，20条）を得なければならない。

以上により，誤っている記述はイとオであり，したがって，正解は肢３となる。

【文献情報】佐久間２P.239～244。

第11問	先取特権	条文	肢別解答率				
			1	2	3	4	5
正解：〔No.11〕5		全　体	2%	5%	4%	38%	52%
		上位30%	1%	3%	1%	28%	67%
		下位20%	8%	8%	14%	47%	23%

ア　誤　り。

本記述は，法人の財産について一般の先取特権を有するとしている点で，誤っている。

最判昭46.10.21。判例は，民法310条の「債務者は，自然人に限られ，法人は右債務者に含まれない」とし，また，「このような解釈は，法人の規模，経営態様等のいかんを問わず妥当するものというべきであり，……いわゆる個人会社であつても結論を異にするものではない」としている。その理由として，判例は，「もし法人が右債務者に含まれると解するならば，法人に対する日用品供給の先取特権の範囲の限定が著しく困難になり，一般債権者を不当に害するに至る」ということを挙げている。よって，法人に対して電気料金債権を有する者は，供給した電気がその代表者及びその家族の生活に使用されていた場合であっても，法人の財産について一般の先取特権を有しない。

イ　誤　り。

本記述は，手荷物について旅館の宿泊の先取特権を行使することはできないとしている点で，誤っている。

民法317条，319条・192条。旅館の宿泊の先取特権は，宿泊客が負担すべき宿泊料及び飲食料に関し，その旅館に在るその宿泊客の手荷物について存在する（民法317条）。その趣旨は，旅館主は，客の手荷物を見て，自己の債権の引当てになると期待するだろうから，その期待を保護する点にある。そして，旅館に宿泊客が持ち込んだ手荷物がその宿泊客の所有物でなく他人の所有物であった場合，旅館主は，その手荷物がその宿泊客の所有物であると過失なく信じたときは，民法319条が準用する民法192条（即時取得）により，その手荷物について旅館の宿泊の先取特権を行使することができる。

ウ　誤　り。

本記述は，物上代位権を行使することはできないとしている点で，誤っている。

最判昭60.7.19（百選Ⅰ82事件）。判例は，物上代位の目的となる債権（以下「目的債権」という。）「について一般債権者が差押又は仮差押の執行をしたにすぎないときは，その後に先取特権者が目的債権に対し物上代位権を行使することを妨げられるものではない」としている。その理由として，判例は，「民法304条

１項但書において，先取特権者が物上代位権を行使するためには物上代位の対象となる金銭その他の物の払渡又は引渡前に差押をしなければならないものと規定されている趣旨は，先取特権者のする右差押によつて，第三債務者が金銭その他の物を債務者に払い渡し又は引き渡すことを禁止され，他方，債務者が第三債務者から債権を取り立て又はこれを第三者に譲渡することを禁止される結果，……目的債権……の特定性が保持され，これにより，物上代位権の効力を保全せしめるとともに，他面目的債権の弁済をした第三債務者又は目的債権を譲り受け若しくは目的債権につき転付命令を得た第三者等が不測の損害を被ることを防止しようとすることにある」ということを挙げている。よって，動産の売主は，買主がその動産の転売によって得た売買代金債権につき，買主の一般債権者が当該売買代金債権を差し押さえた後であっても，動産の売買の先取特権に基づく物上代位権を行使することができる。

エ　正しい。

民法338条１項前段により，本記述は正しい。

不動産の工事の先取特権の効力を保存するためには，工事を始める前にその費用の予算額を登記しなければならない。この場合において，工事の費用が予算額を超えるときは，先取特権は，その超過額については存在しない。その趣旨は，不動産の工事の先取特権は，民法339条により，その時点ですでに登記されている抵当権にも優先する効力が与えられるため，若干の制限を加える点にある。

オ　正しい

民法314条前段，313条２項により，本記述は正しい。

民法313条２項は，「建物の賃貸人の先取特権は，賃借人がその建物に備え付けた動産について存在する。」と規定し，民法314条前段は，「賃借権の譲渡又は転貸の場合には，賃貸人の先取特権は，譲受人又は転借人の動産にも及ぶ。」と規定している。その趣旨は，賃借権譲渡ないし転貸がされるとき，もとの賃借人は自己所有の動産を持ち出し，あるいは，譲受人・転借人に譲渡してしまうことが多く，そのときに先取特権の目的物がなくなるのは，賃貸人に酷であるから，かかる不利益を回避する点にある。

以上により，正しい記述はエとオであり，したがって，正解は肢５となる。

【文献情報】内田ⅢP.677〜681，684。松井P.158〜159，166。

第12問	抵当権の消滅	条文	肢別解答率				
			1	2	3	4	5
正解：〔No.12〕3		全　体	2%	2%	51%	35%	11%
		上位30%	1%	0%	64%	26%	9%
		下位20%	8%	8%	25%	47%	13%

ア　誤　り。

本記述は，被担保債権が消滅していなくても，抵当権が時効により消滅したと主張することができるとしている点で，誤っている。

民法396条。抵当権は，債務者及び抵当権設定者に対しては，その担保する債権と同時でなければ，時効によって消滅しない。その趣旨は，債務者や抵当権を設定した者が，被担保債権の存在にもかかわらず，抵当権の消滅を主張することは認めるべきではない点にある。よって，Ｂの債務者かつ不動産甲の抵当権設定者であるＡは，抵当権を実行することができる時から20年が経過しても，被担保債権が消滅していない場合は，抵当権が時効により消滅したと主張することはできない。

イ　正しい。

民法179条１項ただし書により，本記述は正しい。

同一物について所有権及び他の物権が同一人に帰属したときは，当該他の物権は，消滅する。ただし，その物又は当該他の物権が第三者の権利の目的であるときは，この限りでない。その趣旨は，混同による物権の消滅は，その物権を存続させることが無意味になったことを理由とするため，物権を存続させる意味があるときには例外を認めた点にある。本記述では，不動産甲が後順位抵当権者Ｃの権利の目的になっており，Ｂが不動産甲の所有権を取得したことで，混同によりＢの抵当権が消滅すると，Ｂの権利が害されるから，抵当権を存続させることに意味がある。よって，Ｂの抵当権は消滅しない。

ウ　正しい。

民事執行法59条１項により，本記述は正しい。

不動産の上に存する先取特権，使用及び収益をしない旨の定めのある質権並びに抵当権は，売却により消滅する。これは，消除主義（原則として不動産上の権利は全て売却により消滅し，買受人は不動産上の負担を引き受けず，負担のない不動産の取得が可能となる制度）を定めたものであり，その趣旨は，高価な売却を可能とし，買受人の地位を安定化させ，執行手続の信頼を確保する点にある。これにより，強制競売手続において売却されたときは，抵当権は消滅する。そして，抵当権者自身による担保不動産競売のときに限らず，他の抵当権者あるいは一般債権者等による競売のときも，抵当権は消滅する。

エ　誤　り。

本記述は，Aから譲渡担保権の設定を受けたDは，譲渡担保権の実行前であっても，抵当権消滅請求をすることにより，Bの抵当権を消滅させることができるとしている点で，誤っている。

民法379条，381条，最判平7.11.10参照。抵当不動産の第三取得者は，民法383条の定めるところにより，抵当権消滅請求をすることができるが（民法379条），抵当不動産の停止条件付第三取得者は，その停止条件の成否が未定である間は，抵当権消滅請求をすることができない（民法381条）。また，滌除の判例であるが，「譲渡担保権者は，担保権を実行して確定的に抵当不動産の所有権を取得しない限り，民法378条〔注：削除〕所定の滌除権者たる第三取得者には該当せず，抵当権を滌除することができない」とし，譲渡担保権者も請求を認めるべきではないとしている。その理由として，判例は，「担保権を実行して右の清算手続を完了するに至らない譲渡担保権者は，いまだ確定的に目的不動産の所有権を取得した者ではな」いということを挙げている。よって，Aから譲渡担保権の設定を受けたDは，譲渡担保権の実行前に，抵当権消滅請求をすることにより，Bの抵当権を消滅させることはできない。

オ　誤　り。

本記述は，Bの抵当権は消滅しないとしている点で，誤っている。

抵当目的物が消滅した場合には，抵当権は消滅する。目的物の消滅について抵当権設定者等による故意・過失は問わない。したがって，Aが故意に甲を焼失させたときであっても，Bの抵当権は消滅する。

以上により，正しい記述はイとウであり，したがって，正解は肢３となる。

【文献情報】内田ⅢP.543～545，569～570。佐久間２P.31～32。松井P.66，115。

第13問	根抵当権	条文	肢別解答率				
			1	2	3	4	5
正解：〔No.13〕4		全　体	16%	21%	9%	43%	10%
		上位30%	10%	16%	6%	61%	7%
		下位20%	27%	23%	17%	13%	20%

ア　誤　り。

本記述は，Ｂは，元本の確定前は，Ａに対する他の債権者Ｃに対してその順位を譲渡することができるとしている点で，誤っている。

民法398条の11第１項本文。元本の確定前においては，根抵当権者は，民法376条１項〔注：抵当権の処分（転抵当，抵当権の譲渡・放棄，順位の譲渡・放棄)〕の規定による根抵当権の処分をすることができない。その趣旨は，被担保債権が発生・消滅を繰り返す確定前の根抵当権には，被担保債権が弁済されず存続することを前提とする民法376条の規定する抵当権の処分は不適当であることを考慮する点にある。よって，Ｂは，元本の確定前は，Ａに対する他の債権者Ｃに対してその順位を譲渡することはできない。

イ　正しい。

民法398条の11第１項ただし書，２項により，本記述は正しい。

民法398条の11第１項は，「元本の確定前においては，根抵当権者は，第376条第１項〔注：抵当権の処分（転抵当，抵当権の譲渡・放棄，順位の譲渡・放棄)〕の規定による根抵当権の処分をすることができない。ただし，その根抵当権を他の債権の担保とすること〔注：転抵当〕を妨げない」と規定し，同条２項は，「第377条第２項〔注：抵当権の処分の対抗要件〕の規定は，前項ただし書の場合において元本の確定前にした弁済については，適用しない。」と規定している。その趣旨は，根抵当権が持つ，個々の被担保債権が弁済されても消滅しないという特性を考慮する点にある。これにより，債務者等は転抵当権者の承諾なしに原債権を弁済することができる。よって，Ａは，元本の確定前であれば，Ｄの承諾を得なくてもＢに弁済することができる。

ウ　誤　り。

本記述は，元本の確定前に，Ｂが根抵当権によって担保されていた債権をＥに譲渡した場合，それに伴って根抵当権もＥに移転するとしている点で誤っている。

民法398条の７第１項本文。元本の確定前に根抵当権者から債権を取得した者は，その債権について根抵当権を行使することができない。その趣旨は，元本確定前の根抵当権については，随伴性を認めると，法律関係が複雑化するため，随伴性を否定する点にある。よって，元本の確定前に，Ｂが根抵当権によって担保されていた債権をＥに譲渡したとしても，それに伴って根抵当権はＥに移転しない。

エ　誤　り。

本記述は，Ｆの承諾が必要であるとしている点で，誤っている。

民法398条の６第１項，２項・398条の４第２項。民法398条の６第１項は，「根抵当権の担保すべき元本については，その確定すべき期日を定め又は変更することができる。」と規定し，同条２項は，「第398条の４第２項（注：後順位抵当権者の承諾の不要）の規定は，前項の場合について準用する」と規定しており，元本確定期日の変更には後順位抵当権者の承諾を不要としている。その趣旨は，後順位担保権者その他の第三者は，自ら抵当不動産に対する差押えをすれば，確定期日以前でも元本を確定させることができるため（民法398条の20第１項３号），元本確定期日の変更について利害関係を有しない点にある。よって，Ａ及びＢが元本確定日変更するためには，Ｆの承諾は不要である。

オ　正しい。

民法398条の18により，本記述は正しい。

数個の不動産につき根抵当権を有する者は，民法398条の16〔注：共同根抵当〕の場合を除き，各不動産の代価について，各極度額に至るまで優先権を行使することができる。よって，Ｂが数個の不動産について根抵当権を有する場合，同一の債権の担保として数個の不動産の上に根抵当権が設定された旨の登記がその設定と同時にされたとき（共同根抵当の場合）を除き，各不動産の代価についてそれぞれの極度額まで優先権を行使することができる。

以上により，正しい記述はイとオであり，したがって，正解は肢４となる。

【文献情報】内田ⅢP.578，580，583。松井P.120～121，123，125。

第14問	譲渡担保	判例	肢別解答率				
			1	2	3	4	5
正解：〔No.14〕4		全　体	2%	2%	2%	80%	14%
		上位30%	0%	0%	0%	92%	8%
		下位20%	5%	6%	14%	47%	28%

ア　誤　り。

本記述は，債務者は，債務の弁済期が経過した後は，債権者が担保権の実行を完了する前であっても，債務の全額を弁済して目的物を受け戻すことはできないとしている点で，誤っている。

最判昭57.1.22。判例は，「債務の弁済期の到来後も，債権者による換価処分が完結するに至るまでは，債務を弁済して目的物を取り戻すことができる」としている。よって，債務者は，債務の弁済期が経過した後であっても，債権者が担保権の実行を完了する前は，債務の全額を弁済して目的物を受け戻すことができる。

イ　正しい。

最判平6.9.8により，本記述は正しい。

判例は，「債務の弁済と譲渡担保の目的物の返還とは，前者が後者に対し先履行の関係にあり，同時履行の関係に立つものではない」としている。判例の結論に賛成する学説は，その理由として，担保物権は，特定の債権を担保するためのものであるから，被担保債権が消滅すれば，それに付従して消滅し，被担保債権の弁済と抵当権設定登記の抹消とは同時履行の関係に立たないという抵当権の場合と同様に考えることができるということを挙げている。

ウ　誤　り。

本記述は，Aが営業を継続しているか否かにかかわらず，Bは，当該保険金請求権に対して物上代位権を行使することができるとしている点で，誤っている。

最判平22.12.2。判例は，「譲渡担保権設定者が通常の営業を継続している場合には，目的動産の滅失により上記請求権〔注：保険金請求権〕が発生したとしても，これに対して直ちに物上代位権を行使することができる旨が合意されているなどの特段の事情がない限り，譲渡担保権者が当該請求権に対して物上代位権を行使することは許されない」としている。その理由として，判例は，「構成部分の変動する集合動産を目的とする集合物譲渡担保契約は，譲渡担保権設定者が目的動産を販売して営業を継続することを前提とするものである」ということを挙げている。よって，Aが営業を継続している場合には，Bは，当該保険金請求権に対して物上代位権を行使することができない。

エ　誤　り。

本記述は，その効力が土地の賃借権に及ぶことはないとしている点で，誤っている。

最判昭51.9.21。判例は，「債務者である土地の賃借人がその賃借地上に所有する建物を譲渡担保とした場合には，その建物のみを担保の目的に供したことが明らかであるなど特別の事情がない限り，右譲渡担保権の効力は，原則として土地の賃借権に及」ぶとしている。判例の結論に賛成する学説は，その理由として，譲渡担保権の効力は，譲渡担保設定時にすでに存在する従物，及び設定との前後を問わず目的物に付合した物に及ぶところ（民法87条２項，243条），従たる権利については従物と同様に考えるということを挙げている。よって，土地の賃借人が借地上に所有する建物に譲渡担保権を設定した場合，その建物のみを担保の目的に供したことが明らかであるなど特別の事情がない限り，譲渡担保権の効力は，原則として土地の賃借権に及ぶ。

オ　正しい。

最判昭61.7.15により，本記述は正しい。

判例は，「譲渡担保権によつて担保されるべき債権の範囲については，強行法規又は公序良俗に反しない限り，その設定契約の当事者間において自由にこれを定めることができ」るとしている。判例の結論に賛成する学説は，その理由として，譲渡担保権は，抵当権と異なり，元本，利息，遅延損害金の全額について公示がないことから，第三者の信頼の問題が起こりえず，民法375条，398条の３に準ずる制約を受けないということを挙げている。

以上により，正しい記述はイとオであり，したがって，正解は肢４となる。

【文献情報】内田ⅢP.610，616～617，629～630，642。松井P.194～195，199～200，211，217。

第15問	売買契約	条文	肢別解答率				
			1	2	3	4	5
正解：〔No.15〕1		全　体	60%	25%	6%	5%	3%
		上位30%	76%	18%	2%	2%	2%
		下位20%	20%	42%	16%	11%	9%

【誤答行動分析】

本問の上位30%の正答率は76%であるのに対して，下位20%の正答率は20%であり，その差は56%となっている。下位20%は，肢2を選択している比率が42%と高いことから，記述アが正しいことを前提に，記述ウとエで正誤の判断が分かれたものと推測できる。

記述ウは民法422条の2について，記述エは民法536条1項についての理解を問うものである。該当条文は，それぞれ新設・改正された条文であるが，民法422条の2は最判昭41.12.23（百選Ⅱ10事件）を明文化したものである。また，民法536条1項は重要な分野における改正である。新設・改正された条文についても，特に重要なものについてはしっかりと内容を把握しておきたい。

ア　正しい。

民法415条2項2号により，本記述は正しい。

民法415条2項柱書は，「前項〔注：民法415条1項（債務不履行による損害賠償請求）〕の規定により損害賠償の請求をすることができる場合において，債権者は，次に掲げるときは，債務の履行に代わる損害賠償の請求をすることができる。」と規定し，同条項2号は，「債務者がその債務の履行を拒絶する意思を明確に表示したとき。」と規定している。履行遅滞は履行期が到来しないと発生しないが，履行拒絶は，履行期の前後を区別せず，履行期前にされたときでも，もはや履行期まで待つ意味がないほどに明確な履行拒絶であれば填補賠償の要件を満たす。よって，Bは，引渡期日の到来を待つことなく，Aに対し，債務の履行に代わる損害の賠償を請求することができる。

イ　誤　り。

本記述は，当該売買契約は効力を生じないとしている点で，誤っている。

民法412条の2第1項。債務の履行が契約その他の債務の発生原因及び取引上の社会通念に照らして不能であるときは，債権者は，その債務の履行を請求することができない。「不能であるとき」には原始的不能も含まれ，履行請求はできないが，原始的に不能な債務を生じさせた契約は有効であって，民法412条の2第2項により，債務不履行による損害賠償責任が生じ得る。よって，売買契約の締結の前日に甲が焼失していたとき（原始的不能）であっても，当該売買契約は効力を生じる。

ウ　正しい。　**!!!**

民法422条の２より，本記述は正しい。

債務者が，その債務の履行が不能となったのと同一の原因により債務の目的物の代償である権利又は利益を取得したときは，債権者は，その受けた損害の額の限度において，債務者に対し，その権利の移転又はその利益の償還を請求することができる。同条の文言上，帰責事由がないことは要求されていない。よって，売買契約締結後，Ｂが代金100万円を支払ったが，Ａによる甲のＢへの引渡し前に，甲がＢの帰責事由により焼失した場合，Ａが甲の焼失による損害のてん補のため支払われる損害保険金70万円を得たときは，Ｂは，Ａに対し，70万円の支払を請求できる。

エ　誤　り。　**!!!**

本記述は，Ｂの代金支払債務は当然に消滅するとしている点で，誤っている。

民法536条１項。当事者双方の責めに帰することができない事由によって債務を履行することができなくなったときは，債権者は，反対給付の履行を拒むことができる。同条項は，債務者に帰責事由のない履行不能の場合，当該債務が消滅し，債権者の反対給付債務が消滅するか否かの問題ではなく，債権者が反対給付債務の履行を拒むことができるか否かの問題として構成している。よって，売買契約の締結後，Ａが甲をＢに引き渡す前に，甲が第三者の失火により焼失したときであっても，Ｂの代金支払債務は消滅しない。

オ　誤　り。

本記述は，Ｂは，代金の支払を拒むことができないとしている点で，誤っている。

民法413条の２第２項。債権者が債務の履行を受けることを拒み，又は受けることができない場合において，履行の提供があった時以後に当事者双方の責めに帰することができない事由によってその債務の履行が不能となったときは，その履行の不能は，債権者の責めに帰すべき事由によるものとみなす。本記述においては，Ａの重過失により甲が滅失しているところ，「当事者双方の責めに帰することができない事由」にあたらないため，民法413条の２第２項の適用はなく，Ｂの責めに帰すべき事由によるものとみなされない。よって，Ｂは，代金の支払を拒むことができる。

以上により，正しい記述はアとウであり，したがって，正解は肢１となる。

【文献情報】内田ⅢP.110～112，124～125，144，202～203。潮見（債総）P.68～69，74，129～131，292～293，（債各）ⅠP.64～67。百選Ⅱ10事件。

第16問	詐害行為取消権	条文	肢別解答率				
			1	2	3	4	5
正解：〔No.16〕5		全　体	1%	1%	26%	31%	40%
		上位30%	0%	1%	24%	26%	49%
		下位20%	2%	9%	27%	39%	23%

ア　誤　り。

本記述は，Ａを被告としなければならないとしている点で，誤っている。

民法424条の７第１項。民法424条の７第１項柱書は，「詐害行為取消請求に係る訴えについては，次の各号に掲げる区分に応じ，それぞれ当該各号に定める者を被告とする。」と規定し，同条項各号は，被告適格について，受益者に対する詐害行為取消請求に係る訴えの場合は「受益者」（同１号），転得者に対する詐害行為取消請求に係る訴えの場合は「その詐害行為取消請求の相手方である転得者」（同２号）と規定している。そして，この反対解釈として，債務者には被告適格はない。その趣旨は，債務者も必ず被告にしなければならないとすると，債務者の行方不明などによって円滑な訴訟進行が害されるおそれがあり，また，債務者は詐害行為取消訴訟の帰趨に関心を失っていることが多いため，被告にする必要性も実益も乏しいという点にある。よって，Ｃが詐害行為取消訴訟を提起する場合，Ａを被告とする必要はない。

イ　誤　り。

本記述は，Ｃは，Ｄに対し，ＢＤ間の甲の売買の取消しを請求することができるとしている点で，誤っている。

民法424条の６第２項前段。債権者は，転得者に対する詐害行為取消請求において，債務者がした行為の取消しとともに，転得者が転得した財産の返還を請求することができる。つまり，詐害行為取消請求の目的となるのは，①債務者の行った詐害行為の取消し及び②逸出財産の取戻しであり，受益者・転得者間で行われた行為については詐害行為取消請求の目的とはならない。よって，Ｃは，Ｄに対する詐害行為取消請求において，ＡＢ間の贈与契約の取消しとともに，Ｄが転得した骨董品甲の返還を請求することはできるが，ＢＤ間の甲の売買の取消しを請求することはできない。

ウ　正しい。

民法424条の６第１項により，本記述は正しい。

債権者は，受益者に対する詐害行為取消請求において，債務者がした行為の取消しとともに，その行為によって受益者に移転した財産の返還を請求することができる。受益者がその財産の返還をすることが困難であるときは，債権者は，その価額の償還を請求することができる。よって，Ｃは，Ｂに対する詐害行為取消請求において，ＡＢ間の贈与契約を取り消すとともに，Ｂに対し，骨董品甲の価額の償還を請求することができる。

エ　正しい。

民法425条により，本記述は正しい。

詐害行為取消請求を認容する確定判決は，債務者及びその全ての債権者に対してもその効力を有する。全ての債権者に及ぶとすることは，詐害行為取消しの制度趣旨が，全ての債権者の共同担保としての責任財産を保全する点にあることから導かれる。よって，Ｃによる詐害行為取消請求を認容する確定判決の効力は，債務者Ａの全ての債権者に対してもその効力を有する。

オ　誤　り。

本記述は，ＣのＤに対する詐害行為取消請求を認容する判決が確定したときは，Ｄは，Ｂに対し，代金の返還を請求することができるとしている点で，誤っている。

転得者を被告として詐害行為が取り消された場合，その効力は，前主たる受益者や中間転得者には及ばない（民法425条反対解釈）ため，転得者は，前主たる受益者に対して反対給付等の返還請求をすることはできない。よって，本記述において，Ｄは，Ｂに対し，代金の返還を請求することができない。なお，本記述のような場合，転得者が対価の回復を得られずに目的物を失うのは不当であることから，民法425条の４は，一定の要件のもとで，転得者の債務者に対する反対給付等の返還請求を認めている。もっとも，本記述では，ＡＢ間の贈与が取り消されることになる（肢イ解説参照）ところ，ＢはＡから無償で骨董品甲を取得している以上，ＢのＡに対する反対給付の返還請求権（民法425条の２）は生じないため，民法425条の４第１号の要件を充たさない。よって，Ｄは，Ａに対しても何ら請求をすることができない。

以上により，正しい記述はウとエであり，したがって，正解は肢５となる。

【文献情報】内田ⅢP.379～380，391～393。潮見（債総）P.233，256，263，271～273。

第17問	連帯債務	条文	肢別解答率				
			1	2	3	4	5
正解：〔No.17〕4		全　体	3%	13%	4%	74%	7%
		上位30%	1%	8%	2%	87%	3%
		下位20%	13%	25%	16%	28%	17%

【誤答行動分析】

本問の上位30%の正答率は87%であるのに対して，下位20%の正答率は28%であり，その差は59%となっている。下位20%は，肢２を選択した比率が25%と比較的高いが，他の肢を選んだ者も13%～17%ずついることから，記述ウとオが正しいと判断できなかったことがこのような差を生んだと推測できる。

記述ウは民法439条２項について，記述オは民法443条１項についての理解を問うものである。学習の際には，手間を惜しまず逐一条文に当たることが必要であるといえよう。

ア　誤　り。

本記述は，甲債務の消滅時効は，Ｂについても判決確定の時から新たにその進行を始めるとしている点で，誤っている。

民法441条。民法438条〔注：更改〕，439条１項〔注：相殺等〕及び前条〔注：混同〕に規定する場合を除き，連帯債務者の一人について生じた事由は，他の連帯債務者に対してその効力を生じない。ただし，債権者及び他の連帯債務者の一人が別段の意思を表示したときは，当該他の連帯債務者に対する効力は，その意思に従う。本記述において，ＤはＡに対して甲債務の支払請求訴訟を提起し，請求を認容する判決が確定しており，これにより，時効が更新される（民法147条１項１号，２項）。Ａについて生じた時効の更新は，相対的効力事由であるから，他の連帯債務者であるＢに対してその効力を生じない。また，Ｄ及び他の債務者たるＢが別段の意思を表示しておらず，民法441条ただし書の適用もない。

イ　誤　り。

本記述は，Ｄは，Ａに対して60万円の請求をすることはできないとしている点で，誤っている。

民法441条。民法438条〔注：更改〕，439条１項〔注：相殺等〕及び前条〔注：混同〕に規定する場合を除き，連帯債務者の一人について生じた事由は，他の連帯債務者に対してその効力を生じない。ただし，債権者及び他の連帯債務者の一人が別段の意思を表示したときは，当該他の連帯債務者に対する効力は，その意思に従う。同条本文によれば，免除は相対的効力事由であるから，ＤによるＣの債務を免除する意思表示は，他の連帯債務者に対して効力を生じない。また，本記述では，Ｄ及び他の債務者たるＡが別段の意思を表示しておらず，民法441条ただし書の適用もない。よって，本記述において，Ｄは，Ａに対して60万円の支払を請求することができる。なお，全ての連帯債務者の債務を免除する意思で，債権者が一人の債務者に免除の意思表示をする場合には，全員に対する免除が認められるとされている（最判平10.９.10，百選Ⅱ21事件）が，本記述においてＤは，Ａの債務を免除する意思を有していないため，この点からもＡに対して60万円の支払を請求することができる。

ウ　正しい。　**!!!**

民法439条２項により，本記述は正しい。

民法439条１項は，「連帯債務者の一人が債権者に対して債権を有する場合において，その連帯債務者が相殺を援用したときは，債権は，全ての連帯債務者の利益のために消滅する。」と規定し，同条２項は，「前項の債権を有する連帯債務者が相殺を援用しない間は，その連帯債務者の負担部分の限度において，他の連帯債務者は，債権者に対して債務の履行を拒むことができる。」と規定している。本記述では，ＤがＣに対し甲債務と相殺適状にある30万円の乙債務を負担しており，Ｃが相殺を援用していないので，他の連帯債務者であるＡは，Ｃの負担部分である20万円の限度で支払を拒むことができる。

エ　誤　り。

本記述は，Ｂは，Ａ及びＣに求償することができないとしている点で，誤っている。

民法442条１項。連帯債務者の一人が弁済をし，その他自己の財産をもって共同の免責を得たときは，その連帯債務者は，その免責を得た額が自己の負担部分を超えるかどうかにかかわらず，他の連帯債務者に対し，その免責を得るために支出した財産の額（その財産の額が共同の免責を得た額を超える場合にあっては，その免責を得た額）のうち各自の負担部分に応じた額の求償権を有する。自己の負担部分を超えなくても求償を認めた趣旨は，債務者間の公平を図るとともに，連帯債務の弁済の促進を図るという点にある。本記述では，ＢがＤに対して18万円を支払っていることから，Ｂは各自の負担部分に応じた６万円ずつをＡ及びＣに対し求償することができる。

オ　正しい。　**!!!**

民法443条１項により，本記述は正しい。

他の連帯債務者があることを知りながら，連帯債務者の一人が共同の免責を得ることを他の連帯債務者に通知しないで弁済をし，その他自己の財産をもって共同の免責を得た場合において，他の連帯債務者は，債権者に対抗することができる事由を有していたときは，その負担部分について，その事由をもってその免責を得た連帯債務者に対抗することができる。この場合において，相殺をもってその免責を得た連帯債務者に対抗したときは，その連帯債務者は，債権者に対し，相殺によって消滅すべきであった債務の履行を請求することができる。本記述では，ＡはＣが連帯債務者であることを知りながら，Ｃに通知せずＤに弁済して共同の免責を得ている。ＣはＤに対して甲債務と相殺適状にある乙債権を有しており，相殺によってＤに対抗できるところ，同項前段により，かかる事由はＡに対しても対抗することができる。よって，共同の免責を得たＡは，同項後段に基づき，債権者であるＤに対し，相殺によって消滅すべきであった20万円を支払うよう請求することができる。

以上により，正しい記述はウとオであり，したがって，正解は肢４となる。

【文献情報】内田ⅢP.462～469。潮見（債総）P.575～579，582～583，585～587。

第18問	銀行への金銭預け入れ	条文	肢別解答率				
			1	2	3	4	5
正解：〔No.18〕2		全　体	36%	36%	11%	7%	10%
		上位30%	29%	50%	7%	5%	8%
		下位20%	27%	31%	13%	11%	17%

ア　誤　り。

本記述は，Ｃは，Ｂ銀行に対し，100万円の支払を請求することができるとしている点で，誤っている。

最判平８.４.26（百選Ⅱ72事件）。判例は，本記述と同様の事案において，「振込依頼人と受取人との間に振込みの原因となる法律関係が存在しないにかかわらず，振込みによって受取人が振込金額相当の預金債権を取得したときは，振込依頼人は，受取人に対し，右同額の不当利得返還請求権を有することがあるにとどまり，右預金債権の譲渡を妨げる権利を取得するわけではない」としている。その理由として，判例は，「振込みは，銀行間及び銀行店舗間の送金手続を通して安全，安価，迅速に資金を移動する手段であって，多数かつ多額の資金移動を円滑に処理するため，その仲介に当たる銀行が各資金移動の原因となる法律関係の存否，内容等を関知することなくこれを遂行する仕組みが採られている」ということを挙げている。よって，本記述においては，Ｃは，Ａに対して，不当利得返還請求権に基づき100万円の支払を請求することができるにとどまる。

イ　正しい。

最判平21.1.22（百選Ⅱ74事件）により，本記述は正しい。

判例は，「預金者が死亡した場合，その共同相続人の一人は，……共同相続人全員に帰属する預金契約上の地位に基づき，被相続人名義の預金口座についてその取引経過の開示を求める権利を単独で行使することができる」（民法264条，252条ただし書）としている。判例の結論に賛成する学説は，その理由として，一般に預金契約は消費寄託だけでなく，委任の性質をも併せ持つため，受任者の報告義務（民法656条・645条）により，金融機関の開示義務が基礎づけられるということを挙げている。よって，本記述においては，被相続人Ａの共同相続人の一人であるＥは，単独で，Ｂ銀行に対して，Ａ名義の預金口座の取引経過の開示を求めることができる。

ウ　正しい。

民法466条の５第１項により，本記述は正しい。

預金口座又は貯金口座に係る預金又は貯金に係る債権（以下「預貯金債権」という。）について当事者がした譲渡制限の意思表示は，民法466条２項〔注：譲渡制限の意思表示をしても債権譲渡の効力は妨げられない〕の規定にかかわらず，その譲渡制限の意思表示がされたことを知り，又は重大な過失によって知らなかった譲受人その他の第三者に対抗することができる。その趣旨は，預貯金債権に譲渡制限特約が付されているのは周知の事実のため，銀行は預金債権の譲渡に関する管理を考慮する必要がない前提でシステムを構築しているところ，民法466条２項を預貯金債権にも適用すると，管理等に要するコストが著しく増大することから，預貯金債権についてのみ特別に民法466条２項の例外を認める点にある。よって，譲渡制限付特約の預貯金債権が譲渡された場合，悪意・重過失の譲受人との関係においては，当該譲渡は無効となる。

エ　誤　り。

本記述は，Ｂ銀行は，やむを得ない事由がなければ，Ａの同意なしに満期前に預金を払い戻すことはできないとしている点で，誤っている。

民法666条３項・591条２項。民法666条３項は，「第591条第２項及び第３項の規定は，預金又は貯金に係る契約により金銭を寄託した場合について準用する。」と規定し，民法591条２項は，「借主は，返還の時期の定めの有無にかかわらず，いつでも返還をすることができる。」と規定している。その趣旨は，定期預金債権を受働債権とする相殺による貸付金の回収を図るという銀行取引を可能とする点にある。これにより，定期預金などの返還時期の定めがある場合，受寄者たる金融機関は，やむを得ない事由がなくても，いつでも返還することができる。よって，本記述においては，Ｂ銀行は，やむを得ない事由がなくとも，Ａに対して，満期前に預金を払い戻すことができる。なお，寄託者たる預金者に損害が生じた場合，金融機関はその賠償をする責任を負う（民法666条３項・591条３項）。

オ　正しい。

民法477条により，本記述は正しい。

債権者の預金又は貯金の口座に対する払込みによってする弁済は，債権者がその預金又は貯金に係る債権の債務者に対してその払込みに係る金額の払戻しを請求する権利を取得した時に，その効力を生ずる。その趣旨は，預貯金口座への振込みによる弁済は，現代における債務の履行方法として一般化しているところ，その弁済の効力発生時期を明示する点にある。よって，本記述においては，ＨのＡに対する代金債務は，ＡがＢ銀行に対して同額の預金債権の払戻しを請求する権利を取得した時に，弁済により消滅する。

以上により，誤っている記述はアとエであり，したがって，正解は肢２となる。

【文献情報】内田ⅢP.67，252〜253。潮見（債総）P.278，488〜489，（債各）ⅠP.281〜282，366。

第19問	弁済による代位	条文	肢別解答率				
			1	2	3	4	5
正解：〔No.19〕3		全　体	7%	8%	50%	22%	14%
		上位30%	5%	3%	67%	19%	7%
		下位20%	14%	14%	17%	33%	22%

【誤答行動分析】

本問の上位30%の正答率は67%であるのに対して，下位20%の正答率は17%であり，その差は50%となっている。下位20%は，肢4または肢5を選択した比率がそれぞれ33%・22%と高いことから，肢4と肢5に共通する記述エを誤ったものと判断してしまったと推測できる。

記述エは，民法504条に関する理解を問うものである。論文式試験ではあまり使わない条文であるが，短答式試験対策として押さえておきたい。

ア　正しい。

民法499条，500条かっこ書により，本記述は正しい。

民法499条は，「債務者のために弁済をした者は，債権者に代位する。」と規定し，物上保証人も債務者のために弁済をした者として弁済者代位をすることができる。また，民法500条は，「第467条〔注：債権の譲渡の対抗要件〕の規定は，前条の場合（弁済をするについて正当な利益を有する者が債権者に代位する場合を除く。）について準用する。」と規定し，「弁済をするについて正当な利益を有する者が債権者に代位する場合を除く」任意代位の場合に，代位弁済者が代位により取得した被担保債権を行使するためには，民法467条に規定する場合と同様の債務者対抗要件を備える必要があるとしている。民法500条の趣旨は，弁済をするについて正当な利益を有しない者が弁済者として出現することにより債務者や第三者が不測の損害を被る場合があることを考慮し，債務者・第三者に対して代位の事実を公示させる点にある。本記述において，物上保証人は「弁済をするについて正当な利益を有する者」に当たるため，民法500条かっこ書により，債務者対抗要件を備えることなく，代位により取得した被担保債権を行使することができる。

イ　誤り。

本記述は，代位により取得した被担保債権及びその担保権を単独で行使することができるとしている点で，誤っている。

民法502条１項。債権の一部について代位弁済があったときは，代位者は，債権者の同意を得て，その弁済をした価額に応じて，債権者とともにその権利を行使することができる。その趣旨は，原債権者と一部代位者は原債権の担保権を準共有しているため，準共有の法理（民法264条，251条参照）に従う点にある。よって，一部弁済により代位した保証人は，代位により取得した被担保債権及びその担保権を単独で行使することはできない。なお，権利行使面での債権者優先主義の表れとして，原債権者は単独で権利を行使することができる（民法502条２項）。

ウ　誤　り。

本記述は，Ａはその特約の効力を当該不動産の後順位抵当権者に主張することはできないとしている点で，誤っている。

最判昭59.5.29（百選Ⅱ36事件）。判例は，「物上保証人との間で同号〔注：現行民法501条３項４号〕の定める割合と異なる特約をした保証人は，後順位抵当権者等の利害関係人に対しても右特約の効力を主張することができ」るとしている。その理由として，判例は，「後順位の抵当権者その他の利害関係人は，債権者が右の根抵当権の被担保債権の全部につき極度額の範囲内で優先弁済を主張した場合には，それを承認せざるをえない立場にあり，右の特約によつて受ける不利益はみずから処分権限を有しない他人間の法律関係によつて事実上反射的にもたらされるものにすぎず，右の特約そのものについて公示の方法がとられていなくても，その効果を甘受せざるをえない立場にある」ということを挙げている。よって，Ａはその特約の効力を当該不動産の後順位抵当権者に主張することができる。

エ　正しい。　!!!

民法504条１項前段，２項により，本記述は正しい。

民法504条１項は，「弁済をするについて正当な利益を有する者（以下この項において『代位権者』という。）がある場合において，債権者が故意又は過失によってその担保を喪失し，又は減少させたときは，その代位権者は，代位をするに当たって担保の喪失又は減少によって償還を受けることができなくなる限度において，その責任を免れる。その代位権者が物上保証人である場合において，その代位権者から担保の目的となっている財産を譲り受けた第三者及びその特定承継人についても，同様とする。」と規定し，同条２項は，「前項の規定は，債権者が担保を喪失し，又は減少させたことについて取引上の社会通念に照らして合理的な理由があると認められるときは，適用しない。」と規定している。同条の趣旨は，法定代位権者の代位への期待を保護する点と債権者の不注意な行為に制裁を課す点にある。

オ　正しい。

最判平７.６.23（百選Ⅱ37事件）により，本記述は正しい。

判例は，本記述と同様の事案において，債権者が過失により担保を減少させた後に，債権者と債権者の担保保存義務免除特約を結んでいた物上保証人から抵当不動産を取得した者が民法504条１項の免責の効果を主張できるかどうかについて,「第三取得者は，免責の効果が生じていない状態の担保の負担がある物件を取得したことになり，債権者に対し，民法504条による免責の効果を主張することはできない」としている。その理由として，判例は,「債権者と物上保証人との間に本件特約のような担保保存義務免除の特約があるため，債権者が担保を喪失し，又は減少させた時に，右特約の効力により民法504条による免責の効果が生じなかった場合は，担保物件の第三取得者への譲渡によって改めて免責の効果が生ずることはない」ということを挙げている。

以上により，誤っている記述はイとウであり，したがって，正解は肢３となる。

【文献情報】内田ⅢP.87，89～92，97～98。潮見（債総）P.368，371～372，398～399，406～407。

第20問	安全配慮義務	判例	肢別解答率				
			1	2	3	4	5
正解：〔№20〕5		全　体	21%	3%	5%	2%	69%
		上位 30%	12%	2%	2%	1%	82%
		下位 20%	34%	9%	19%	3%	34%

ア　正しい。

最判昭56.２.16により，本記述は正しい。

判例は,「国が国家公務員に対して負担する安全配慮義務に違反し，右公務員の生命，健康等を侵害し，同人に損害を与えたことを理由として損害賠償を請求する訴訟において，右義務の内容を特定し，かつ，義務違反に該当する事実を主張・立証する責任は，国の義務違反を主張する原告にある」としている。よって，安全配慮義務違反を理由とする債務不履行に基づく損害賠償を請求する訴訟においては，原告は，安全配慮義務の内容を特定し，義務違反に該当する事実を主張立証する責任を負う。

イ　正しい。

最判昭55.12.18により，本記述は正しい。

判例は，安全配慮義務の債務不履行により死亡した者の遺族固有の慰謝料請求権について,「雇傭契約ないしこれに準ずる法律関係上の債務不履行により固有の慰藉料請求権を取得するものとは解しがたい」としている。よって，雇用契約上の安全配慮義務違反により死亡した者の遺族が債務不履行に基づく損害賠償を請求する場合には，遺族固有の慰謝料を請求することはできない。

ウ　正しい。

最判平３.４.11により，本記述は正しい。

判例は,「上告人の下請企業の労働者が上告人のＤ造船所で労務の提供をするに当たっては，いわゆる社外工として，上告人の管理する設備，工具等を用い，事実上上告人の指揮，監督を受けて稼働し，その作業内容も上告人の従業員であるいわゆる本工とほとんど同じであったというのであり，このような事実関係の下においては，上告人は，下請企業の労働者との間に特別な社会的接触の関係に入ったもので，信義則上，右労働者に対し安全配慮義務を負う」としている。よって，元請企業は，下請企業に雇用されている労働者に対しても，特別な社会的接触の関係に入ったものとして，信義則上，安全配慮義務違反を理由とする債務不履行に基づく損害賠償債務を負うことがある。

エ　誤　り。

本記述は，安全配慮義務違反を理由とする債務不履行に基づく損害賠償債務は，損害発生の時から履行遅滞に陥るとしている点で，誤っている。

最判昭55.12.18。判例は，安全配慮義務違反を理由とする債務不履行に基づく損害賠償債務について,「期限の定めのない債務であり，民法412条３項によりその債務者は債権者からの履行の請求を受けた時にはじめて遅滞に陥る」としている。よって，安全配慮義務違反を理由とする債務不履行に基づく損害賠償債務は，債務者が債権者からの履行の請求を受けた時から履行遅滞に陥る。

オ　誤　り。

本記述は，国は，Ｂに対し，安全配慮義務違反を理由とする債務不履行に基づく損害賠償債務を負うとしている点で，誤っている。

最判昭58.５.27。判例は，本記述と同様の事案において,「運転者において道路交通法その他の法令に基づいて当然に負うべきものとされる通常の注意義務は，右安全配慮義務の内容に含まれるものではなく，また，右安全配慮義務の履行補助者が右車両にみずから運転者として乗車する場合であっても，右履行補助者に運転者としての右のような運転上の注意義務違反があったからといって，国の安全配慮義務違反があったものとすることはできない」としている。判例の結論に賛成する学説は，その理由として，一般不法行為に属する道路交通法上の責任は，安全配慮義務から除外すべきということを挙げている。よって，本記述において，国は，Bに対し，安全配慮義務違反を理由とする債務不履行に基づく損害賠償債務を負わない。

以上により，誤っている記述はエとオであり，したがって，正解は肢５となる。

【文献情報】内田ⅢP.152～154。潮見（債総）P.10～13。

第21問	法定利率及び約定利率	条文	肢別解答率				
			1	2	3	4	5
正解：〔No.21〕2		全　体	26%	50%	3%	4%	16%
		上位30%	20%	60%	2%	2%	16%
		下位20%	47%	22%	5%	13%	14%

ア　正しい。

民法404条１項により，本記述は正しい。

利息を生ずべき債権について別段の意思表示がないときは，その利率は，その利息が生じた最初の時点における法定利率による。その趣旨は，客観的で明確な基準が望ましいとともに，債権者において利息の高い時を恣意的に選択することができることは不合理な結果を招くから，そのような選択を困難とする基準を定めた点にある。

イ　誤　り。

本記述は，必ず変更されるとしている点で，誤っている。

民法404条３項，４項。民法404条３項は，「前項〔注：民法404条２項（法定利率)〕の規定にかかわらず，法定利率は，法務省令で定めるところにより，３年を１期とし，１期ごとに，次項の規定により変動するものとする。」と規定している。そして，変動のルールとして同条４項は，「各期における法定利率は，この項の規定により法定利率に変動があった期のうち直近のもの（以下この項において『直近変動期』という。）における基準割合と当期における基準割合との差に相当する割合（その割合に１パーセント未満の端数があるときは，これを切り捨てる。）を直近変動期における法定利率に加算し，又は減算した割合とする。」と規定し，同条５項は，「基準割合」は過去５年間の平均利率をもとに導かれることを規定している。その趣旨は，法定利率を法律で年３％に固定してしまうと，将来，法定利率と市中金利が大きく乖離するおそれがあることから，機械的に法定利率が変動する仕組みを導入しておくべき点にある。これにより，変動は，３年ごとに，過去５年間の平均金利から算出した基準割合を直近の変動期のそれと比べて，差が１％を超える場合に，その差の１％未満を切り捨てて，整数の単位で法定利率に反映されることになる。すなわち，差が１％を下回る場合には，法定利率は変更されない。よって，本記述においては，法定利率の割合は，３年を１期とするその期ごとに見直されるが，必ず変更されるとはいえない。

ウ　誤　り。

本記述は，費用を負担すべき時までの利息相当額を法定利率により控除することはできないとしている点で，誤っている。

民法417条の２第２項。将来において負担すべき費用についての損害賠償の額を定める場合において，その費用を負担すべき時までの利息相当額を控除するときも，前項〔注：民法417条の２第１項（将来において取得すべき利益についての損害賠償額を定める場合に中間利息を控除する際の法定利率の基準時)〕と同様とする。これにより，将来において負担すべき費用（例えば，将来負担する介護費用）について損害賠償の額を定める場合において，その費用を負担すべき時までの利息に相当する額を控除するときは，その損害賠償請求権が生じた時点における法定利率によることになる。その趣旨は，中間利息を控除して関係者間の公平を図る点にある。よって，本記述においては，将来において負担すべき費用についての損害賠償の額を定める場合，その費用を負担すべき時までの利息相当額を損害賠償請求権が生じた時点における法定利率により控除することができる。

エ　正しい。

民法419条２項，最判昭48.10.11により，本記述は正しい。

前項〔注：民法419条１項（金銭給付を目的とする債務の不履行)〕の損害賠償については，債権者は，損害の証明をすることを要しない。その上で，判例は，法定利率又は約定利率により算定された損害を超える拡大損額（利息超過損害）として弁護士費用その他の取立費用を請求した事案において，約定又は法定の利率以上の損害が生じたことを立証しても，その賠償を請求することはできないとしている。判例の結論に賛成する学説は，その理由として，利息超過損害の賠償を認めたのでは，用途面における金銭の多様性ゆえに，濫訴をもたらすおそれがあるから，これを否定すべきということを挙げている。

オ　誤　り。

本記述は，当該金銭消費貸借契約を締結した時点における法定利率の割合による遅延損害金を返済期日の翌日から支払済みまで支払わなければならないとしている点で，誤っている。

民法589条２項，404条１項，419条１項本文。民法589条２項は，「前項〔注：民法589条１項（消費貸借における利息）〕の特約があるときは，貸主は，借主が金銭その他の物を受け取った日以後の利息を請求することができる。」と規定し，民法404条１項は，「利息を生ずべき債権について別段の意思表示がないときは，その利率は，その利息が生じた最初の時点における法定利率による。」と規定している。これにより，金銭消費貸借において，利息について約定利率の定めがある場合，貸主は，貸付金を借主が受け取った日から利息が発生し，その日以後の約定利率の割合による利息を支払わなければならない。他方，民法419条１項は，「金銭の給付を目的とする債務の不履行については，その損害賠償の額は，債務者が遅滞の責任を負った最初の時点における法定利率によって定める。ただし，約定利率が法定利率を超えるときは，約定利率による。」と規定している。よって，金銭消費貸借契約において債務者が返済を遅滞した場合，その遅延損害金についての法定利率の基準時は，債務者に履行遅滞責任が発生した時となる。

以上により，正しい記述はアとエであり，したがって，正解は肢２となる。

【文献情報】内田ⅢP.68〜71，181，197。潮見（債総）P.38〜41，161。

第22問	契約の成立	条文	肢別解答率				
			1	2	3	4	5
正解：〔No.22〕4		全　体	11%	18%	2%	60%	10%
		上位30%	5%	11%	1%	77%	6%
		下位20%	28%	36%	3%	17%	16%

【誤答行動分析】

本問の上位30%の正答率は77%であるのに対して，下位20%の正答率は17%であり，その差は60%となっている。下位20%は，肢１または肢２を選択した比率がそれぞれ28%・36%と高いことから，肢１と肢２に共通する記述アを正しいものと判断してしまったと推測できる。

記述アは，民法523条１項という条文知識によって誤りであると導ける。条文という基礎的知識の正確な理解が必要である。

ア　成立している。　**!!!**

民法523条１項。承諾の期間を定めてした申込みは，撤回することができない。ただし，申込者が撤回をする権利を留保したときは，この限りでない。その趣旨は，契約は契約の申込みとこれに対する承諾によって成立するとの一般的な解釈を踏まえ，申込の拘束力を認める点にある。よって，本記述においては，承諾の期間を定めてした契約の申込みにおいて，撤回の権利の留保なく申込みをした場合に当たるため，申込者Ａは，その申込みを撤回することができず，Ｂの承諾によって，契約が成立している。

イ　成立していない。

民法525条３項。対話者に対してした１項〔注：民法525条１項（承諾の期間を定めないでした申込み)〕の申込みに対して対話が継続している間に申込者が承諾の通知を受けなかったときは，その申込みは，その効力を失う。ただし，申込者が対話の終了後もその申込みが効力を失わない旨を表示したときは，この限りでない。その趣旨は，申込み後に，もはや相手方が承諾することはないと申込者が考えるのも当然であるといえる程の時間が経過すれば，その信頼は保護すべきといえる点にある。よって，本記述においては，申込者Ａは，対話が継続している間に承諾の通知を受けなかったといえる場合に当たり，かつ，Ａは対話の終了後もその申込みが効力を失わない旨を表示していないから，契約は成立していない。

ウ　成立している。

民法97条３項。意思表示は，表意者が通知を発した後に死亡し，意思能力を喪失し，又は行為能力の制限を受けたときであっても，そのためにその効力を妨げられない。その趣旨は，民法の一般原則による意思表示の効力発生時期についての到達主義の下，発信後の意思能力の喪失等は意思表示の効力に影響を与えないという通説的な考え方を明らかにする点にある。よって，本記述においては，Ｂが承諾の意思表示の後に死亡した場合であっても，承諾の効力は妨げられず，契約は成立している。

エ　成立している。

民法526条。申込者が申込みの通知を発した後に死亡し，意思能力を有しない常況にある者となり，又は行為能力の制限を受けた場合において，申込者がその事実が生じたとすればその申込みは効力を有しない旨の意思を表示していたとき，又はその相手方が承諾の通知を発するまでにその事実が生じたことを知ったときは，その申込みは，その効力を有しない。その趣旨は，民法の一般原則による意思表示の効力発生時期についての到達主義における特例を認める点にある。よって，本記述においては，申込者Ａは，申込みの通知を発した後に死亡したが，Ａは自らが死亡したとすればその申込みは効力を有しない旨の意思を表示しておらず，また，相手方Ｂは承諾の通知を発するまでにその事実を生じたことを知らなかったことから，Aの申込みは有効であり，Bの承諾によって，契約は成立している。

オ　成立していない。

民法523条２項。申込者が前項〔注：民法523条１項（承諾の期間を定めてした申込み)〕の申込みに対して同項の期間内に承諾の通知を受けなかったときは，その申込みは，その効力を失う。申込みの効力は，申込みに対応する承諾によって契約が成立する効力という意味で，承諾適格ともいわれ，承諾期間を定めた申込みの場合には，期間の経過とともに消滅する。よって，本記述においては，申込者Aは，承諾の期間を定めてした申込みに対して，その期間内に承諾の通知を受けていないため，申込みの効力は失われる以上，契約は成立していない。

以上により，契約が成立していない記述はイとオであり，したがって，正解は肢４となる。

【文献情報】中田P.82，84，87～89。潮見（債各）Ⅰ P.21～24，26。

第23問	売買契約	条文	肢別解答率				
			1	2	3	4	5
正解：〔No.23〕2		全　体	25%	65%	3%	4%	3%
		上位30%	18%	77%	1%	2%	2%
		下位20%	28%	31%	27%	8%	6%

ア　正しい。

民法533条，最判昭47.９.７により，本記述は正しい。

双務契約の当事者の一方は，相手方がその債務の履行（債務の履行に代わる損害賠償の債務の履行を含む。）を提供するまでは，自己の債務の履行を拒むことができる。ただし，相手方の債務が弁済期にないときは，この限りでない。その上で，判例は，本記述と同様の事案において，売買契約が詐欺を理由として取り消された場合における当事者双方の原状回復義務は，「民法533条の類推適用により同時履行の関係にある」としている。よって，本記述においては，Cの詐欺を理由とする契約が有効に取り消されていることから，A及びBの原状回復義務は，同時履行の関係に立つ。

イ　誤　り。

本記述は，甲の引渡場所はＢの現在の住所であるとしている点で，誤っている。

民法484条１項前段。弁済をすべき場所について別段の意思表示がないときは，特定物の引渡しは債権発生の時にその物が存在した場所において，その他の弁済は債権者の現在の住所において，それぞれしなければならない。これは，各国の法制が一致するところである。よって，本記述においては，時計甲は特定物に当たることから，甲の引渡場所は，売買契約の締結時に甲が存在していたＤの住所である。

ウ　誤　り。

本記述は，Ａの承諾の有無にかかわらず，買主たる地位はＥに移転するとしている点で，誤っている。

民法539条の２。契約の当事者の一方が第三者との間で契約上の地位を譲渡する旨の合意をした場合において，その契約の相手方がその譲渡を承諾したときは，契約上の地位は，その第三者に移転する。その趣旨は，契約上の地位の移転は広く行われているところ，重大な影響を受ける契約の相手方を保護する点にある。よって，本記述においては，ＡがＢの買主たる地位のＥへの譲渡を承諾したときは，買主たる地位はＥに移転する。

エ　誤　り。

本記述は，売買契約は無効であるとしている点で，誤っている。

民法537条２項。前項〔注：民法537条１項（第三者のためにする契約）〕の契約は，その成立の時に第三者が現に存しない場合又は第三者が特定していない場合であっても，そのためにその効力を妨げられない。これにより，胎児も受益者とすることができる。よって，本記述においては，Ｆに甲の所有権を取得させるとするＡＢ間の売買契約は無効とはならない。

オ　正しい。

民法538条２項により，本記述は正しい。

前条〔注：民法537条（第三者のためにする契約）〕の規定により第三者の権利が発生した後に，債務者がその第三者に対する債務を履行しない場合には，同条第１項の契約の相手方は，その第三者の承諾を得なければ，契約を解除することができない。その趣旨は，発生した権利についての第三者の期待を保護する点にある。よって，本記述においては，Ｂは，第三者たるＧの承諾を得なければ，ＡＢ間の売買契約を解除することができない。

以上により，正しい記述はアとオであり，したがって，正解は肢２となる。

【文献情報】潮見（債総）P.27。中田P.155，173～174，176～177，254。潮見（債各）Ⅰ P.40～41，46～47。

第24問	他人の権利の売買	条文	肢別解答率				
			1	2	3	4	5
正解：〔No.24〕1		全　体	73%	5%	17%	4%	1%
		上位 30%	85%	4%	9%	2%	1%
		下位 20%	48%	11%	25%	14%	2%

ア　正しい。

民法561条，415条１項により，本記述は正しい。

民法561条は，「他人の権利（権利の一部が他人に属する場合におけるその権利の一部を含む。）を売買の目的としたときは，売主は，その権利を取得して買主に移転する義務を負う。」と規定している。そして，売主が他人の権利を取得して買主に移転することができない場合は，民法415条１項の「債務者がその債務の本旨に従った履行をしないとき又は債務の履行が不能であるとき」に当たり，損害賠償の請求をすることができる。この場合，売買目的物が他人に属することについて，買主の善意・悪意は問題とならない。

イ　誤　り。

本記述は，売主の責めに帰すべき事由が存在しないときであっても，買主は売主に対して損害賠償請求をすることができるとしている点で，誤っている。

民法415条１項ただし書。債務者がその債務の本旨に従った履行をしないとき又は債務の履行が不能であるときは，債権者は，これによって生じた損害の賠償を請求することができる。ただし，その債務の不履行が契約その他の債務の発生原因及び取引上の社会通念に照らして債務者の責めに帰することができない事由によるものであるときは，この限りでない。よって，売主が他人の権利を取得して買主に移転することができない場合，そのことについて売主の責めに帰すべき事由が存在しないときは，買主は売主に対して損害賠償請求をすることができない。

ウ　正しい。

民法565条かっこ書，563条２項１号，３項により，本記述は正しい。

民法565条かっこ書により，売買の目的である権利の一部が他人に属する場合においてその権利の一部を移転しないとき，民法563条が準用される。民法563条１項の準用により，買主が相当の期間を定めて履行の追完を催告し，その期間内に履行の追完がないときは，代金減額請求ができ，また，同条２項１号の準用により，履行の追完が不能であるときは催告をすることなく，直ちに代金の減額請求をすることができる。民法563条３項の準用により，代金減額請求をするには，移転した権利が契約の内容に適合しないことが買主の責めに帰すべき事由によるものでないことが必要となるが，本記述ではかかる事由は存在しない。よって，買主は催告することなく，直ちに代金減額請求をすることができる。

エ　誤　り。

本記述は，買主は，契約時にその権利が売主に属しないことを知っていたときは，契約を解除することができないとしている点で，誤っている。

売主が他人の権利を取得して買主に移転することができない場合は，民法541条，542条による解除ができる。そして，解除権の発生について，売買目的物が他人に属することについて買主が知っていたかどうかは問題にならない。よって，売主が他人の権利を取得して買主に移転することができない場合，買主は，契約時にその権利が売主に属しないことを知っていたときでも，契約を解除することができる。

オ　誤　り。

本記述は，買主は，善意の売主に対しては，当該権利が他人の権利であることを知った時から１年以内にその旨を通知しなければ，損害賠償の請求をすることができないとしている点で，誤っている。

他人物売買において，売主が他人の権利を取得して買主に移転することができない場合は，「債務者がその債務の本旨に従った履行をしないとき又は債務の履行が不能であるとき」（民法415条１項本文）に当たり，同条項に基づく買主の損害賠償の請求については，債権の消滅時効に関する一般準則である民法166条１項によって処理される。よって，買主は，善意の売主に対して，当該権利が他人の権利であることを知った時から１年以内にその旨を通知しなくても，債務不履行に基づく損害賠償請求権の消滅時効が完成し，援用されるまでは，損害賠償の請求をすることができる。なお，権利に関する契約不適合（権利の一部が他人に属する場合においてその権利の一部を移転しないときを含む）についても，目的物の種類又は品質に関する担保責任の期間の制限を定めた民法566条の適用はなく，もっぱら債務不履行の一般原則に従って，債権の消滅時効に関する一般準則である民法166条１項によって処理される。

以上により，正しい記述はアとウであり，したがって，正解は肢１となる。

【文献情報】中田P.288。潮見（債各）ⅠP.103～104。

第25問	賃貸借	条文	肢別解答率				
			1	2	3	4	5
正解：〔No.25〕3		全　体	6%	20%	68%	5%	1%
		上位 30%	2%	17%	77%	3%	1%
		下位 20%	13%	16%	56%	14%	2%

ア　正しい。

民法605条の２第４項により，本記述は正しい。

民法605条の２第１項又は同条２項後段の規定により賃貸人たる地位が譲受人又はその承継人に移転したときは，民法608条（必要費又は有益費の償還義務）の規定による費用の償還に係る債務及び民法622条の２第１項（敷金返還義務）の規定による同項に規定する敷金の返還に係る債務は，譲受人又はその承継人が承継する。その趣旨は，賃借人による費用等の回収を確保する点にある。なお，民法605条の３前段の規定により，賃貸人たる地位が譲受人に承継されたときも，民法605条の２第４項が準用される（民法605条の３後段）。

イ　誤　り。

本記述は，賃借人の責めに帰すべき事由によって賃貸物の使用及び収益のために修繕が必要となったときであっても，その修繕をする義務を負うとしている点で，誤っている。

民法606条１項ただし書。賃貸人は，賃貸物の使用及び収益に必要な修繕をする義務を負う。ただし，賃借人の責めに帰すべき事由によってその修繕が必要となったときは，この限りでない。その趣旨は，賃貸人と賃借人の公平を図る点にある。

ウ　正しい。

民法611条１項により，本記述は正しい。

賃借物の一部が滅失その他の事由により使用及び収益をすることができなくなった場合において，それが賃借人の責めに帰することができない事由によるものであるときは，賃料は，その使用及び収益をすることができなくなった部分の割合に応じて，減額される。その趣旨は，賃借物の一部滅失を使用収益不能状態の一例として位置付けた上で，使用収益が不能であれば，その対価である賃料も当然に発生しないという考えに基づいて，賃借人による請求を待たずに減額の効果の発生を認める点にある。

エ　誤　り。

本記述は，賃借人の債務不履行による解除権を有していたときであっても，その合意解除をもって転借人に対抗することはできないとしている点で，誤っている。

民法613条３項ただし書。賃借人が適法に賃借物を転貸した場合には，賃貸人は，賃借人との間の賃貸借を合意により解除したことをもって転借人に対抗することができない。ただし，その解除の当時，賃貸人が賃借人の債務不履行による解除権を有していたときは，この限りでない。その趣旨は，同条項ただし書の場面は，合意解除であっても，実質上は債務不履行による解除と異ならないという点にある。

オ　正しい。

民法621条本文かっこ書により，本記述は正しい。

賃借人は，賃借物を受け取った後にこれに生じた損傷（通常の使用及び収益によって生じた賃借物の損耗並びに賃借物の経年変化を除く。以下この条において同じ。）がある場合において，賃貸借が終了したときは，その損傷を原状に復する義務を負う。ただし，その損傷が賃借人の責めに帰することができない事由によるものであるときは，この限りでない。その趣旨は，通常の使用収益により生じた損耗並びに賃借物の経年変化は，賃貸借に通常予定されているものであり，それによる減価の回収も含めて賃料が設定されていると考えられる点にある。

以上により，誤っている記述はイとエであり，したがって，正解は肢３となる。

【文献情報】中田P.395，402，404～405，434～435，448。潮見（債各）ⅠP.156，159～160，167～169，221。

第26問	委　任	条文	肢別解答率				
			1	2	3	4	5
正解：〔No.26〕5		全　体	1%	2%	1%	5%	92%
		上位30%	0%	0%	0%	1%	98%
		下位20%	5%	8%	6%	19%	63%

ア　誤　り。

本記述は，解除の時期にかかわらず，相手方に対する損害賠償責任を負わないとしている点で，誤っている。

民法651条２項柱書本文，同条項１号。民法651条２項柱書本文は，「前項〔注：民法651条１項〕の規定により委任の解除をした者は，次に掲げる場合には，相手方の損害を賠償しなければならない。」と規定し，同条項１号は，「相手方に不利な時期に委任を解除したとき。」と規定している。その趣旨は，任意解除権を認めた上で，損害賠償で処理する点にある。よって，委任を解除した者は，解除の時期によっては，相手方に対する損害賠償責任を負うことがある。

イ　誤　り。

本記述は，法律行為でない事務の委託については，法律行為の委任に関する民法の規定は準用されないとしている点で，誤っている。

民法656条。この節〔注：委任〕の規定は，法律行為でない事務の委託について準用する。一般にこれを準委任といい，法律行為である場合（民法643条）の規定はすべて準用される。よって，法律行為でない事務の委託についても，委任に関する民法の規定が準用される。

ウ　誤　り。

本記述は，費用を支払った後でなければ，これを委任者に請求することはできないとしている点で，誤っている。

民法649条。委任事務を処理するについて費用を要するときは，委任者は，受任者の請求により，その前払をしなければならない。その趣旨は，事務処理を遂行する受任者に経済的損失を与えないようにする点にある。

エ　正しい。

最判平４.９.22により，本記述は正しい。

民法653条１号は，委任者の死亡を委任の終了事由とする。しかし，判例は，「死亡によっても右契約〔注：委任契約〕を終了させない旨の合意」について，「民法653条〔注：委任の終了事由〕の法意」は「かかる合意の効力を否定するものでない」としている。よって，民法653条は強行規定ではなく，当事者の合意により，委任者の死亡によって終了しない契約を締結することは可能である。

オ　正しい。

民法655条により，本記述は正しい。

委任の終了事由は，これを相手方に通知したとき，又は相手方がこれを知っていたときでなければ，これをもってその相手方に対抗することができない。その趣旨は，委任の終了に際して相手方に不測の損害を与えないようにする点にある。

以上により，正しい記述はエとオであり，したがって，正解は肢５となる。

【文献情報】中田P.519，530，533～537。潮見（債各）Ⅰ P.255，265，268～272。

第27問	組　合	条文	肢別解答率				
			1	2	3	4	5
正解：〔No.27〕4		全　体	0%	1%	28%	70%	1%
		上位30%	0%	1%	21%	78%	0%
		下位20%	2%	6%	50%	34%	8%

ア　誤　り。

本記述は，持分に応じて単独で権利を行使することができるとしている点で，誤っている。

民法676条２項。組合員は，組合財産である債権について，その持分についての権利を単独で行使することができない。その趣旨は，組合財産について持分に応じた単独での権利行使を認めると，組合の共同事業に差し障りが生じるため，組合財産を，個々の組合員の財産関係から切り離された組合の事業のための拘束の下にある財産として扱う点にある。

イ　誤　り。

本記述は，組合の業務の決定は，業務執行者があるときであっても，組合員の過半数をもってするとしている点で，誤っている。

民法670条３項。前項〔注：民法670条２項（組合の業務決定及び執行の委任）〕の委任を受けた者（以下「業務執行者」という。）は，組合の業務を決定し，これを執行する。この場合において，業務執行者が数人あるときは，組合の業務は，業務執行者の過半数をもって決定し，各業務執行者がこれを執行する。よって，組合の業務の決定は，業務執行者があるときは，業務執行者が決定する。そして，業務執行者が数人あるときは，業務執行者の過半数をもって決定する。

ウ　正しい。

民法678条２項により，本記述は正しい。

組合の存続期間を定めた場合であっても，各組合員は，やむを得ない事由があるときは，脱退することができる。なお，同条項は，強行法規である。

エ　正しい。

民法677条の２第２項により，本記述は正しい。

前項〔注：民法677条の２第１項（組合成立後の組合員の加入）〕の規定により組合の成立後に加入した組合員は，その加入前に生じた組合の債務については，これを弁済する責任を負わない。その趣旨は，民法675条〔注：組合の債権者の権利の行使〕との関係で，新規加入組合員の責任限定を明確化する点にある。

オ　誤　り。

本記述は，組合員の過半数の同意がある場合には，精算前に組合財産の分割を求めることができるとしている点で，誤っている。

民法676条３項。組合員は，清算前に組合財産の分割を求めることができない。なお，組合員全員の合意で分割することは可能である（大判２.６.28）。

以上により，正しい記述はウとエであり，したがって，正解は肢４となる。

【文献情報】中田P.569，574～575，580～581。潮見（債各）ⅠP.287～289，292。

第28問	不当利得	条文	肢別解答率				
			1	2	3	4	5
正解：〔No.28〕２		全　体	9%	79%	3%	5%	3%
		上位30%	5%	90%	2%	2%	1%
		下位20%	20%	41%	9%	17%	13%

ア　正しい。

民法192条により，本記述は正しい。

取引行為によって，平穏に，かつ，公然と動産の占有を始めた者は，善意であり，かつ，過失がないときは，即時にその動産について行使する権利を取得する。

即時取得が認められたときには，第三者は当該動産上の権利を原始取得し，その反射的効果として，真の権利者はその権利を失う。その意味で，即時取得制度は，前主を信頼して動産を取引した者を保護するとともに，真の権利者の権利の追及効を遮断する制度である。この制度趣旨に照らせば，即時取得が成立した場合に，即時取得をした者は，不当利得返還請求義務を負わない。よって，本記述において，買主は，受託者に対し，不当利得返還義務を負わない。

イ　誤　り。

本記述は，債権者に過失があるときは，債権者は，当該第三者に対して不当利得返還義務を負うとしている点で，誤っている。

最判昭49.9.26（百選Ⅱ80事件）。判例は，債務者が第三者から騙取した「金銭を」債権者が「受領するにつき悪意又は重大な過失がある場合には，……金銭の取得は，被騙取者……に対する関係においては，法律上の原因がなく，不当利得となる」としている。その理由として，判例は，「不当利得の制度は，ある人の財産的利得が法律上の原因ないし正当な理由を欠く場合に，法律が，公平の観念に基づいて，利得者にその利得の返還義務を負担させるものである」として，衡平説の立場に立っていることが挙げられる。よって，債権者の過失が重大かどうかが判明していない本記述では，債権者は，当該第三者に対して不当利得返還義務は負わない。

ウ　誤　り。

本記述は，給付したものの返還を求めることができるとしている点で，誤っている。

民法706条本文。債務者は，弁済期にない債務の弁済として給付をしたときは，その給付したものの返還を請求することができない。ただし，債務者が錯誤によってその給付をしたときは，債権者は，これによって得た利益を返還しなければならない。同条本文は，債務の弁済期前の弁済であっても，債務が存在しているのであるから，法律上の原因を欠くものとはいえず，弁済自体は不当利得の問題にならないとしている。

エ　誤　り。

本記述は，受領者は，弁済をした債務者に過失があったことを主張して，請求を拒絶することができるとしている点で，誤っている。

最判平16.10.26。判例は，本記述と同様の事案において，受領者が，債権の受領権限がないにもかかわらず，自ら受領権限がある者として弁済を受けておきながら，債権者から提起された不法利得返還請求において，一転して，弁済をした債務者に過失があり，自らが受けた弁済は債権者への弁済としては無効であるから，債権者はなお債務者に対して債権を有していることに変わりはなく，債権者には損失が生じていないと主張をして請求を争うことは，「信義誠実の原則に反し許されない」としている。

オ　正しい。

民法707条１項により，本記述は正しい。

債務者でない者が錯誤によって債務の弁済をした場合において，債権者が善意で証書を滅失させ若しくは損傷し，担保を放棄し，又は時効によってその債権を失ったときは，その弁済をした者は，返還の請求をすることができない。その趣旨は，第三者の給付により債権が消滅したものと信頼して一定の挙動をとった債権者を保護する点にある。

以上により，正しい記述はアとオであり，したがって，正解は肢２となる。

【文献情報】潮見（債各）Ⅰ P.348～350，363。

第29問	不法行為	判例	肢別解答率				
			1	2	3	4	5
正解：〔No.29〕3		全　体	5%	1%	91%	1%	2%
		上位30%	3%	0%	95%	0%	1%
		下位20%	11%	3%	73%	2%	11%

ア　正しい。

民法509条２号により，本記述は正しい。

民法509条柱書は，「次に掲げる債務の債務者は，相殺をもって債権者に対抗することができない。ただし，その債権者がその債務に係る債権を他人から譲り受けたときは，この限りでない。」と規定し，同条２号は，「人の生命又は身体の侵害による損害賠償の債務（前号〔注：同条１号（悪意による不法行為)〕に掲げるものを除く。)」と規定している。その趣旨は，人身損害にかかる賠償債権については被害者に現実の給付を得させる必要があるという点にある。

イ　誤　り。

本記述は，摘示した事実が真実であると信ずるにつき相当な理由があったとしても，その事実が真実であると証明できなかったときは，不法行為責任を負うとしている点で，誤っている。

最判昭41.６.23。判例は，「民事上の不法行為たる名誉棄損については，その行為が公共の利害に関する事実に係りもつぱら公益を図る目的に出た場合には，摘示された事実が真実であることが証明されたときは，右行為には違法性がなく，不法行為は成立しないものと解するのが相当であり，もし，右事実が真実であることが証明されなくても，その行為者においてその事実を真実と信ずるについて相当の理由があるときには，右行為には故意もしくは過失がなく，結局，不法行為は成立しない」としている。その理由として，判例は，「このことは，刑法230条の２の規定の趣旨からも十分窺うことができる」ということを挙げている。

ウ　正しい。

最判昭33.８.５により，本記述は正しい。

判例は，「原審認定の事実関係によれば，被上告人……はその子の死亡したときにも比肩しうべき精神上の苦痛を受けたと認められるのであつて，かかる民法711条所定の場合に類する本件においては，同被上告人は，民法709条，710条に基いて，自己の権利として慰籍料を請求しうる」としている。その理由として，判例は，「民法711条が生命を害された者の近親者の慰籍料請求につき明文をもつて規定しているとの一事をもつて，直ちに生命侵害以外の場合はいかなる事情があつてもその近親者の慰籍料請求権がすべて否定されていると解しなければならないものではな」いということを挙げている。

エ　正しい。

最判昭49.３.22により，本記述は正しい。

判例は，「未成年者が責任能力を有する場合であつても監督義務者の義務違反と当該未成年者の不法行為によつて生じた結果との間に相当因果関係を認めうるときは，監督義務者につき民法709条に基づく不法行為が成立する」としている。判例の結論に賛成する学説は，その理由として，不法行為者に責任能力があったときには，民法714条に基づき監督義務者に損害賠償を請求することができないが，不法行為者に十分な資力がないときには，被害者は事実上，損害の填補を受けることが出来なくなってしまうため，監督義務者自身の監督過失を根拠に不法行為責任を認めることで，被害者の救済を図るということを挙げている。

オ　誤　り。

本記述は，被用者は，加害行為につき故意又は重過失がない限り，当該第三者に対する損害賠償責任を負わないとしている点で誤っている。

民法709条。故意又は過失によって他人の権利又は法律上保護される利益を侵害した者は，これによって生じた損害を賠償する責任を負う。また，使用者責任が成立したとしても，被害者は被用者を相手に民法709条に基づき，損害賠償請求をすることが可能である。よって，被用者は，民法709条の要件を満たしていれば，第三者に対する損害賠償責任を負う可能性がある。

以上により，誤っている記述はイとオであり，したがって，正解は肢３となる。

【文献情報】潮見（債各）Ⅰ P.94，112～114，139，159，206～208。

第30問	普通養子縁組	条文	肢別解答率				
			1	2	3	4	5
正解：〔№30〕1		全　体	28%	44%	6%	6%	16%
		上位 30%	38%	48%	3%	3%	9%
		下位 20%	6%	28%	14%	14%	38%

ア　誤　り。

本記述は，法定代理人の同意を得なければならないとしている点で，誤っている。

民法797条１項。養子となる者が15歳未満であるときは，その法定代理人が，これに代わって，縁組の承諾をすることができる。その趣旨は，普通養子縁組は，養親と養子の間の意思の合致に基づく法律行為であり，契約的な側面を有する点，また子の福祉の観点から一定の制約を設けた点にある。よって，17歳の者が縁組をして養子となるには，その法定代理人の同意を必要としない。

イ　正しい。

民法794条により，本記述は正しい。

後見人が被後見人（未成年被後見人及び成年被後見人をいう。以下同じ。）を養子とするには，家庭裁判所の許可を得なければならない。後見人の任務が終了した後，まだその管理の計算が終わらない間も，同様とする。その趣旨は，後見人が，養親子関係を形成して不適切な管理を隠蔽するような事態を防止する点にある。

ウ　誤　り。　★

本記述は，配偶者の同意を得ることを要しないとしている点で，誤っている。

民法796条。配偶者のある者が縁組をするには，その配偶者の同意を得なければならない。ただし，配偶者とともに縁組をする場合又は配偶者がその意思を表示することができない場合は，この限りでない。その趣旨は，養子縁組は配偶者の地位に多大な影響を与えるので，その同意を必要とする点にある。

エ　正しい。

民法798条ただし書により，本記述は正しい。

未成年者を養子とするには，家庭裁判所の許可を得なければならない。ただし，自己又は配偶者の直系卑属を養子とする場合は，この限りでない。その趣旨は，祖父母が孫を養子にする場合等は，搾取や虐待の可能性は一般にないという点にある。

オ　正しい。

民法811条６項により，本記述は正しい。

縁組の当事者の一方が死亡した後に生存当事者が離縁をしようとするときは，家庭裁判所の許可を得て，これをすることができる。その趣旨は，養親が死亡し，養子が多額の財産を相続した後に離縁を認めるならば，財産の持ち逃げを許すような事態となり好ましくないという点にある。

以上により，誤っている記述はアとウであり，したがって，正解は肢１となる。

【文献情報】リークエⅥP.151～153，158。

第31問	親　権	判例	肢別解答率				
			1	2	3	4	5
正解：〔No.31〕5		全　体	1%	6%	2%	3%	88%
		上位30%	0%	3%	1%	1%	95%
		下位20%	8%	14%	9%	17%	52%

ア　正しい。

最判昭46.4.20により，本記述は正しい。

判例は，「親権者が民法826条に違反して，親権者と子の利益相反行為につき法定代理人としてなした行為は民法113条所定の無権代理行為にあたる」としている。

イ　正しい。

最判昭49.7.22（百選Ⅲ47事件）により，本記述は正しい。

判例は，「共同相続人中の数人の未成年者が，相続権を有しない一人の親権者の親権に服するときは，右未成年者らのうち当該親権者によつて代理される一人の者を除くその余の未成年者については，各別に選任された特別代理人がその各人を代理して遺産分割の協議に加わることを要するのであつて，もし一人の親権者が数人の未成年者の法定代理人として代理行為をしたときは，被代理人全員につき前記条項〔注：民法826条２項〕に違反する」としている。その理由として，判例は，「民法826条２項所定の利益相反行為とは，行為の客観的性質上数人の子ら相互間に利害の対立を生ずるおそれのあるものを指称するのであつて，その行為の結果現実にその子らの間に利害の対立を生ずるか否かは問わないものと解すべきであるところ，遺産分割の協議は，その行為の客観的性質上相続人相互間に利害の対立を生ずるおそれのある行為と認められるから，前記条項の適用上は，利益相反行為に該当する」ということを挙げている。

ウ　正しい。

最判昭53.２.24により，本記述は正しい。

判例は，「共同相続人の一人が他の共同相続人の全部又は一部の者を後見している場合において，後見人が被後見人を代理してする相続の放棄は，必ずしも常に利益相反行為にあたるとはいえず，後見人がまずみずからの相続の放棄をしたのちに被後見人全員を代理してその相続の放棄をしたときはもとより，後見人みずからの相続の放棄と被後見人全員を代理してするその相続の放棄が同時にされたと認められるときもまた，その行為の客観的性質からみて，後見人と被後見人との間においても，被後見人相互間においても，利益相反行為になるとはいえない」としている。なお，上記判例の調査官解説は，未成年後見人の利益相反に関する事案であるが，親権者が行う未成年の相続放棄についても，同判例の射程は及ぶとしている。

エ　誤　り。

本記述は，利益相反行為に当たるとしている点で，誤っている。

最判昭37.10.２は，本記述と同様の事案において，「親権者が子の法定代理人として，子の名において金員を借受け，その債務につき子の所有不動産の上に抵当権を設定することは，仮に借受金を親権者自身の用途に充当する意図であつても，かかる意図のあることのみでは，民法826条所定の利益相反する行為とはいえない」としている。判例の結論に賛成する学説は，その理由として，債権者（第三者）

と債務者（子）が金銭消費貸借契約及び抵当権設定契約の当事者であり，親権者と子の間には，契約上の法律関係は存在しないということを挙げている。

オ　誤　り。

本記述は，母が親権者として単独でその子のための代理行為をする必要があるとしている点で，誤っている。

最判昭35.2.25（百選Ⅲ48事件）。判例は，本記述と同様の事案において，「利益相反の関係にある親権者は特別代理人の選任を求め，特別代理人と利益相反の関係にない親権者と共同して代理行為をなすべき」としている。

以上により，誤っている記述はエとオであり，したがって，正解は肢５となる。

【文献情報】リークエⅥP.180～183。

第32問	後　見	条文	肢別解答率				
			1	2	3	4	5
正解：〔No.32〕2		全　体	31%	20%	11%	2%	36%
		上位30%	34%	25%	8%	1%	33%
		下位20%	36%	11%	20%	6%	27%

ア　誤　り。　★

本記述は，身上の監護に関する権限については，家庭裁判所は，職権で，各未成年後見人が単独で又は数人の未成年後見人が職務を分掌して，その権限を行使すべきことを定めることができるとしている点で，誤っている。

民法857条の２第３項。未成年後見人が数人あるときは，家庭裁判所は，職権で，財産に関する権限について，各未成年後見人が単独で又は数人の未成年後見人が事務を分掌して，その権限を行使すべきことを定めることができる。よって，家庭裁判所が単独で又は数人の未成年後見人が事務を分掌して，その権限を行使すべきことを定めることができるのは，財産に関する権限であり，身上の監護に関する権限ではない。

イ　正しい。

民法859条の３により，本記述は正しい。

成年後見人は，成年被後見人に代わって，その居住の用に供する建物又はその敷地について，売却，賃貸，賃貸借の解除又は抵当権の設定その他これらに準ずる処分をするには，家庭裁判所の許可を得なければならない。なお，本人が現に居住していなくても，将来居住する可能性があれば，家庭裁判所の許可を要する居住不動産に当たると解されている。

ウ　正しい。　★

民法872条１項により，本記述は正しい。

未成年被後見人が成年に達した後後見の計算の終了前に，その者と未成年後見人又はその相続人との間でした契約は，その者が取り消すことができる。その者が未成年後見人又はその相続人に対してした単独行為も，同様とする。

エ　誤　り。　★

本記述は，後見監督人があるときは，その同意を得なければならないとしている点で，誤っている。

民法864条ただし書。後見人が，被後見人に代わって営業若しくは民法13条１項各号〔注：保佐人の同意を要する行為等〕に掲げる行為をし，又は未成年被後見人がこれをすることに同意するには，後見監督人があるときは，その同意を得なければならない。ただし，同項１号に掲げる元本の領収については，この限りでない。そして，預金の払戻しを受けることは，元本の領収に当たるので，後見監督人の同意を得る必要はない。

オ　正しい。　★

任意後見契約に関する法律10条１項により，本記述は正しい。

任意後見契約が登記されている場合には，家庭裁判所は，本人の利益のため特に必要があると認めるときに限り，後見開始の審判等をすることができる。その趣旨は，本人の自己決定を尊重する点にある。

以上により，誤っている記述はアとエであり，したがって，正解は肢２となる。

【文献情報】リークエⅥP.193，201，209。

第33問	遺　贈	条文	肢別解答率				
			1	2	3	4	5
正解：〔No.33〕1		全　体	89%	2%	6%	3%	0%
		上位30%	93%	1%	4%	1%	0%
		下位20%	78%	8%	8%	3%	3%

ア　誤　り。

本記述は，遺贈は，成年に達しなければ，することができないとしている点で，誤っている。

民法961条１項。15歳に達した者は，遺言をすることができる。そして，遺贈（民法964条）とは，遺言によって財産を他人に無償で与える行為を言うから，遺言の規定が適用される。よって，15歳に達していれば，遺贈をすることができる。

イ　正しい。

民法904条の２第３項により，本記述は正しい。

寄与分は，被相続人が相続開始の時において有した財産の価額から遺贈の価額を控除した残額を超えることができない。その趣旨は，各共同相続人の衡平を図る点にある。

ウ　誤　り。

本記述は，包括遺贈を受けた者は，相続財産に属する債務を承継しないとしている点で，誤っている。

民法990条。包括受遺者は，相続人と同一の権利義務を有する。よって，包括遺贈の効力が生じると，包括受遺者は，遺贈された割合で，遺産を当然かつ包括的に債務も含めて承継する（民法896条，899条）。

エ　正しい。

最判昭46.11.16により，本記述は正しい。

判例は，本記述と同様の事案において，「生前，その所有にかかる不動産を推定相続人の一人に贈与したが，その登記未了の間に，他の推定相続人に右不動産の特定遺贈をし，その後相続の開始があつた場合，右贈与および遺贈による物権変動の優劣は，対抗要件たる登記の具備の有無をもつて決すると解するのが相当であり，この場合，受贈者および受遺者が，相続人として，被相続人の権利義務を包括的に承継し，受贈者が遺贈の履行義務を，受遺者が贈与契約上の履行義務を承継することがあつても，このことは右の理を左右するに足りない」としている。

オ　正しい。

民法994条１項により，本記述は正しい。

遺贈は，遺言者の死亡以前に受遺者が死亡したときは，その効力を生じない。その趣旨は，同時存在の原則によるべき点にある。

以上により，誤っている記述はアとウであり，したがって，正解は肢１となる。

【文献情報】リークエⅥP.302，392，394，397，399～400。

第34問	遺言の執行	条文	肢別解答率				
			1	2	3	4	5
正解：〔No.34〕2		全　体	7%	20%	6%	24%	43%
		上位30%	8%	23%	5%	26%	39%
		下位20%	14%	19%	9%	19%	39%

ア　誤り。　★

本記述は，遅滞なく，遺言書を保管している旨を他の相続人に通知しなければならないとしている点で，誤っている。

民法1004条１項前段。遺言書の保管者は，相続の開始を知った後，遅滞なく，これを家庭裁判所に提出して，その検認を請求しなければならない。遺言書の保管者がない場合において，相続人が遺言書を発見した後も，同様とする。その趣旨は，遺言書の変造・隠匿の防止を目的として，遺言書の原状を確認し，証拠を保全する点にある。そして，遺言書の検認がされたときは，裁判所書記官が，検認に立ち会わなかった相続人，受遺者その他の利害関係人に対しその旨を通知する（家事事件手続規則115条２項）。よって，遺言書を保管している相続人は，相続の開始を知った後，遅滞なく，遺言書を保管している旨を他の相続人に通知する必要はない。

イ　正しい。

民法1010条により，本記述は正しい。

遺言執行者がないとき，又はなくなったときは，家庭裁判所は，利害関係人の請求によって，これを選任することができる。なお，遺言執行者を定める手続は，同条の他に，遺言者が遺言で指定する場合，遺言者が遺言で第三者に指定を委託し，第三者が指定する場合がある（民法1006条１項）。

ウ　正しい。

民法1012条２項，1013条１項により，本記述は正しい。

民法1012条２項は，「遺言執行者がある場合には，遺贈の履行は，遺言執行者のみが行うことができる。」と規定し，民法1013条１項は，「遺言執行者がある場合には，相続人は，相続財産の処分その他遺言の執行を妨げるべき行為をすることができない。」と規定している。その趣旨は，相続財産の管理処分権を遺言執行者に集中させることで，遺言者の意思を尊重し，遺言執行者に遺言の公正な実現を図らせる点にある。

エ　正しい。　★

民法1014条３項本文，同条４項により，本記述は正しい。

民法1014条３項は，「前項〔注：民法1014条２項（遺産の分割の方法の指定として遺産に属する特定の財産を共同相続人の一人又は数人に承継させる旨の遺言があったとき)〕の財産が預貯金債権である場合には，遺言執行者は，同項に規定する行為のほか，その預金又は貯金の払戻しの請求及びその預金又は貯金に係る契約の解約の申入れをすることができる。ただし，解約の申入れについては，その預貯金債権の全部が特定財産承継遺言の目的である場合に限る。」と規定し，同条４項は，「前２項の規定にかかわらず，被相続人が遺言で別段の意思を表示したときは，その意思に従う。」と規定している。

オ　誤　り。

本記述は，やむを得ない事由がなければ，第三者にその任務を行わせることができないとしている点で，誤っている。

民法1016条１項。遺言執行者は，自己の責任で第三者にその任務を行わせることができる。ただし，遺言者がその遺言に別段の意思を表示したときは，その意思に従う。その趣旨は，遺言執行者の職務は広範に及び，高度な知識を要することも少なくないため，適切な執行のために専門家に職務を委託すべき場合もある点にある。

以上により，誤っている記述はアとオであり，したがって，正解は肢２となる。

【文献情報】リークエⅥP.412，414，417。

第35問	相続と贈与	条文	肢別解答率				
			1	2	3	4	5
正解：〔№35〕2		全　体	12%	44%	5%	18%	20%
		上位30%	10%	58%	4%	11%	17%
		下位20%	11%	25%	13%	34%	17%

ア　誤り。

本記述は，超過した価額に相当する財産を他の共同相続人に返還しなければならないとしている点で，誤っている。

民法903条２項参照。遺贈又は贈与の価額が，相続分の価額に等しく，又はこれを超えるときは，受遺者又は受贈者は，その相続分を受けることができない。そして，特別受益の価額が具体的相続分の価額以上であったとしても，受遺者又は受贈者たる当該相続人は，その特別利益を他の共同相続人に返還する必要はなく，そのまま確保することができる。よって，特別受益に当たる贈与の価額がその受贈者である相続人の具体的相続分の価額を超える場合であっても，その相続人は，超過した価額に相当する財産を他の共同相続人に返還することを要しない。

イ　正しい。

民法903条４項により，本記述は正しい。

婚姻期間が20年以上の夫婦の一方である被相続人が，他の一方に対し，その居住の用に供する建物又はその敷地について遺贈又は贈与をしたときは，当該被相続人は，その遺贈又は贈与について第１項〔注：特別受益の持戻し〕の規定を適用しない旨の意思を表示したものと推定する。その趣旨は，婚姻期間が20年以上ある夫婦の間で，居住用不動産の贈与等がされた場合は，当該不動産が長期にわたる夫婦間の協力によって形成された財産であること，及び，当該贈与等は配偶者の老後の生活保障を意図したものであることが，定型的に認められるという点にある。よって，本記述において，被相続人ＡとＢは，婚姻期間が20年以上の夫婦であることから，被相続人Ａは，配偶者Ｂに対するマンション甲の贈与について，持戻し免除の意思表示をしたものと推定される。

ウ　誤り。

本記述は，地震により目的物が滅失した場合であっても，相続開始の時においてなお原状のままであるものとみなしてその価額を定めるとしている点で，誤っている。

民法904条。前条〔注：民法903条（特別受益者の相続分）〕に規定する贈与の価額は，受贈者の行為によって，その目的である財産が滅失し，又はその価格の増減があったときであっても，相続開始の時においてなお原状のままであるものとみなしてこれを定める。本条は，贈与目的物が，損壊・売却等の受贈者の行為によって，滅失・価格の増減が生じた場合を想定していることから，不可抗力による滅失・価格の増減について適用はない。よって，本記述においては，地震という不可抗力によって目的物が滅失しているから，民法904条は適用されず，相続の開始の時においてなお原状のままであるとはみなされない。

エ　正しい。

最判平10.2.13（百選Ⅲ78事件）により，本記述は正しい。

判例は，本記述と同様の事案において，「不動産の死因贈与の受贈者が贈与者の相続人である場合において，限定承認がされたときは，死因贈与に基づく限定承認者への所有権移転登記が相続債権者による差押登記よりも先にされたとしても，信義則に照らし，限定承認者は相続債権者に対して不動産の所有権取得を対抗することができない」としている。その理由として，判例は，「被相続人の財産は本来は限定承認者によって相続債権者に対する弁済に充てられるべきものであることを考慮すると，限定承認者が，相続債権者の存在を前提として自ら限定承認をしながら，贈与者の相続人としての登記義務者の地位と受贈者としての登記権利者の地位を兼ねる者として自らに対する所有権移転登記手続をすることは信義則上相当でないものというべきであり，また，もし仮に，限定承認者が相続債権者による差押登記に先立って所有権移転登記手続をすることにより死因贈与の目的不動産の所有権取得を相続債権者に対抗することができるものとすれば，限定承認者は，右不動産以外の被相続人の財産の限度においてのみその債務を弁済すれば免責されるばかりか，右不動産の所有権をも取得するという利益を受け，他方，相続債権者はこれに伴い弁済を受けることのできる額が減少するという不利益を受けることとなり，限定承認者と相続債権者との間の公平を欠く結果となる」ということを挙げている。

オ　正しい。

民法1044条１項，３項により，本記述は正しい。

民法1044条１項は，「贈与は，相続開始前の１年間にしたものに限り，前条の規定によりその価額を算入する。当事者双方が遺留分権利者に損害を加えることを知って贈与をしたときは，１年前の日より前にしたものについても，同様とする。」と規定し，同条３項は，「相続人に対する贈与についての第１項の規定の適用については，同項中『１年』とあるのは『10年』と，『価額』とあるのは『価額（婚姻若しくは養子縁組のため又は生計の資本として受けた贈与の価額に限る。）』とする。」と規定している。同条３項の趣旨は，遺留分算定の基礎について，相続人に対する贈与のうち特別受益に当たる贈与を算入対象としつつ，算定の範囲を10年に限定することで，受遺者等の法的安定性と相続人間の実質的公平の調和を図る点にある。

以上により，誤っている記述はアとウであり，したがって，正解は肢2となる。

【文献情報】リークエⅥP.293～294，297，364，425～426。

第36問	承継人	条文	肢別解答率				
			1	2	3	4	5
正解：〔No.36〕3		全　体	2%	10%	71%	13%	5%
		上位30%	1%	6%	80%	10%	4%
		下位20%	5%	22%	50%	13%	11%

ア　正しい。

民法120条２項により，本記述は正しい。

錯誤，詐欺又は強迫によって取り消すことができる行為は，瑕疵ある意思表示をした者又はその代理人若しくは承継人に限り，取り消すことができる。なお，承継人には，包括承継人と特定承継人の両方を含み，契約上の地位の承継人も含まれる。

イ　誤　り。

本記述は，承継人に対しては生じないとしている点で，誤っている。

民法153条１項。民法147条〔注：裁判上の請求等〕又は148条〔注：強制執行等〕の規定による時効の完成猶予又は更新は，完成猶予又は更新の事由が生じた当事者及びその承継人の間においてのみ，その効力を有する。これは，時効の完成猶予及び更新の効力は，人の法的行為により生ずるが，人の法的行為は原則として他の人を益することも害することもないという考えを基礎にしている。

ウ　正しい。

民法187条１項，最判昭37.５.18により，本記述は正しい。

占有者の承継人は，その選択に従い，自己の占有のみを主張し，又は自己の占有に前の占有者の占有を併せて主張することができる。判例は，同条項について，「相続の如き包括承継の場合にも適用せられ，相続人は必ずしも被相続人の占有についての善意悪意の地位をそのまま承継するものではなく，その選択に従い自己の占有のみを主張し又は被相続人の占有に自己の占有を併せて主張することができる」としている。判例の結論に賛成する学説は，その理由として，民法187条1項の規定は，占有権の移転は，前主の占有に基づいてその占有を承継的に取得するものとみられるが，同時に，承継者は独立に占有をなすものともみることができるという占有の性質から当然に出てくるものであって，この見地からは，特に相続による包括承継を除外しなければならない理由はないということを挙げている。

エ　誤り。

本記述は，特定承継人に対しては，行使することができないとしている点で，誤っている。

民法254条。共有者の一人が共有物について他の共有者に対して有する債権は，その特定承継人に対しても行使することができる。その趣旨は，共有者の一人が他の共有者に対して有する償還請求権などの債権を保護する点にある。よって，本記述において，AはBに対して有する債権を，Bの特定承継人に対しても行使することができる。

オ　正しい。

民法1046条1項により，本記述は正しい。

遺留分権利者及びその承継人は，受遺者（特定財産承継遺言により財産を承継し又は相続分の指定を受けた相続人を含む。以下この章において同じ。）又は受贈者に対し，遺留分侵害額に相当する金銭の支払を請求することができる。なお，この「承継人」には，遺留分権利者の相続人，包括受遺者，相続分の譲受人のような包括承継人だけでなく，遺留分権利者から個々の遺留分侵害額請求権を譲り受けた特定承継人も含まれる。

以上により，誤っている記述はイとエであり，したがって，正解は肢3となる。

【文献情報】佐久間1P.224，428，2P.202～203，279。リークエⅥP.422。

第37問	撤　回	条文	肢別解答率				
			1	2	3	4	5
正解：〔No.37〕4		全　体	5%	4%	25%	63%	2%
		上位30%	2%	2%	17%	78%	0%
		下位20%	14%	20%	31%	30%	5%

ア　正しい。

民法407条２項により，本記述は正しい。

前項の意思表示〔注：民法407条１項（選択債権における債務者の選択権行使の意思表示）〕は，相手方の承諾を得なければ，撤回することができない。その趣旨は，選択権の行使により債権の目的物が特定され，相手方はこれを信頼するに至るから，その後において勝手に選択の対象を変更することを認めると，相手方に不測の損害を被らせるおそれがあるため，これを防止する点にある。

イ　正しい。

民法540条２項により，本記述は正しい。

前項の意思表示〔注：民法540条１項（解除の意思表示）〕は，撤回することができない。その趣旨は，解除後の撤回が認められると，相手方である債務者の地位が不安定になるとともに，消滅したはずの契約の効力が復活することになり，法律関係が複雑になるため，これを避ける点にある。

ウ　誤　り。

本記述は，相続の放棄は，相続の承認又は放棄をすべき期間内は，撤回することができるとしている点で，誤っている。

民法919条１項。相続の承認及び放棄は，民法915条１項の期間〔注：相続の承認又は放棄をすべき期間〕内でも，撤回することができない。その趣旨は，みだりに撤回を認めて法律関係を複雑ならしめないのが簡明であるという点にある。

エ　誤　り。

本記述は，遺贈の承認は，遺贈義務者が履行に着手するまでは，撤回することができるとしている点で，誤っている。

民法989条１項。遺贈の承認及び放棄は，撤回することができない。同条項が任意の撤回を許さない趣旨は，遺贈義務者その他の利害関係人を保護する点にある。

オ　正しい。

民法1026条により，本記述は正しい。

遺言者は，その遺言を撤回する権利を放棄することができない。その趣旨は，死亡の直前まで遺言の自由を保障する必要があり，また撤回によって害される第三者の権利が存在しないことから，撤回の自由を無制限に認めるべきであるという点にある。

以上により，誤っている記述はウとエであり，したがって，正解は肢４となる。

【文献情報】内田ⅢP.78～79。潮見（債総）P.52～53。中田P.218。リークエⅥP.254，396，408。

刑　法

第1問	間接正犯	判例	肢別解答率				
			1	2	3	4	5
正解：〔No.1〕5		全　体	0%	1%	0%	6%	93%
		上位30%	0%	0%	0%	2%	97%
		下位20%	0%	5%	3%	23%	69%

1　誤　り。

本記述は，甲に，Xに対する殺人罪は成立しないとしている点で，誤っている。

最決平16.1.20（百選Ⅰ73事件）。本記述では，被害者自身の行為を利用した場合，利用者が殺人罪の正犯となるかが問題となる。この点，利用者の指示通り被害者が海中に飛び込んだが，助かったという事案において，判例は，「被告人の行為は，殺人罪の実行行為に当たる」とし，結論として，「殺人未遂罪に当たる」としている。その理由として，判例は，「本件犯行当時，被害者をして，被告人の命令に応じて車ごと海中に飛び込む以外の行為を選択することができない精神状態に陥らせていたものということができる。被告人は，以上のような精神状態に陥っていた被害者に対して，本件当日，漁港の岸壁上から車ごと海中に転落するように命じ，被害者をして，自らを死亡させる現実的危険性の高い行為に及ばせたものである」ということを挙げている。したがって，甲には，Xに対する殺人罪が成立する。

2　誤　り。

本記述は，甲に，Xに対する殺人罪は成立しないとしている点で，誤っている。

最判昭33.11.21（百選Ⅱ1事件）。本記述では，被害者の錯誤を利用した場合において，利用者に自殺教唆罪が成立するにとどまるか，殺人罪の正犯が成立するかが問題となる。この点，本記述と同様の事案において，判例は，「通常の殺人罪に該当する」としている。その理由として，判例は，「被害者は被告人の欺罔の結果被告人の追死を予期して死を決意したものであり，その決意は真意に添わない重大な瑕疵ある意思であることが明らかである」とし，同意が「被害者の自由な真意に基かない場合は刑法202条にいう被殺者の嘱託承諾としては認め得られない」ということを挙げている。したがって，甲は殺人罪の正犯となる。

3　誤　り。

本記述は，甲に，Xに対する強盗罪は成立せず，窃盗罪の間接正犯が成立するとしている点で，誤っている。

東京高判昭42.6.20。強盗罪が成立するためには，暴行脅迫により，被害者などの反抗を抑圧して財物を奪取すること（強取）が必要である。反抗を抑圧された被害者から，その意思に反して財物を奪取する場合が強取の典型例であるが，裁判例によれば，反抗を抑圧された被害者が差し出す物を受け取る場合なども強取に含まれる。したがって，甲には，Xに対する強盗罪が成立する。

4　誤　り。

本記述は，Xが是非善悪の判断能力を有する者であれば，甲に，窃盗罪の間接正犯は成立せず，Xとの間で同罪の共同正犯が成立するとしている点で，誤っている。

最決昭58.9.21（百選Ⅰ74事件）。本記述では，被利用者が是非善悪の判断能力を有している場合に，利用者に共同正犯が成立するかが問題となる。この点，本記述と同様の事案において，判例は，「同女が是非善悪の判断能力を有する者であったとしても……窃盗の間接正犯が成立する」としている。その理由として，判例は，「日頃……暴力を加えて自己の意のままに従わせ……自己の日頃の言動に畏怖し意思を抑圧されている同女を利用して右各窃盗を行ったと認められる」ということを挙げている。したがって，甲には窃盗罪の間接正犯が成立し得る。

5　正しい。

最決昭31.7.3により，本記述は正しい。

本記述では，事情を知らない買主を利用した場合に，売主が窃盗罪（刑法235条）の間接正犯となるかが問題となる。本記述と同様の事案において，判例は，売主は「窃盗罪の刑事責任を免れることはできない」としている。判例の結論に賛成する学説は，その理由として，行為者が，構成要件結果について故意のない媒介者の行為を介入させた場合には，媒介者を道具のように利用して構成要件を実現したとみることができるということを挙げている。したがって，甲には窃盗罪の間接正犯が成立する。

【文献情報】基本ⅠP.311～313，ⅡP.14，159～160。山口P.41～42，299。西田（各）P.16，161，184。

第2問　横領罪	判例	肢別解答率									
		No.2					No.3				
		1	2	3	4	5	1	2	3	4	5
正解：〔No.2〕〔No.3〕 1，2（順不同）	全　体	79%	16%	5%	1%	0%	1%	37%	39%	9%	14%
	上位30%	87%	11%	2%	0%	0%	1%	49%	37%	4%	9%
	下位20%	53%	30%	11%	6%	0%	0%	13%	33%	17%	38%

1　誤り。

本記述は，甲には，横領罪が成立するとしている点で，誤っている。

最決昭32.4.25。本記述と類似の事案において，判例は，窃盗罪が成立するとしている。判例の結論に賛成する学説は，その理由として，委託された包装物（封緘物）の占有者が委託者か受託者かという点について，包装物全体には受託者が占有を有するが，内容物は委託者が占有を有しているということを挙げている。本記述では，施錠されたスーツケース全体は受託者甲が占有を有するが，中の衣類は委託者乙が占有を有するので，同衣類は「自己の占有する他人の物」（刑法252条1項）に当たらない。したがって，甲には窃盗罪が成立し，横領罪は成立しない。

2　誤り。

本記述は，甲には，横領罪が成立するとしている点で，誤っている。

最判昭25.6.6。本記述と同様の事例において，判例は，窃盗罪が成立するとしている。判例の結論に賛成する学説は，その理由として，数人が共同して財物を占有する場合，共同占有者の1人が無断で当該財物を自己の単独占有に移転することは，他の共同占有者の占有を侵害するものであるということを挙げている。したがって，甲には，窃盗罪が成立する。

3　正しい。

最決平13.11.5（百選Ⅱ66事件）により，本記述は正しい。

行為者が委託された物を専ら本人のために処分する意思である場合，不法領得の意思が否定され，横領罪は成立しない（大判大15.4.20）。そして，本記述と同様の事案において，判例（最決平13.11.5）は，商法その他の法令に違反する行為をした場合であっても，「行為者の主観において，それを専ら会社のためにするとの意識の下に行うことは，あり得ないことではない」としている。しかし，判例は，被告人が会社の不利益を回避する意図を有していたとしても，当該現金の交付が会社にとって重大な経済的負担を伴うもので，甲が自己の弱みを隠す意図をも有していたなどの事情に着目し，専ら会社のためにしたとは認められないとして，業務上横領罪の成立を認めている。判例の結論に賛成する学説は，その理由として，自己の利益を図る目的と本人のためにする意思とが併存する場合には，主たる目的がどちらかによって決すべきであるということを挙げている。したがって，甲には，業務上横領罪が成立する。

4　正しい。

最判昭24.３.８（百選Ⅱ65事件）により，本記述は正しい。

本記述と類似の事案において，判例は，業務上横領罪が成立するとしている。その理由として，判例は，「横領罪の成立に必要な不法領得の意志とは，他人の物の占有者が委託の任務に背いて，その物につき権限がないのに所有者でなければできないような処分をする意志をいうのであつて，必ずしも占有者が自己の利益取得を意図することを必要とするものではなく，又占有者において不法に処分したものを後日に補填する意志が行為当時にあつたからとて横領罪の成立を妨げるものでもない」ということを挙げている。したがって，甲には，横領罪が成立する。

5　正しい。

最決平21.３.26により，本記述は正しい。

既に譲渡済みであるが，所有権移転登記が未了であった建物を保管していた被告人が，同建物に虚偽の抵当権設定登記を具備した事案において，判例は，業務上横領罪が成立するとしている。その理由として，判例は，「仮登記を了した場合，それに基づいて本登記を経由することによって仮登記の後に登記された権利の変動に対し，当該仮登記に係る権利を優先して主張することができるようになり，これを前提として，不動産取引の実務において，仮登記があった場合にはその権利が確保されているものとして扱われるのが通常である。以上の点にかんがみると，不実とはいえ，本件仮登記を了したことは，不法領得の意思を実現する行為として十分であ」るということを挙げている。不実の仮登記の場合でも不法領得の意思の実現と認められるとする判例の立場からすれば，本記述の甲は，真正な抵当権設定登記を完了させている以上，不法領得の意思が実現しているとみてよい。また，不法領得の意思が実現した時点で横領罪が既遂に達するため，本記述のように同抵当権が実行されることなく登記が抹消されたとしても，横領罪の成否に影響はない。したがって，甲には，横領罪が成立する。

以上により，誤っている記述は１と２であり，したがって，正解は肢１と肢２（順不同）となる。

【文献情報】基本ⅡP.125～126，141，281，300，302。山口P.283～284，337，339。西田（各）P.159～160，265～266，288。

第3問	過剰防衛	学説	肢別解答率				
			1	2	3	4	5
正解：〔No.4〕5		全　体	1%	6%	4%	3%	86%
		上位30%	0%	5%	2%	1%	92%
		下位20%	2%	6%	14%	11%	67%

【完成文】

【会　話】

学生A．Ⅰの事例で，甲が机を押し返した行為は，急迫不正の侵害に対する反撃だけど，その行為と乙の顔面を殴った行為との関係は，どのように考えるべきだろうか。

学生B．その点は，時間的・場所的な関係や甲の主観面等に照らし，①（b．一連一体の行為）と捉えるべきだろう。

学生A．そうすると，甲には，どのような犯罪が成立するだろうか。

学生B．甲には，②（c．過剰防衛としての傷害罪が成立する）だろう。

学生A．Ⅱの事例でも，甲が乙の顔面を殴った行為は，急迫不正の侵害に対する反撃であることに変わりないよね。甲には，どのような犯罪が成立するだろうか。

学生B．乙が意識を失って動かなくなっているのに，専ら攻撃の意思で蹴り付けているのだから，顔面を殴る行為と胸部を蹴り付ける行為の間には断絶があると思う。甲には，③（f．傷害罪のみが成立する）という結論が妥当だろう。

学生A．Ⅱの事例で，B君のように，両暴行の間に断絶があると解すると，④（h．専ら攻撃の意思で胸部を蹴り付けた場合の方が，防衛の意思で胸部を蹴り付けた場合より軽い罪が成立する）という問題が生じるのではないか。

学生B．その点は，量刑上考慮すれば足りるという説明が可能なのではないか。

（　）には順に，「①＝b，②＝c，③＝f，④＝h」が入り，したがって，正解は肢5となる。

①②について

①には，事例Ⅰにおける，甲が乙に向けて机を押し返した第1行為と乙の顔面を殴った第2行為の関係が，②には，第1行為と第2行為の関係を踏まえた甲の

罪責に関する語句が入る。第1行為と第2行為を別個の行為と捉えれば，第1行為によって左手中指の腱断裂という傷害結果が発生しており，傷害罪（刑法204条）の構成要件に該当するも，正当防衛（刑法36条1項）により不可罰となるが，第2行為につき顔面を殴打した行為につき暴行罪（刑法208条）のみが成立することになる。他方，第1行為と第2行為を一連一体のものと捉えれば，第1行為及び第2行為全体から左手中指の腱断裂という傷害結果が発生しているので傷害罪（刑法204条）の構成要件に該当する。そして，「乙は，机の下敷きになっており，直ちに強い攻撃はできなかったが，体勢を立て直せば間もなく攻撃を再開できる状況であった」ので，急迫不正の侵害が継続しているところ，甲は，防衛の意思を有しているが，必要な限度を超えて第2行為に及んでいるので，過剰防衛としての傷害罪が成立する（刑法204条，36条2項）ことになる。甲の第1行為と第2行為を一連一体のものとするか，別個のものとするかについて，学生Bが，「時間的・場所的な関係や甲の主観面等に照らし」と述べている（第1発言）だけであり，いずれかは決めがたい。もっとも，事例Ⅰと同様の事案において，判例（最決平21.2.24）は，「被告人が被害者に対して加えた暴行は，急迫不正の侵害に対する一連一体のものであり，同一の防衛の意思に基づく1個の行為と認めることができるから，全体的に考察して1個の過剰防衛としての傷害罪の成立を認めるのが相当であ」るとしている。したがって，①には「b．一連一体の行為」が，②には「c．過剰防衛としての傷害罪が成立する」が入る。

③について

③には，事例Ⅱにおける，甲の罪責に関する語句が入る。学生Bは，事例Ⅱについて，甲が乙の顔面を殴った第1行為と，乙の胸部を蹴りつけた第2行為の間には断絶があると述べている（第3発言）。そうすると，第1行為については正当防衛（刑法36条1項）が成立し不可罰となるが，第2行為については肋骨骨折を負わせた点で傷害罪（刑法204条）が成立するので，結論としては，甲には傷害罪のみが成立することになる。したがって，③には「f．傷害罪のみが成立する」が入る。なお，事例Ⅱと同様の事案において，判例（最決平20.6.25，百選Ⅰ27事件）は，「第1暴行により転倒した甲が，被告人に対し更なる侵害行為に出る可能性はなかったのであり，被告人は，そのことを認識した上で，専ら攻撃の意思に基づいて第2暴行に及んでいるのであるから，第2暴行が正当防衛の要件を満たさないことは明らかである。そして，両暴行は，時間的，場所的には連続しているものの，甲による侵害の継続性及び被告人の防衛の意思の有無という点で，明らかに性質を異にし，被告人が前記発言をした上で抵抗不能の状態にある甲に対して相当に激しい態様の第2暴行に及んでいることにもかんがみると，その間には断絶があるというべきであって，急迫不正の侵害に対して反撃を継続するうち

に，その反撃が量的に過剰になったものとは認められない。そうすると，両暴行を全体的に考察して，１個の過剰防衛の成立を認めるのは相当でなく，正当防衛に当たる第１暴行については，罪に問うことはできないが，第２暴行については，正当防衛はもとより過剰防衛を論ずる余地もないのであって，これにより甲に負わせた傷害につき，被告人は傷害罪の責任を負うというべきである」としている。

④について

④には，事例Ⅱにおける学生Ｂの結論に対する学生Ａからの批判に関する語句が入る。学生Ｂは，事例Ⅱで第１行為と第２行為の断絶を認める理由として，「乙が意識を失って動かなくなっているのに，専ら攻撃の意思で蹴り付けている」ということを挙げている。学生Ｂの考え方からすると，事例Ⅱにおいて，専ら攻撃の意思で胸部を蹴りつけても，結論として第２行為の傷害罪のみが成立するのに対し，仮に，防衛の意思で胸部を蹴りつければ断絶が認められず，第１行為と第２行為が一連一体の行為と評価される結果，傷害致死罪が成立し，過剰防衛となる。そのため，専ら攻撃の意思で反撃した場合のほうが，防衛の意思をもって反撃した場合よりも軽い罪が成立する点で問題であるとの批判が可能となる。したがって，④には「ｈ．専ら攻撃の意思で胸部を蹴り付けた場合の方が，防衛の意思で胸部を蹴り付けた場合より軽い罪が成立する」が入る。なお，本問は，①②で解答が決められなかったとしても，③ｆ④ｈと決まった時点で，肢１から肢４が切れ，肢５のみが残る。

【文献情報】基本ⅠP.202～204。山口P.72。

第４問	遺棄罪	判例	肢別解答率									
			No.5					No.6				
正解：〔No.5〕〔No.6〕 2，4（順不同）			1	2	3	4	5	1	2	3	4	5
		全　体	10%	79%	11%	0%	0%	0%	5%	47%	46%	2%
		上位30%	9%	82%	9%	1%	0%	0%	5%	36%	57%	2%
		下位20%	8%	80%	13%	0%	0%	0%	3%	66%	27%	5%

１　誤　り。

本記述は，遺棄罪の成立には，生命に対する危険の発生が必要であるとしている点で，誤っている。

大判大４.５.21。遺棄罪（刑法217条）について，判例は，生命及び身体に対する（抽象的）危険犯であるとしている。その理由として，判例は，遺棄罪が傷害罪・過失傷害罪の規定の後に置かれていること，遺棄罪の結果的加重犯である遺棄等致死傷罪（刑法219条）は傷害の結果が生じた場合においても成立するということを挙げている。

2　正しい。

最決昭63.1.19（百選Ⅱ9事件）により，本記述は正しい。

本記述と同様の事案において，判例は，業務上堕胎罪に併せて，保護責任者遺棄致死罪が成立するとしている。判例の結論に賛成する学説は，その理由として，人工的に排出された胎児であっても，母体外において生命の保続可能性があれば，「人」としての保護に値するということなどを挙げている。したがって，本記述の場合，医師に，保護責任者遺棄等致死罪（刑法219条，218条）が成立し得る。

3　誤　り。

本記述は，保護責任者遺棄等罪にいう「老年者，幼年者，身体障害者又は病者」は，例示列挙であり，同罪の客体はそれらの者に限られず，扶助を必要とする者であれば足りるとしている点で，誤っている。

単純遺棄罪（刑法217条）の客体は，「老年，幼年，身体障害又は疾病のために扶助を必要とする者」とされているのに対し，保護責任者遺棄罪（刑法218条）の客体は「老年者，幼年者，身体障害者又は病者」とされているが，両者の意味は同一であり，後者についても「扶助を必要とする」との限定があると解されている。そして，「扶助を必要とする」状態の原因は，「老年者，幼年者，身体障害者又は病者」に限られると解される（限定列挙）から，道に迷った者，危難に遭遇した者，手足を縛られて行動できない者などは，たとえ他人の扶助を必要としていても，本罪の客体には含まれない。

4　正しい。

刑法218条，219条により，本記述は正しい。

刑法219条は，「前2条の罪を犯し，よって人を死傷させた者は，傷害の罪と比較して，重い刑により処断する」と規定している。遺棄等致死傷罪は，単純遺棄罪及び保護責任者遺棄罪・不保護罪の結果的加重犯である（行為者に遺棄の時点で傷害または殺人の故意があったときは，本罪ではなく，傷害罪または殺人罪が成立する。）。したがって，保護責任者遺棄等致傷罪には，傷害結果に故意がある場合は含まれない。

5　誤　り。

本記述は，保護責任者遺棄等罪における遺棄には，置き去りは含まれないとしている点で，誤っている。

最判昭34.7.24。判例は，「刑法218条にいう遺棄には単なる置去りをも包含すと解すべく，本件の如く，自動車の操縦者が過失に因り通行人に前示のような歩行不能の重傷を負わしめながら道路交通取締法，同法施行令に定むる救護その他必要な措置を講ずることなく，被害者を自動車に乗せて事故現場を離れ，折柄降雪中の薄暗い車道上まで運び，医者を呼んで来てやる旨申欺いて被害者を自動車から下ろし，同人を同所に放置したまま自動車の操縦を継続して同所を立去つたときは，正に『病者ヲ遺棄シタルトキ』に該当する」としている。

以上により，正しい記述は２と４であり，したがって，正解は肢２と肢４（順不同）となる。

【文献情報】基本ⅡP.16，20～22，25。山口P.212～215。西田（各）P.28～31，36。

第5問	共犯と錯誤	判例	肢別解答率				
			1	2	3	4	5
正解：〔No.７〕2		全　体	1%	43%	50%	5%	1%
		上位30%	1%	50%	47%	2%	1%
		下位20%	3%	17%	59%	19%	2%

ア　誤　り。

本記述は，甲及び乙に殺人罪の共同正犯が成立するが，乙は傷害致死罪の刑で処断されるとしている点で，誤っている。最決昭54.4.13（百選Ⅰ90事件）。本記述と同様の事案において，判例は，「殺人罪と傷害致死罪とは，殺意の有無という主観的な面に差異があるだけで，その余の犯罪構成要件要素はいずれも同一であるから……殺意のなかつた被告人……については，殺人罪の共同正犯と傷害致死罪の共同正犯の構成要件が重なり合う限度で軽い傷害致死罪の共同正犯が成立するものと解すべきである」としている。したがって，暴行の故意しか有していなかった乙には，傷害致死罪の共同正犯が成立する。

イ　正しい。

最判昭26.3.27（百選Ⅰ79事件）により，本記述は正しい。

本記述では，結果的加重犯の共同正犯の成否が問題となる。強盗を共謀し，実行した者のうち１人が，逃走するため警察官を死亡させた事案において，判例は，「右Ａの傷害致死行為は強盗の機会において為されたものといわなければならないのであって，強盗について共謀した共犯者等はその一人が強盗の機会において為した行為については他の共犯者も責任を負う」として，強盗致死罪の成立を認めている。したがって，甲及び乙がＡに対する強盗を共謀したが，その強盗の機会に，甲が過失によってＡに傷害を負わせた場合，甲及び乙に強盗致傷罪の共同正犯が成立する。

ウ　誤　り。

本記述は，甲に虚偽公文書作成罪の教唆犯が成立するとしている点で，誤っている。

最判昭23.10.23。本記述と同様の事案において，判例は，公文書偽造罪の教唆犯が成立するとしている。その理由として，判例は，「本件故意の内容は刑法第156条の罪の教唆であり結果は同法第155条の罪の教唆であ」り，「両者は犯罪の構成要件を異にするもその罪質を同じくするものであり且法定刑も同じである，而して右両者の動機目的は全く同一である……共謀者の一人たるＡが……共謀に基づいてたまたまその具体的手段を変更したに過ぎないから両者の間には相当因果関係があるものと認められる……即ち被告人は法律上本件公文書偽造教唆につき故意を阻却しない」としている。したがって，甲には公文書偽造罪の教唆犯が成立する。

エ　誤　り。

本記述は，甲にＢ方への住居侵入罪及びＢに対する窃盗罪の教唆犯は成立しないとしている点で，誤っている。

大判大９.３.16。判例は，教唆犯内の錯誤が同一構成要件の範囲内に属する限り，故意は阻却されず教唆犯が成立するとしている。本記述では，甲は乙に対してＡ方への住居侵入及び窃盗を教唆したところ，乙はＢ方へ侵入し窃盗を実行している。すなわち，甲の錯誤は同一構成要件の範囲内に属する。したがって，甲にはＢ方への住居侵入罪及びＢに対する窃盗罪の教唆犯が成立する。

オ　誤　り。

本記述は，甲に殺人罪の幇助犯が成立し，傷害致死罪の幇助犯は成立しないとしている点で，誤っている。

大判大13.４.29，最判昭25.７.11（百選Ⅰ89事件）。まず，結果的加重犯と共犯の成否について，暴行を教唆したところ，被教唆者が被害者を傷害した結果死亡させた事案において，判例（大判大13.4.29）は，教唆者も傷害致死の罪責に任ずべきものとしている。また，共犯と錯誤について，住居侵入窃盗を教唆したところ，正犯が住居侵入強盗を実行した事案において，判例（最判昭25.7.11）は，住居侵入窃盗罪の教唆犯が成立するとしている。本記述は幇助の事案であるが，上記各判例の立場に従えば，甲に傷害致死罪の幇助犯が成立する。

以上により，正しい記述はイの１個であり，したがって，正解は肢２となる。

【文献情報】基本ⅠP.336，347，376，380。山口P.120，172～173，179。

第６問	文書偽造罪	判例	肢別解答率				
			1	2	3	4	5
正解：〔No.８〕３		全　体	1%	24%	49%	21%	5%
		上位30%	0%	20%	63%	14%	3%
		下位20%	3%	38%	23%	25%	11%

【誤答行動分析】

本問の上位30%の正答率は63%であるのに対し，下位20%の正答率は23%であり，その差は40%となっている。そして，不合格者は，他の不正解肢である肢２や肢４を選択した割合が高いことから，肢３が誤っていると判断できなかったことがこのような差を生んだ原因と推測できる。

肢３は，公務員が「内容虚偽の……発注書を作成した」場合に虚偽有印公文書作成罪が成立するとしており，いかにも正しそうに見えるため，選択肢から外してしまったのではないかと思われる。しかし，文書偽造罪における「偽造」（刑法155条，159条等）と「虚偽作成」（刑法56条，160条等）の定義をしっかりと押さえておけば，両犯罪が作成権限の有無によって区別されており，作成権限がないのに虚偽作成罪が成立するとしている肢３が誤っていることに気付けたはずである。

このように，文書偽造に関する問題は，各犯罪の同異点を問う問題が多いため，整理しておく必要がある。

1　正しい。

最決平6.11.29（百選Ⅱ88事件）により，本記述は正しい。

まず，刑法159条１項の「事実証明に関する」文書の意義について，判例は，実社会生活に交渉を有する事項を証明するに足りる文書であるとし，大学入学試験の答案も，「社会生活に交渉を有する事項」を証明する文書にあたるとしている。

その理由として，判例は，入学選抜試験の答案は，それ自体で志願者の学力が明らかになるものではないが，それが採点されて，その結果が志願者の学力を示す資料となり，これを基に合否の判定が行われ，合格の判定を受けた志願者が入学を許可されるのであるから，志願者の学力の証明に関するものであるということを挙げている。次に，名義人に依頼されて作成した点について，裁判例（東京高判平５.４.５）は，「仮に，本件志願者のうち，替え玉受験が行われることについて何らかの認識があり，これを承諾するものがあったとしても，本件各答案は，志願者本人の学力の程度を判断するためのものであって，作成名義人以外の者の作成が許容されるものでないことは明らかである」として，本件有印私文書偽造，同行使罪の成立を認めている。したがって，甲に有印私文書偽造罪が成立する。

2　正しい。

最判昭28.11.13により，本記述は正しい。

本記述では，架空人名義を用いた場合に文書偽造の罪を認めることができるのかが問題となる。本記述と同様の事案において，判例は，「架空人名義を用いたとしても被告人の行為は私文書偽造罪を構成する」としている。その理由として，判例は，この場合にも「一般人をして真正に作成された文書と誤信せしめる危険」があるということを挙げている。

3　誤り。　**!!!**

本記述は，甲に虚偽有印公文書作成罪が成立するとしている点で，誤っている。

虚偽公文書作成罪（刑法156条）は，公文書等を作成する権限を有する公務員を主体とする真正身分犯であり，公務員でない者や，たとえ公務員であっても当該文書を作成する権限を有しない者は，本罪の正犯とはならない。本記述の甲は，X市立病院の事務長を務める公務員であるが，同病院のために発注書を作成する権限を授与されていない。したがって，内容虚偽の「X市立病院事務長甲」名義の発注書を作成しても，甲に虚偽公文書作成罪は成立しない。

4　正しい。

最決平16.11.30（百選Ⅱ31事件）により，本記述は正しい。

本記述では，甲による郵便送達報告書の「受領者の押印又は署名」欄に署名しただけの行為が，単なる署名であるとして署名偽造罪が成立するにとどまるか，文書とみられて有印私文書偽造罪が成立するのかが問題となる。本記述と同様の事案において，判例は，「郵便送達報告書の受領者の押印又は署名欄に他人である受送達者本人の氏名を冒書する行為は，同人名義の受領書を偽造したものとして，有印私文書偽造罪を構成する」としている。判例の結論に賛成する学説は，その理由として，郵便送達報告書における受領者の押印又は署名は，その他の記載と相まって，当該受領者が上欄に記載された送達書類を受領したという観念を表示する文書とみることが可能であり，また，送達の適法性を判断する際における郵便送達報告書の重要性に照らすと，受領者の押印又は署名が持つ意味に対する公共の信用は，文書偽造罪において保護すべきであるということを挙げている。

5　正しい。

最判昭51.4.30（百選Ⅱ87事件）により，本記述は正しい。

本記述では，写真コピーの文書性が問題となる。本記述と類似の事案において，判例は，有印公文書偽造罪が成立するとしている。その理由として，判例は，「写真コピーは，そこに複写されている原本が右コピーどおりの内容，形状において存在していることにつき極めて強力な証明力をもちうるのであり，それゆえに，公文書の写真コピーが実生活上原本に代わるべき証明文書として一般に通用し，原本と同程度の社会的機能と信用性を有するものとされている場合が多いのである。右のような公文書の写真コピーの性質とその社会的機能に照らすときは，右コピーは，文書本来の性質上写真コピーが原本と同様の機能と信用性を有しえない場合を除き，公文書偽造罪の客体たりうるものであつて，この場合においては，原本と同一の意識内容を保有する原本作成名義人作成名義の公文書と解すべきであ」るということを挙げている。したがって，甲に有印公文書偽造罪が成立する。

【文献情報】基本ⅠP.404，408，412～413，418。山口P.392，400，406，409。西田（各）P.376～378，385～386。

第7問	刑罰の根拠	学説	肢別解答率				
			1	2	3	4	5
正解：〔No.9〕3		全　体	14%	1%	62%	23%	0%
		上位30%	13%	0%	68%	19%	0%
		下位20%	22%	0%	47%	31%	0%

【完成文】

学生A．人に意図的に害悪を加えることは，本来であれば許されないはずです。それにもかかわらず，刑罰という苦痛を人に与えることが正当化される実質的な根拠は何でしょうか。

学生B．私は，刑罰は犯罪に対する非難を含むもので，その意味で①（a．応報）としての性質を持ち，②（d．正義の実現）という観点に照らして，犯罪に対する反作用であること自体に刑罰の正当化根拠を見いだすことができると考えます。もう少し詳しく言うと，自らの意思で犯罪行為を行うことを決意し実行した犯罪者に対して，その意思決定を回顧的に非難する点に刑罰の正当化根拠があるということです。

学生C．B君は，③（e．非決定論）の立場を前提にしているのですね。しかし，（①）としての刑罰自体に刑罰を正当化する根拠があるという説明では，刑罰を科すことそれ自体が目的ということになりませんか。刑罰は，国家の制度の一種なのだから，国民の現実的な利益を実現する手段として合目的性の観点から正当化されるべきではないでしょうか。私は，刑罰を科すことが許される根拠は，④（h．犯罪の予防）にあると思います。犯罪によって得られる快楽を上回る苦痛を刑罰として予告すれば，一般人に対する威嚇的な効果があるからです。刑罰は（④）という公的利益の達成に資するために，人に科すことが正当化されるのだと思います。

学生A．私も，基本的にC君の考えに賛成ですが，（④）の観点を強調しすぎると，⑤（i．責任）の程度を超える刑罰を科すことも肯定されかねず，刑法の基本原則に反する帰結をもたらすことになるのではないでしょうか。

（　）には順に，「①a，②d，③e，④h，⑤i」が入り，したがって，正解は肢3となる。

①②について

①②には，学生Bの見解として，刑罰が正当化される実質的な根拠に関する語句が入る。学生Bは，刑罰は犯罪に対する非難を含むと述べているところ，これは，応報刑論の考え方である。応報刑論は，刑罰は犯罪に対する反作用として，刑罰を科すことそれ自体に意味があるとする見解であり，カントの「目には目を」という正義論を基礎とする。したがって，①には「a．応報」，②には「d．正義の実現」が入る。

③について

③には，学生Bの見解の前提となる犯罪理論に関する語句が入る。非決定論とは，理性的人間像を基礎として，人間には自由意思があり，自己の行動について因果の法則に支配されることなくその理性的判断により選択できるとする考え方である。これに対して，決定論とは，宿命的人間像を基礎として，その行動は遺

伝的素質と社会的環境によって支配されているとする考え方である。学生Bは,「自らの意思で犯罪行為を行うことを決意し実行した犯罪者に対して，その意思決定を回顧的に非難する点に刑罰の正当化根拠がある」と発言しており，人間の自由意思があることを前提としているので，非決定論の立場を前提としているといえる。したがって，③には「e．非決定論」が入る。

④について

④には，学生Cの見解として，刑罰が正当化される実質的な根拠に関する語句が入る。刑罰は，国家の制度の一種であることから，国民の現実的な利益を実現する手段として合目的性の観点から正当化されるべきとする考え方を，目的刑論という。この目的刑論は，さらに，刑罰の目的は，行為者の改善教育にあるとする特別予防論と，一般人に対する威嚇であるとする一般予防論とに分かれる。学生Cは,「犯罪によって得られる快楽を上回る苦痛を刑罰として予告すれば，一般人に対する威嚇的な効果がある」と発言していることから，目的刑論のうち一般予防論の立場に立つことがわかる。また「公的利益」としていることから，被害感情の緩和ではなく，犯罪の予防を重視していることも分かる。したがって，④には「h．犯罪の予防」が入る。

⑤について

⑤には，学生Cの立場である目的刑論（一般予防論）に対する批判に関する語句が入る。学生Cのいう犯罪の予防の観点を重視しすぎると，犯罪予防効果が生じるまで，責任のない行為に対しても刑罰を科すことが可能となりかねず，刑法の基本原則である責任主義に反する帰結をもたらすおそれがあるといえる。したがって，⑤には「i．責任」が入る。

【文献情報】基本ⅠP.10～12。山口P.４。

第8問　公務執行妨害罪　判例

正解：〔No.10〕2，〔No.11〕1，〔No.12〕2，〔No.13〕1，〔No.14〕2

肢別解答率	肢ア		肢イ		肢ウ		肢エ		肢オ	
	1	2	1	2	1	2	1	2	1	2
全　体	2%	98%	50%	50%	6%	94%	86%	14%	3%	96%
上位30%	1%	99%	54%	46%	3%	97%	91%	9%	3%	96%
下位20%	5%	94%	48%	52%	30%	70%	67%	33%	8%	92%

ア　誤　り。

本記述は，甲の行為は，公務執行妨害罪にいう「暴行」に当たらないので，甲に公務執行妨害罪は成立しないとしている点で，誤っている。

最判平元.3.9。本記述と同様の事案において，判例は，丸めたパンフレットを相手方の顔面付近に突きつけてその先端をあごに触れさせ，相手方の座っているいすを揺さぶった行為及び相手方がいすから立ち上がるのを阻止するためその手首を握った行為は，「被告人らが罵声を浴びせながら一方的に抗議する過程でなされたものであることをも考慮すれば，いずれも公務執行妨害罪にいう暴行に当たる」としている。

イ　正しい。

公務執行妨害罪（刑法95条1項）の「暴行」とは，公務員の身体に対し直接であると間接であるとを問わず不法な攻撃を加えることをいう（最判昭37.1.23）ところ，本記述では，甲が，居室内にあった覚醒剤入りの注射器を足で踏み付けて壊した行為は，警察官乙らが捜索差押許可状に基づき甲方の捜索に来た際，乙らにより甲方玄関ドアの鍵が開けられる前になされているので，乙の身体に対する不法な攻撃があったとはいえない（この点，逮捕の現場で証拠物として適法に差押えたうえ，整理のため同所に置いた覚醒剤注射液入りアンプル30本を足で踏付けた事案について，公務執行妨害罪の成立を認めた最決昭34.8.27とは事案が異なる。）。よって，甲の行為は，公務執行妨害罪にいう「暴行」に当たらず，甲に公務執行妨害罪は成立しない。したがって，本記述は正しい。

ウ　誤　り。

本記述は，甲には事後強盗罪のみが成立し，公務執行妨害罪は成立しないとしている点で，誤っている。

公務執行妨害罪（刑法95条1項）の手段である暴行・脅迫は，本罪に吸収されて別罪を構成しないが，暴行・脅迫を超えた結果が発生した場合（傷害，殺人，強盗等）には別罪が成立し，公務執行妨害罪と観念的競合（刑法54条1項前段）となる。したがって，本記述の甲には公務執行妨害罪と事後強盗罪が成立し，観念的競合となる。

エ　正しい。

最判昭27.12.25により，本記述は正しい。

公務執行妨害罪（刑法95条１項）の客体である「公務員」とは，「国又は地方公共団体の職員その他法令により公務に従事する議員，委員その他の職員」とされている（刑法７条１項）。そして，判例によれば，外国の公務員は，「公務員」には含まれない。したがって，日本国内にある外国大使館の職員乙がその大使館の業務に従事していた際に，同人の顔面を殴ったとしても，甲に公務執行妨害罪は成立しない。

オ　誤　り。

本記述は，乙に規則違反があった以上，乙の調査は職務の権限外の行為であり，甲に公務執行妨害罪は成立しないとしている点で，誤っている。

最判昭27.３.28。本記述と同様の事案において，判例は，公務執行妨害罪が成立するとしている。その理由として，判例は，帳簿書類その他の物件を検査するときは，検査章を携帯しなければならないとする所得税法施行規則63条は，「単なる訓示規定と解すべきではなく，殊に相手方が検査章の呈示を求めたのに対し，収税官吏が之を携帯せず又は携帯するも呈示しなかつた場合には，相手方はその検査を拒む正当の理由があるものと認むべきである。しかし，さればといつて，……所得税に関する調査等をする職務を有する収税官吏が所得調査のため……物件を検査するにあたつて，検査章を携帯していなかつたとしても，その一事を以て，右収税官吏の検査行為を公務の執行でないということはできない」ということを挙げている。

【文献情報】基本ⅡP.488，491～492，496。山口P.446，448～450。西田（各）P.444～445，449，451～452。

第９問	原因において自由な行為	論理	肢別解答率				
			1	2	3	4	5
正解：〔No.15〕３		全　体	5%	15%	72%	2%	6%
		上位30%	2%	10%	83%	2%	3%
		下位20%	11%	23%	48%	3%	13%

１　正しい。

Ａの見解は，責任能力がある状態で行われた原因行為を実行行為と捉える見解（原因行為説）である。Ａの見解によると，事例Ⅰにおける甲の覚醒剤使用行為

（原因行為）が実行行為となる。その結果，当初の計画通り，乙殺害の死亡結果が発生している。そして，Aの見解によれば，構成要件該当事実の認識・予見に加えて，自己が心神喪失・耗弱状態に陥ることの予見という二重の故意が必要とされるところ，甲は，覚醒剤使用時点において，乙の殺害を決意し，かつ自己が心神喪失状態に陥るであろうことを認識していたので，故意も認められる。したがって，Aの見解によれば，事例Ⅰでは，甲に，Xに対する殺人既遂罪が成立し得る。

2　正しい。

Aの見解（原因行為説）を採った上で，未遂犯の成立時期は結果発生の現実的な危険性が生じた段階に求められるべきで，それが常に実行行為の開始段階に認められる必然性はないとして，「実行行為の時点」と「実行の着手時期」を区別する見解がある。この見解によると，事例Ⅱにおいて，甲が覚醒剤を使用したことが「実行行為の時点」であるが，甲はX宅には赴かず，Xの殺害には及ばなかったことから結果発生の現実的な危険性が生じた段階に至っておらず，未遂犯が成立する「実行の着手時期」には至っていない。したがって，本記述の見解からは，甲に，Xに対する殺人未遂罪は成立しない。

3　誤　り。

Aの見解（原因行為説）によると，構成要件該当事実の認識・予見に加えて，自己が心神喪失・耗弱状態に陥ることの予見という二重の故意が必要とされるところ，事例Ⅲにおいて，甲は，覚醒剤使用時点において，覚醒剤を使用すると粗暴になり周囲に暴行を加える習癖があると知っていたにとどまり，乙殺害についての認識・予見を欠いているため，殺人罪の故意が認められない。したがって，事例Ⅲでは，甲に，Xに対する殺人既遂罪は成立しない。

4　正しい。

Bの見解は，責任能力を欠いた状態で行われた結果行為を実行行為と捉えつつ，責任能力は意思決定時に存在すれば足り，必ずしも実行行為時に存在することは必要ないとする見解（結果行為説）である。Bの見解によると，事例Ⅰにおける，乙を殺害する行為（結果行為）が実行行為となる。そして，Bの見解によれば，責任能力は意思決定時に存在すれば足りるので，甲がX宅に赴いて同人を殺害しようと決意した時点で責任能力がある以上，刑法39条1項の適用が排除される。したがって，Bの見解によれば，事例Ⅰでは，甲に，Xに対する殺人既遂罪が成立し得る。

5　正しい。

Bの見解は，責任能力を欠いた状態で行われた結果行為を実行行為と捉えるところ，事例Ⅱの甲は，X宅には赴かず，Xの殺害には及ばなかったので，殺人罪の実行の着手がない。したがって，Bの見解によれば，事例Ⅱでは，甲に，Xに対する殺人未遂罪は成立しない。

【文献情報】基本ⅠP.224～232。山口P.135～138。

第10問	親族間の犯罪	判例	肢別解答率				
			1	2	3	4	5
正解：〔No.16〕5		全　体	4%	12%	5%	9%	71%
		上位30%	2%	8%	1%	6%	83%
		下位20%	5%	33%	17%	16%	30%

【誤答行動分析】

正解肢5において，上位30%の正答率は83%，下位20%の正答率は30%で，その差は53%となっている。そして，不正解肢2を選択した者は，上位30%は8%にとどまるのに対し，下位20%は33%に上る。

不正解肢2と正解肢5は，どちらも刑法244条1項の適用範囲について問うている。不正解肢2は重要判例知識，正解肢5は条文の文言から正誤を判断することができる。

1　正しい。

最決平6.7.19により，本記述は正しい。

甲の窃取行為には窃盗罪（刑法235条）が成立するところ，同罪には親族間の特例（刑法244条1項）が適用され得る。判例は，親族間の特例の適用範囲について，窃盗犯人と占有者・所有者双方との間に必要であるとしている。判例の結論に賛成する学説は，その理由として，窃盗罪の保護法益は占有であるとしても，究極的には所有権も保護することを否定するわけではなく，占有者所有者いずれの利益も尊重すべきであるということを挙げている。本記述の宝石の占有者は，甲の実母乙（直系血族）であるが，所有者は親族関係にない丙である。よって，甲について，親族間の特例（刑法244条1項）は適用されない。したがって，甲の窃取行為について刑は免除されない。

2　正しい。　**!!!**

最決平18.8.30により，本記述は正しい。

甲の窃取行為には窃盗罪（刑法235条）が成立するところ，同罪には親族間の特例（刑法244条１項）が適用され得る。しかし，判例は，刑法244条１項の「親族」について，内縁配偶者は含まれないとしている。その理由として，判例は，免除の範囲を明確に定める必要があるということを挙げている。本記述の宝石の所有者は，甲の実父乙（直系血族）であるが，占有者は内縁の妻であり，親族関係にない丙である。よって，甲について，親族間の特例（刑法244条１項）は適用されない。したがって，甲の窃取行為について刑は免除されない。

3　正しい。

最決平24.10.9により，本記述は正しい。

甲の横領行為には業務上横領罪（刑法253条）が成立するところ，同罪には親族間の特例（刑法255条，244条１項）が適用され得る。本記述と同様の事案において，判例は，最決平20.2.18（百選Ⅱ35事件）を引用し，「成年後見人が業務上占有する成年被後見人所有の財物を横領した場合，成年後見人と成年被後見人との間に244条１項所定の親族関係があっても，同条項を準用して刑法上の処罰を免除することができないことはもとより，その量刑に当たりこの関係を酌むべき事情として考慮するのも相当ではない」としている。その理由として，判例は，「家庭裁判所から選任された成年後見人の後見の事務は公的性格を有するものであって，成年被後見人のためにその財産を誠実に管理すべき法律上の義務を負っている」ということを挙げている。本記述の甲は，実父乙と直系血族の関係にあるが，乙の成年後見人であるため，親族間の特例は適用されない。したがって，甲の横領行為について刑は免除されない。

4　正しい。

刑法244条３項により，本記述は正しい。

刑法244条３項は，「前２項の規定は，親族でない共犯については，適用しない」と規定している。本記述の甲は，乙丙と親族関係にはないため，刑法244条３項により，親族間の特例（同条１項）の適用はない。したがって，甲の窃盗教唆行為について刑は免除されない。

5　誤り。　**!!!**

本記述は，甲の恐喝行為について刑は免除されないとしている点で，誤っている。

刑法251条は，「第242条，第244条及び第245条の規定は，この章の罪について準用する」と規定している。甲の恐喝行為には恐喝罪（刑法249条１項）が成立するところ，恐喝罪には親族間の特例が適用され得る（刑法251条，244条１項）。そして，刑法244条１項は，適用範囲について，「配偶者，直系血族又は同居の親族」と規定している。本記述の乙は，甲の祖父であり「直系血族」に当たる。よって，甲と乙が同居していなくても，親族間の特例の適用がある。したがって，甲の恐喝行為について刑は免除される。

【文献情報】基本ⅡP.153～154，310。山口P.295～296，330。西田（各）P.178～180，251～252。

第11問 実行の着手	判例	肢別解答率									
		肢ア		肢イ		肢ウ		肢エ		肢オ	
正解：〔No.17〕1，〔No.18〕2，〔No.19〕1，〔No.20〕2，〔No.21〕2		1	2	1	2	1	2	1	2	1	2
	全　体	94%	6%	39%	61%	81%	19%	7%	93%	6%	94%
	上位30%	94%	6%	31%	69%	87%	13%	4%	96%	3%	97%
	下位20%	94%	6%	64%	36%	66%	34%	23%	77%	20%	80%

ア　正しい。

最決昭45.7.28（百選Ⅰ63事件）により，本記述は正しい。

本記述と同様の事案において，判例は，「かかる事実関係のもとにおいては，被告人が同女をダンプカーの運転席に引きずり込もうとした段階においてすでに強姦に至る客観的な危険性が明らかに認められるから，その時点において強姦行為の着手があつた」としている。本記述の甲及び乙は，二人でＶ女の背後からその身体を抱きかかえながら，付近に停めていた自動車にＶ女を押し込んで乗せようとした時点で強制性交等罪の実行の着手が認められるが，性交には及ばなかった。したがって，甲及び乙には，強制性交等未遂罪の共同正犯が成立する。

イ　誤り。

本記述は，財布を奪い取った甲に，強盗・強制性交等未遂罪が成立するとしている点で，誤っている。

刑法241条１項。強盗の罪若しくはその未遂罪を犯した者が強制性交等の罪……若しくはその未遂罪をも犯したとき，又は強制性交等の罪若しくはその未遂罪を犯した者が強盗の罪若しくはその未遂罪をも犯したときは，無期又は７年以上の懲役に処する。同条は，被害者に大きなダメージを与える２つの凶悪犯罪を同一機会に行うことに加え，被害者の羞恥心を利用して捜査機関への被害届を困難にするという悪質さにかんがみて，強盗罪と強制性交等罪を結合犯とし，その両方について既遂未遂を問わず成立するものとした。本記述の甲は，強制的にＶ女と性交しようと決意し，深夜，路上において，Ｖ女を押さえ付けて反抗を抑圧したが，付近から人の声が聞こえたため性交を諦めているので，強制性交等罪の未遂犯となる。その同一機会に，V女のハンドバッグから財布を奪い取ろうと考え，「騒ぐな。殺すぞ。」と申し向けてV女の畏怖心を強めた上，財布を奪い取っている。したがって，甲には，強盗・強制性交等既遂罪が成立する。

ウ　正しい。

横浜地判昭58.7.20により，本記述は正しい。

本記述と同様の事案において，裁判例は，「被告人はガソリンを撒布することによって放火について企図したところの大半を終えたものといってよく，この段階において，……本件家屋の焼燬を惹起する切迫した危険が生じるに至ったものと認められる」としている。裁判例の結論に賛成する学説は，その理由として，引火性の強いガソリンを大量かつ広範囲にわたって撒いたことが，焼損結果発生の危険性を基礎づける事実として重要であるということを挙げている。

エ　誤　り。

本記述は，甲には，殺人未遂罪が成立するとしている点で，誤っている。

大判大7.11.16（百選Ⅰ65事件）。毒を混入した白砂糖を郵送小包で送付し，相手方はこれを受領したが異常に気づき食べなかったという事案において，判例は，相手方がこれを受領したときに，殺人の実行の着手があるとしている。その理由として，判例は，受領したときに，同人又はその家族の食用し得べき状態の下に置かれたことになるという点を挙げている。本記述では，V宅に宛てて宅配便で発送された菓子は，配達途中に川に捨てられており，Vは受領していないから，殺人罪の実行の着手はない。したがって，甲に殺人未遂罪は成立しない。

オ　誤　り。

本記述は，甲には，強盗予備罪の中止犯が成立するとしている点で，誤っている。

最大判昭29.1.20（百選Ⅰ72事件）。判例は，「予備罪には中止未遂の観念を容れる余地のない」として，強盗予備罪について中止犯規定の準用を否定している。判例の結論に賛成する学説は，その理由として，形式的に準備行為が行われれば予備罪は完成しており，予備行為を中止することは考えられないということを挙げている。したがって，甲には，強盗予備罪（刑法237条）が成立するが，中止犯は成立しない。

【文献情報】基本ⅠP.258～259，261～262，283。山口P.141，148，371。西田（各）P.202～203。

第12問	業務妨害罪	判例	肢別解答率				
			1	2	3	4	5
正解：〔No.22〕5		全　体	5%	6%	3%	5%	81%
		上位30%	4%	5%	2%	4%	86%
		下位20%	16%	9%	5%	9%	61%

1　正しい。

最決平19.7.2（百選Ⅱ18事件）により，本記述は正しい。

本記述と同様の事案において，判例は，偽計業務妨害罪が成立するとしている。その理由として，判例は，「被告人らは，盗撮用ビデオカメラを設置した現金自動預払機の隣に位置する現金自動預払機の前の床にビデオカメラが盗撮した映像を受信する受信機等の入った紙袋が置いてあるのを不審に思われないようにするとともに，盗撮用ビデオカメラを設置した現金自動預払機に客を誘導する意図であるのに，その情を秘し，あたかも入出金や振込等を行う一般の利用客のように装い，適当な操作を繰り返しながら，1時間30分間以上，あるいは約1時間50分間にわたって，受信機等の入った紙袋を置いた現金自動預払機を占拠し続け，他の客が利用できないようにしたものであって，その行為は，偽計を用いて銀行が同現金自動預払機を客の利用に供して入出金や振込等をさせる業務を妨害するもの」であるということを挙げている。

2　正しい。

東京高判平20.5.19により，本記述は正しい。

本記述と同様の事案において，裁判例は，威力業務妨害罪が成立するとしている。その理由として，裁判例は，「本件書き込みは，本件講座の会場に灯油をまき火をつけ，会場を血の海にするとの犯罪予告を内容とするものであって，その連絡を受けた本件講座の主催者である……センターの事務局長らの自由意思を制圧するに足りる勢力の行使があったというに十分なものである」ということを挙げている。

3　正しい。

最決平12.2.17により，本記述は正しい。

本記述と同様の事案において，判例は，威力業務妨害罪が成立するとしている。その理由として，判例は，「本件において妨害の対象となった職務は，公職選挙法上の選挙長の立候補届出受理事務であり，右事務は，強制力を行使する権力的公務ではないから，……『業務』に当たる」ということを挙げている。

4　正しい。

大阪高判昭39.10.5により，本記述は正しい。

他人名義を使って商店に対して商品の配達を依頼する旨の虚偽の電話をかけ，店員に配達させた行為につき，裁判例は，偽計業務妨害罪が成立するとしている。

5　誤　り。

本記述は，偽計業務妨害罪が成立するとしている点で，誤っている。

最決昭59.3.23。本記述と同様の事案において，判例は，威力業務妨害罪が成立するとしている。その理由として，判例は，「被告人は，弁護士である被害者の勤務する弁護士事務所において，同人が携行する訟廷日誌，訴訟記録等在中の鞄を奪い取り，これを2か月余りの間自宅に隠匿し，同人の弁護士活動を困難にさせたというのである。右のように，弁護士業務にとつて重要な書類が在中する鞄を奪取し隠匿する行為は，被害者の意思を制圧するに足りる勢力を用いたものということができる」ということを挙げている。

【文献情報】基本Ⅱ P.111～112。山口P.272～273。西田（各）P.140～141。

第13問	幇助犯	学説	肢別解答率				
			1	2	3	4	5
正解：〔No.23〕4		全　体	0%	1%	2%	84%	12%
		上位30%	0%	1%	1%	90%	8%
		下位20%	0%	3%	9%	64%	23%

【完成文】

学生A．（①　エ．甲が空き巣に入ることを知り，乙が甲に黙って見張りをしていたが，特に何も起きないまま，甲が空き巣に成功した場合）に，乙に幇助犯は成立すると思うか。

学生B．幇助行為と結果との間に，物理的因果性も心理的因果性もないと思うので，乙に幇助犯は成立しないだろう。

学生A．（②　イ．乙が，空き巣に入ろうと決意していた甲から頼まれ，甲が空き巣に入る際，見張りをしていたところ，特に何も起きないまま，甲が空き巣に成功した場合）は，どうだろうか。

学生B．乙の行為の有無にかかわらず，生じた結果は同じだったと考えると，共犯行為と結果との間の因果関係に欠けるという結論になるようにも思えるね。

学生A．しかし，幇助犯は，正犯の実行が容易になり，結果の発生が促進されたという関係さえあれば，行為と結果との因果関係を認めるのが判例だろう。

学生B．なるほど。乙がいることで甲が安心でき，精神的に後押ししたという心理的因果性がありそうなので，乙に幇助犯の成立を認めるべきだね。

学生A．（③　オ．乙が空き巣に使うことができるものとしてV方の合鍵を甲に渡したため，甲がV方に行ったが，無施錠であったため合鍵を使わず，空き巣に成功した場合）は，どうだろうか。

学生B．（②　イ．乙が，空き巣に入ろうと決意していた甲から頼まれ，甲が空き巣に入る際，見張りをしていたところ，特に何も起きないまま，甲が空き巣に成功した場合）と同じ理由で，乙に幇助犯の成立が認められるように思う。ただ，教唆犯の成立を認める余地もあるかもしれないね。

学生A．（④　ア．乙が，甲が空き巣に入ろうとしていることを知りながら，甲に黙ってV方玄関の施錠を外したところ，甲が玄関からV方に侵入し，空き巣に成功した場合）は，どうだろうか。

学生B．判例は片面的幇助を肯定する以上，乙に幇助犯が成立するんじゃないか。

学生A．（⑤　ウ．甲が万引きをしようとしていることを目撃した店員乙が，甲と意思を通じることなく，甲の万引きを黙認し，甲が万引きに成功した場合）は，どうだろうか。

学生B．この場合，乙の立場を考えれば，幇助犯が成立すると思うよ。

（　）には順に，「①エ，②イ，③オ，④ア，⑤ウ」が入り，したがって，正解は肢4となる。

①について

①には，事例イと事例エのうち，幇助行為と結果との間に，物理的因果性も心理的因果性もない事例が入る。事例イでは，特に何も起きなかったので，乙の見張りは，物理的に甲の正犯行為を強化，促進しておらず，物理的因果性はないが，乙に見張りを頼んだことで，甲は安心して住居侵入窃盗を行うことができたといえるので，乙の見張りは，心理的に甲の正犯行為を強化，促進しており，心理的因果性がある。これに対して，事例エでは，特に何も起きなかった点で物理的因果性はなく，また，乙は甲に黙って見張りをしていたので心理的因果性もない。したがって，①には「エ」が入る。

②について

②には，事例イと事例エのうち，心理的因果性がありそうといえる事例が入る。既述のとおり，事例エが①に入ることが決まっているので，自動的に事例イが入ることがわかる。また，事例イは，乙がいることで甲が安心でき，精神的に後押ししたという心理的因果性がありそうな事案といえる。したがって，②には「イ」が入る。

③について

③には，事例ア，ウ，オのうち，教唆犯の成立も認める余地があるかもしれない事例が入る。教唆とは，いまだ犯罪の実行を決意していない他人を唆し，特定の犯罪の実行を決意させることをいう（他方，正犯がすでに犯罪の実行を決意していた場合には幇助となる。）。事例アは，乙がＶ方玄関の施錠を外す前から，甲は空き巣に入ろうとしているため，乙の行為によって甲に犯罪の実行を決意させたとはいえない。また，事例ウも，乙が黙認する前から，甲が万引きしようとしているため，乙の行為によって甲に犯罪の実行を決意させたとはいえない。これに対し，事例オでは，乙が空き巣に使うことができるものとしてＶ方の合鍵を甲に渡したことによって甲が空き巣に入ることを決意したのか，すでに決意していたのか，いずれの可能性もあり得る。乙が鍵を渡す方法によって甲が空き巣に入ることを決意していれば，乙に教唆犯が成立する余地がある。したがって，③には「オ」が入る。

④について

④には，事例ア，ウ，オのうち，片面的幇助を認める判例の立場に照らして，乙に幇助犯の成立を認めることができる事例が入る。既述のとおり，事例オは③に入ることが決まっているので，④には入らない。事例アと事例ウでは，いずれも甲と乙の間に意思連絡がなく，片面的幇助の事例である。しかし，事例アは，乙が玄関の施錠を外すという作為による幇助であるのに対し，事例ウは，乙が甲の万引きを黙認するという不作為による幇助である。そうすると，事例アと異なり，事例ウについては，さらに不作為による幇助を認めるかどうかの検討が必要であるため，片面的幇助を認めるという理由のみから，事例ウの乙に幇助犯を認めるとの結論を導くことはできない。よって，片面的幇助を認める判例の立場に照らして，乙に幇助犯の成立を認めることができるのは，事例アである。したがって，④には「ア」が入る。

⑤について

⑤には，事例ア，ウ，オのうち，乙の立場を考えることで，乙に幇助犯の成立を認めることができる事例が入る。既述のとおり，アが④，オが③に入ることが決まっているため，⑤には残ったウが入る。内容的にも，乙の立場（店員）が記載されているのは事例ウのみである。乙の店員という立場を考えると，黙認する不作為につき作為義務違反が認められ，幇助犯が成立すると考えることができる。したがって，⑤には「ウ」が入る。

【文献情報】基本ⅠP.351～354。山口P.173～174。

第14問 放火罪	判例	肢別解答率									
		No.24					No.25				
		1	2	3	4	5	1	2	3	4	5
正解：〔No.24〕〔No.25〕 2，4（順不同）	全　体	17%	58%	3%	22%	0%	0%	1%	1%	73%	25%
	上位30%	10%	72%	2%	16%	0%	0%	1%	1%	81%	17%
	下位20%	33%	39%	3%	25%	0%	0%	3%	2%	61%	34%

1　誤　り。

本記述は，甲には，非現住建造物等放火未遂罪が成立するとしている点で，誤っている。

刑法112条。非現住建造物等放火罪の未遂犯は，他人所有の場合（刑法109条1項）に限り処罰され，自己所有の場合（刑法109条2項）には処罰されない（刑法112条参照）。本記述の甲は，自己が所有する空き家に放火したものの，公共の危険が生じていない。したがって，甲には非現住建造物等放火未遂罪は成立しない。

2　正しい。

刑法111条1項により，本記述は正しい。

自己所有非現住建造物等放火罪（刑法109条2項）又は自己所有建造物等以外放火罪（刑法110条2項）の罪を犯し，よって現住建造物等放火罪（刑法108条）又は他人所有非現住建造物等放火罪（刑法109条1項）に規定する物に延焼させたときは，3月以上10年以下の懲役に処する。本記述では，甲の放火行為によって丙が居住する家屋に飛び火しているが，甲の予期に反しているため，現住建造物等放火罪（刑法108条）ではなく，延焼罪（刑法111条1項）の成否を検討することになる。乙所有の大型家具は，本来，他人所有の建造物等以外放火罪（刑法110条

1項）の客体であるが，甲は，乙から頼まれているため，自己所有の建造物等放火罪（同条2項）の客体となる。そして，同家具を燃やしたことで，周辺に火の粉が飛び散り，丙宅のひさしに飛び火しているので，「公共の危険」が発生している。よって，この時点で自己所有建造物等以外放火罪（刑法110条2項）が成立する。そして，丙が居住する家屋の屋根のひさしは毀損しなければ取り外しができない状態にあり，同家屋の一部であるから，同ひさしが焼損することで，刑法108条の客体に「延焼させた」といえる。したがって，甲には延焼罪が成立する。

3　誤　り。

本記述は，甲には，殺人罪は成立せず，現住建造物等放火罪のみが成立するとしている点で，誤っている。

甲は，1個の放火行為によって現に人がいる住宅を焼失させるとともに，乙を死亡させているので，現住建造物等放火罪（刑法108条）及び殺人罪（刑法199条）が成立し，これらは観念的競合（刑法54条1項前段）となる。

4　正しい。

最判昭24.2.22により，本記述は正しい。

判例によれば，外観上一体である建造物の一部が住居に使用されている場合は，建造物全体が1個の現住建造物となり，非現住部分に放火しても，現住建造物等放火罪が成立する。本記述の集合住宅は，一部の部屋が現に住居に使用されている（かつ，木造であるから延焼の危険も全体に及ぶ可能性がある）ので，その全体が現住建造物となる。よって，同集合住宅の空き部屋に放火し，同室のみを焼損させたにとどまる場合であっても，甲には，現住建造物等放火罪の既遂が成立する。したがって，本記述は正しい。

5　誤　り。

本記述は，甲には現住建造物等放火未遂罪が成立するとしている点で，誤っている。

最決平元.7.7（百選Ⅱ81事件）。本記述では，灯油を染み込ませて点火した新聞紙を投げ入れて放火し，エレベーターのかごの内部を焼損したことをもって，マンション（現住建造物）を「焼損」したといえるか，エレベーターが建造物の一部といえるかが問題となる。本記述と同様の事案において，判例は，エレベーターを建造物の一部とした原判決を支持し，現住建造物等放火罪の既遂を認めている。判例の結論に賛成する学説は，その理由として，エレベーターの取り外しは作業員約4人がかりで丸一日の作業を要するという物理的困難性を有すること，エレベーターが居住部分への「動く玄関・通路」の機能を果たし機能的一体性を有していることを挙げている。したがって，甲には現住建造物等放火既遂罪（刑法108条）が成立する。

以上により，正しい記述は２と４であり，したがって，正解は肢２と肢４（順不同）となる。

【文献情報】基本ⅡP.363～365，369～370，379～380，387～388。山口P.370，372～373，375。西田（各）P.319～321，326，331。

第15問　罪　数	判例	肢別解答率									
		No.26					No.27				
		1	2	3	4	5	1	2	3	4	5
正解：〔No.26〕〔No.27〕 2，3（順不同）	全　体	11%	70%	19%	0%	0%	0%	2%	76%	6%	16%
	上位30%	9%	82%	10%	0%	0%	0%	1%	88%	3%	8%
	下位20%	30%	39%	28%	3%	0%	0%	6%	48%	19%	27%

【誤答行動分析】

正解肢２において，上位30%の正答率が82%，下位20%の正答率が39%で，その差は43%となっている。また，正解肢３において，上位30%の正答率が88%，下位20%の正答率が48%で，その差は40%となっている。そして，下位20%は，その他の不正解肢を選択した割合が高いことから，肢２と肢３が誤りと判断できなかったことがこのような差を生んだと推測できる。

肢２は，百選にも掲載されている「かすがい現象」に関する判例を踏まえた記述である。肢３は，牽連犯が成立するという記述であるが，判例において牽連犯が認められた事例は限られている。したがって，判例の基本的知識について正確に把握しておくことが必要である。

1　正しい。

大判昭5.12.12により，本記述は正しい。

本記述と同様の事案において，判例は，放火罪と詐欺罪は併合罪になるとしている。したがって，甲には，現住建造物等放火罪及び詐欺罪が成立し，これらは併合罪となる。

2　誤り。　!!!

本記述は，甲には，住居侵入罪及び１個の強盗致傷罪が成立し，これらは牽連犯となるとしている点で，誤っている。

最決昭29.５.27（百選Ⅰ105事件）。住居侵入罪と強盗罪は牽連犯の関係にある（大判明45.５.23）が，２個の強盗罪は併合罪の関係にあるため，かかる場合の罪数処理が問題となる。住居に侵入して３人を殺害した事案において，判例は，「３個の殺人の所為は所論１個の住居侵入の所為とそれぞれ牽連犯の関係にあり刑法54条１項後段，10条を適用し一罪としてその最も重き罪の刑に従い処断すべきであ」るとしている。このように，本来併合罪の関係にある複数の罪が，各々と科刑上一罪の関係にある共通の他の罪を媒介として全体として一罪となるとする考え方を，「かすがい現象」という。したがって，甲には，乙及び丙に対する２個の強盗致傷罪が成立し，それぞれ１個の住居侵入罪と牽連犯（刑法54条１項後段）となり，全体として一罪となる。

3　誤り。　!!!

本記述は，甲には，窃盗教唆罪及び盗品等保管罪が成立し，これらは牽連犯となるとしている点で，誤っている。

最判昭25.11.10。判例は，本記述と類似の事案において，窃盗教唆罪と盗品等有償譲受け罪は牽連犯とはならず併合罪（刑法45条前段）になるとしている。その理由として，判例は，窃盗教唆と盗品等有償譲受けとの間には通常手段又は結果の関係はないということを挙げている。本記述は，盗品等保管罪の事案であるが，判例の立場に従えば，甲には，窃盗教唆罪及び盗品等保管罪が成立し，これらは併合罪となる。

4　正しい。

大判明44.７.６により，本記述は正しい。

本記述と類似の事案において，判例は，殺人罪と死体遺棄罪とは併合罪になるとしている。その理由として，判例は，死体遺棄行為は常に必ず殺人行為を伴うものではなく，人を殺した後に死体を遺棄する行為は別罪を構成することを挙げている。本記述は，強盗殺人罪の事案であるが，判例の立場に従えば，甲には，強盗殺人罪及び死体遺棄罪が成立し，これらは併合罪となる。

5　正しい。

大判明42.１.22により，本記述は正しい。

本記述と同様の事案において，判例は，詐欺罪，有印私文書偽造罪及び同行使罪が成立する場合は牽連犯となるとしている。したがって，甲には，有印私文書偽造罪，同行使罪及び詐欺罪が成立し，これらは牽連犯となる。

以上により，誤っている記述は2と3であり，したがって，正解は肢2と肢3（順不同）となる。

【文献情報】基本ⅠP.429～430。山口P.189～190。

第16問	名誉毀損罪及び侮辱罪	判例	肢別解答率				
			1	2	3	4	5
正解：〔No.28〕4		全　体	5%	1%	1%	85%	8%
		上位30%	2%	0%	0%	91%	6%
		下位20%	11%	8%	3%	69%	9%

1　誤　り。

本記述は，法人については，侮辱罪の客体になり得ないとしている点で，誤っている。

大判大15.3.24。判例は，名誉毀損罪はある特定の人又は人格を有する団体に対しその名誉を毀損することによって成立するとしており，名誉の主体である人には，自然人のほか，法人などの団体を含むとしている。判例の結論に賛成する学説は，その理由として，団体でも社会的活動を行っている以上，その評価は法的保護に値するということを挙げている。

2　誤　り。

本記述は，死者の名誉を毀損する事実が摘示された場合も，その事実の真偽にかかわらず，名誉毀損罪が成立し得るとしている点で，誤っている。

刑法230条2項。死者の名誉を毀損した者は，虚偽の事実を摘示することによってした場合でなければ，罰しない。その趣旨は，真実であれば，歴史的批判の対象になるという点にある。

3　誤　り。

本記述は，特定かつ少数の者に特定人の名誉を毀損する事実を摘示した場合，その内容が拡散する可能性があったとしても，「公然と」事実を摘示したことにはならないとしている点で，誤っている。

最判昭34.5.7（百選Ⅱ19事件）。名誉毀損罪は「公然と」事実を摘示することを成立要件としている（刑法230条1項）。この点，判例は，「公然」とは，摘示された事実を不特定又は多数人が認識し得る状態を指すとしている（大判昭3.12.13）。もっとも，判例は，摘示の直接の相手方が特定かつ少数の場合であっても，その相手方を通じて事実が不特定又は多数人へ伝播する可能性があれば「公然」の要件を満たすとしている（伝播性の理論，最判昭34.5.7）。

4　正しい。

最決昭43.1.18により，本記述は正しい。

判例は，「『人の噂であるから真偽は別として』という表現を用いて，公務員の名誉を毀損する事実を摘示した場合，刑法230条ノ2所定の事実の証明の対象となるのは，風評そのものが存在することではなく，その風評の内容たる事実の真否である」としている。判例の結論に賛成する学説は，その理由として，情報の受け手は，うわさの内容を信じてしまうのが通例であるから，そこでは風評の内容たる事実が摘示されたものと考えるべきであるということを挙げている。

5　誤　り。

本記述は，事実を摘示する際の表現方法や事実調査の程度は，摘示された事実が「公共の利害に関する事実」に当たるか否かを判断する際に考慮すべき要素の一つであるとしている点で，誤っている。

最判昭56.4.16（百選Ⅱ20事件）。月刊誌の記事において，宗教法人を批判するにあたって，その象徴的存在である会長の私的行動を取り上げたことにつき刑法230条の2の適用があるかが争われた事案において，判例は，「『公共ノ利害ニ関スル事実』にあたるか否かは，摘示された事実自体の内容・性質に照らして客観的に判断されるべきものであり，これを摘示する際の表現方法や事実調査の程度などは，同条にいわゆる公益目的の有無の認定等に関して考慮されるべきことがらであつて，摘示された事実が『公共ノ利害ニ関スル事実』にあたるか否かの判断を左右するものではない」としている。

【文献情報】基本ⅡP.98～102。山口P.259～260，262～263，265。西田（各）P.122～124，126～127。

第17問	緊急避難	学説	肢別解答率				
			1	2	3	4	5
正解：〔No.29〕4		全　体	3%	6%	5%	70%	16%
		上位30%	1%	3%	4%	79%	12%
		下位20%	13%	13%	14%	44%	16%

【完成文】

緊急避難を（①　イ　責任阻却事由）と解する見解によれば，その不処罰の根拠は，切迫した心理状態のために適法な行為を期待し得ないことに求められる。この見解によれば，緊急避難によって侵害を転嫁される第三者は緊急避難行為に対して（②　コ　正当防衛）で対抗できることになる。この見解に対しては，刑法第37条第１項が（③　オ　他人の法益）を守るための緊急避難を認めていることと整合しないという批判がある。他方，緊急避難を（④　ア　違法性阻却事由）と解する見解によれば，その不処罰の根拠は，法益が衝突する状況下で被侵害法益と同等以上の法益を保全する行為は社会全体の利益を（⑤　ク　減少）させるものではないことに求められる。また，この見解に立つと，緊急避難行為に対して（②　コ　正当防衛）で対抗することを認めるのは困難である。さらに，緊急避難を基本的には（④　ア　違法性阻却事由）と解しつつ，保全法益と被侵害法益がいずれも生命である場合には，（①　イ　責任阻却事由）であると解する見解もある。この見解は，自己又は第三者の生命に対する危難を避けるために無関係の第三者の生命を犠牲にする行為を（⑥　ス　違法でない）と評価するのは不当であるという考え方に基づくものである。

（　）には順に，「①イ　②コ　③オ　④ア　⑤ク　⑥ス」が入り，したがって，正解は肢４となる。

緊急避難の法的性質について，違法性阻却事由説，責任阻却事由説，原則的に違法性阻却事由であるが法益同価値の場合には責任阻却事由であるとする二分説がある。

まず，違法性阻却事由説は，刑法37条１項が，避難によって生じた害が避けようとした害を超えないことという法益の均衡を要求していることを根拠に，避難行為の違法性が阻却されるとする見解である。この見解からは，避難行為に対する反撃は，「正対正」の場面として，正当防衛（刑法36条１項）は，成立し得ないことになる。この見解に対しては，保全法益と侵害法益が同価値の場合の違法性阻却の根拠が明らかでないとの批判がある。

次に，責任阻却事由説は，避難行為には，違法性があるが，危難に直面している状態では他の適法な行為についての期待可能性がないことを根拠に，責任が阻却されるとする見解である。この見解からは，避難行為に対する反撃行為は，「不正対正」の場面として，正当防衛が成立しえる。この見解に対しては，刑法37条１項は他人の法益に対する緊急避難を認めている以上，他に適法行為を期待できないという理由だけで犯罪が不成立になるとは考えられないとの批判がある。

そして，二分説は，保全法益が侵害法益に優越するかぎりで，優越的利益の原則を根拠に違法性が阻却され，法益同価値の場合には，この原則は適用されず，期待可能性がないことを根拠に責任が阻却される見解である。この見解に対しては，責任阻却事由説と同様の批判がある。

①について

①には，緊急避難の法的性質について，期待可能性がないことを根拠とする見解に関する語句が入る。したがって，①には「イ．責任阻却事由」が入る。

②について

②には，避難行為に対する反撃について，責任阻却事由説からの帰結に関する語句が入る。したがって，②には「コ．正当防衛」が入る。

③について

③には，責任阻却事由説に対する批判に関する語句が入る。したがって，③には「オ．他人の法益」が入る。

④について

④には，避難行為に対する反撃について，②「コ．正当防衛」で対抗することを認めないとする見解であり，かつ，二分説以外の見解に関する語句が入る。したがって，④には「ア．違法性阻却事由」が入る。

⑤について

⑤には，違法性阻却事由説の根拠に関する語句が入る。したがって，⑤には「ク．減少」が入る。

⑥について

⑥には，保全法益と侵害法益が同価値である場合の，二分説の考え方に関する語句が入る。したがって，⑥には「ス．違法でない」が入る。

【文献情報】基本ⅠP.205～208。山口P.74～76。

第18問	詐欺罪	論理	肢別解答率									
			肢ア		肢イ		肢ウ		肢エ		肢オ	
正解：〔No.30〕1，〔No.31〕1，〔No.32〕1，〔No.33〕2，〔No.34〕2			1	2	1	2	1	2	1	2	1	2
		全　体	95%	5%	99%	1%	94%	6%	24%	76%	36%	63%
		上位30%	98%	2%	99%	1%	97%	2%	19%	81%	24%	76%
		下位20%	88%	9%	98%	2%	88%	13%	30%	70%	66%	34%

【誤答行動分析】

記述オにおいて，上位30%の正答率は76%，下位20%の正答率は34%で，その差は42%となっている。

このような，見解に対する理解を問う問題については，知識がなくともその場で考えることで正解を導くことができる。見解において，詐欺罪の構成要件のうち，欺罔行為と経済的損失の２点についてどのように捉えているかが重要であり，記述オについては，見解において何が欺罔行為とされているのかを理解する必要がある。

ア　正しい。

【見解】によると，名義人に依頼されてクレジットカードを利用して商品を購入した場合でも，詐欺罪が成立する。しかし，最終的に経済的負担を負う名義人が承諾している以上，（名義人がカード会社からの請求に応じて支払いをすればカード会社も加盟店も実質的な損害を負わないため）実質的な法益侵害は生じていないとの見方もできる。よって，【見解】に対しては，名義人に依頼されてクレジットカードを利用して商品を購入した場合，詐欺罪の実質的違法性がなく，財産犯として処罰するのは行き過ぎであるとの批判が可能である。したがって，本記述は正しい。

イ　正しい。

詐欺罪の実行行為である欺罔行為か否かは，財物交付の判断の基礎となる重要な事項を偽ったか否かで判断される（判例）。【見解】は，名義人に成り済まし，クレジットカードを利用して商品を購入する行為は，名義人の承諾の有無，立替払いの有無を問わず，詐欺罪が成立すると考えているので，名義の偽りを欺罔行為として把握しているといえる。よって，【見解】は，クレジットカード利用者と名義人の同一性が加盟店にとって商品交付の判断の基礎となる重要な事項に当たると理解しているといえる。したがって，本記述は正しい。

ウ　正しい。

他人名義のクレジットカードを使用する場合の欺罔行為について，仮に，代金支払の意思及び能力がないのにこれがあるかのように装うことと捉えると，行為者が，当該名義人において現実に決済されるものと誤信していた場合，詐欺罪の故意を欠き，同罪は成立しないことになる。しかし，【見解】は，欺罔行為につき，名義を偽ることと捉えている（肢イ解説参照）ので，行為者が，当該名義人において現実に決済されるものと誤信していたとしても，故意の成否に影響はない。よって，【見解】によれば，名義人に成り済ましてクレジットカードを利用して商品を購入する行為について，行為者が，当該名義人において現実に決済されるものと誤信していた場合でも，詐欺罪が成立し得ることとなる。したがって，本記述は正しい。

エ　誤　り。

本記述は，【見解】が，個々の事案における詐欺罪の成否の判断において，加盟店の経済的損失の有無を重視するものであるとしている点で，誤っている。加盟店は，商品を交付しても，後でカード会社から立替払いを受けることができれば，実質的に経済的損失はないといえる。しかし，【見解】は，利用代金が規約に従い名義人において決済されることが見込まれるときであっても，詐欺罪が成立するとしている。したがって，【見解】は，加盟店の経済的損失の有無を重視しているとはいえない。

オ　誤　り。　!!!

本記述は，【見解】によると，加盟店が名義人以外の利用であることを知りながら，クレジットカードの利用を認めた場合でも詐欺罪の既遂が成立することになるとしている点で，誤っている。詐欺罪が成立するためには，欺罔行為によって，相手方が錯誤に陥ることが必要である。【見解】は，名義の偽りをもって欺罔行為と捉えているので，加盟店が名義人以外の利用であることを知っていれば，錯誤に陥ったとはいえず，詐欺罪は成立しない。したがって，【見解】に対しては，本記述のような批判は妥当しない。

【文献情報】基本ⅡP.258～259。山口P.317～318。西田（各）P.218～219。

第19問	故　意	論理	肢別解答率				
			1	2	3	4	5
正解：〔No.35〕3		全　体	1%	2%	93%	2%	2%
		上位30%	0%	0%	96%	3%	1%
		下位20%	6%	8%	72%	5%	9%

本問のＡの見解は，いわゆる法定的符合説（数故意犯説）であり，Ｂの見解は具体的符合説である。

1　正しい。

本記述の事例は，甲が，Ｘを焼死させるつもりで火をつけた結果，Ｘが近くの湖に飛び込んで溺死しており，因果関係の錯誤の事例である。因果関係の錯誤は，法定的符合説か具体的符合説かによって故意の有無につき差は生じない。Ｘを殺そうと思ってＸを殺したという点で行為者の認識事実と発生事実が一致しており，故意が認められる。したがって，Ａの見解とＢの見解いずれであっても，甲に殺人既遂罪（刑法199条）が成立する。したがって，本記述は正しい。

2　正しい。

本記述の事例は，甲がＸを狙って発砲した結果，Ｘに負傷を負わせるとともに，Ｙを死亡させた事例である。Ａの見解（法定的符合説，数故意犯説）によると，殺人罪においては，行為者の認識した事実と発生した事実とが，「およそ人を殺す」という点で一致していれば故意が認められ，また，行為者の認識した客体に対しても，結果が発生した客体に対しても故意犯が成立すると考えるので，Ｘに対する殺人未遂罪が成立するのみならず，意図していなかったＹに対する殺人既遂罪も成立することになる。よって，Ａの見解に対しては，行為者に過剰な故意責任を課すことになり，責任主義に反するとの批判がある。したがって，本記述は正しい。

3　誤　り。

本記述は，Ｂの見解によれば，【記述】２の事例で，甲にＹに対する殺人既遂罪が成立するとしている点で，誤っている。

Ｂの見解（具体的符合説）によれば，殺人罪においては，行為者の認識した事実と発生した事実とが，「その人を殺す」という点で一致していなければ故意は認められないところ，【記述】２の甲は，Ｘという「その人を殺す」認識で，Ｙという「あの人を殺す」事実が発生しており，認識事実と発生事実が一致していない。よって，Ｂの見解によれば，Ｙに対する故意は認められないため，甲にＹに対する殺人既遂罪は成立しない。

4　正しい。

Bの見解（具体的符合説）は，客体の錯誤（Xだと思って殺したところ実はYであったような場合）は「その人を殺す」という点で一致しているため故意が認められるが，方法の錯誤（Xを狙ったところ隣のYを殺してしまった場合）は「その人を殺す」という点で一致しておらず，故意が認められないとする見解である。Bの見解（具体的符合説）に対しては，客体の錯誤と方法の錯誤のいずれに当たるのかが必ずしも明らかではない場合において，故意の有無につき，どのように判断するのか明確ではないとの批判がある。したがって，本記述は正しい。

5　正しい。

本記述の事例は，Xだと思って殺したところ実はYであったような場合であり，客体の錯誤の事例である。Bの見解（具体的符合説）は，認識した事実と発生した事実とが，「その人を殺す」という点で一致していなければならないとするが，客体の錯誤の場合，行為者が認識した客体（その人）と現実に結果が発生した客体（その人）が同一の客体である以上，「その人を殺す」という点で一致していると考える。本記述の場合，甲は，YをXと誤信しているが，Xと似た者である「その人を殺す」という点で認識事実と発生事実は一致しているため，殺人罪の故意が認められる。よって，Bの見解（具体的符合説）によれば，甲にYに対する殺人既遂罪が成立する。したがって，本記述は正しい。

【文献情報】基本ⅠP.105～108，113～116。山口P.113～118。

第20問	犯罪の成否	判例	肢別解答率				
			1	2	3	4	5
正解：〔No.36〕1		全　体	75%	16%	4%	2%	2%
		上位30%	85%	9%	2%	2%	2%
		下位20%	39%	41%	13%	5%	3%

【誤答行動分析】

正解肢1において，上位30%の正答率が85%，下位20%の正答率が39%で，その差は46%となっている。そして，下位20%は不正解肢2を選んだ割合が41%と高い。最後の問題で時間が足りなかったということも影響していると考えられ，また，合格者の中でも，不正解肢2を選んだ割合が9%となっていることから，正しい記述がひとつもないというのに抵抗があったと思われる。

本問の各記述は，不法領得の意思，正当防衛，暴行後の領得意思，窃取といった論文でもよく問われる点についての理解を問うものであり，しっかりと理解しておく必要がある。

ア　誤　り。　**!!!**

本記述は，甲に窃盗罪又は占有離脱物横領罪が成立するとしている点で，誤っている。

甲が本件バッグを警察に届け出るために某所公園内から持ち出した行為は，本件バッグの占有の帰属如何によって窃盗罪（刑法235条）又は占有離脱物横領罪（刑法254条）の客観的構成要件に該当するが，それらの罪が成立するためには，故意のほか不法領得の意思が必要である。判例は，不法領得の意思の内容を，権利者を排除して他人の物を自己の所有物としてその経済的用法に従いこれを利用もしくは処分する意思としている（大判大４.５.21）。本記述の甲は，本件バッグを警察に届けるためにこれを手に取っており，権利者を排除して他人の物を自己の所有物としてその経済的用法に従いこれを利用もしくは処分する意思がないため，不法領得の意思が認められない。したがって，甲には，窃盗罪及び占有離脱物横領罪は成立しない。

イ　誤　り。

本記述は，本件バッグを甲から取り返す目的で暴行を加えるというＶの暴行は正当行為に該当するため，甲がＶの胸付近を１回平手で突いた行為の違法性が阻却される余地はないとしている点で，誤っている。

甲の行為は，暴行罪（刑法208条）又は傷害罪（刑法204条）の構成要件に該当する。そこで，正当防衛（刑法36条１項）の成否を検討すると，Ｖによる暴行は，「急迫不正の侵害」に当たる。なぜなら，①Ｖは本件バッグを甲から取り返す目的であったが，そもそも甲が本件バッグを手に取った行為には犯罪が成立しない（肢ア）ため，甲との関係で「急迫不正の侵害」に当たらず，Ｖの暴行につき正当防衛による違法性阻却は認められない，また，②Ｖは，甲から本件バッグを奪い返した後も，さらに，甲を蹴り上げるような仕草を続けており，甲に対する侵害の継続性が認められるからである。よって，Ｖの暴行は正当行為ではなく違法であるため，甲の行為には正当防衛が成立し，違法性が阻却される余地がある。

ウ　誤　り。

本記述は，甲が本件バッグをＶから取り上げた行為に強盗罪が成立するとしている点で，誤っている。

強盗以外の目的で暴行を加えて相手方の反抗を抑圧した後，財物奪取意思を生じ，その反抗抑圧状態を利用して財物を奪った場合，強盗罪（刑法236条１項）が成立するためには，新たな暴行・脅迫が必要である（東京高判昭48.３.26など）。しかし，本記述の甲は，本件バッグを取り上げるにあたって，失神したＶに対し，新たな暴行・脅迫を加えていない。したがって，甲の当該行為には窃盗罪が成立するにとどまり，強盗罪は成立しない。

エ　誤　り。　**!!!**

本記述は，甲が，Ｖから暗証番号を聞き出した時点で，Ｖの預金の払戻しを受け得る地位を得たことにより，その預金の占有を取得したといえるため，窃盗罪は成立しないとしている点で，誤っている。

窃盗罪（刑法235条）の実行行為である「窃取」とは，財物の占有者（事実上の支配者・管理者）の意思に反してその物を自己または第三者の占有下に移すことをいい，ここでの「占有」は，財物に対する事実的支配をいう。本件において，Ｖの預金（現実の金銭）に対する事実的支配を有するのは銀行であり，暗証番号を聞き出したとしても，甲が預金に対して事実的支配を有することにはならない。そして，甲は，暗証番号をＶから聞き出すにあたって，Ｖから盗んだ本件バッグの中にあった携帯電話機の画像をもとにＶを脅迫するという犯罪行為を行っているため，甲は，Ｖの預金の正当な払戻権限を取得したとはいえない。正当な払戻権限のない甲がＶの預金を引き出すことは，銀行の意思に反して預金の占有を甲の占有下に移すものであり，「窃取」に当たる。不法領得の意思も問題なく認められる。したがって，甲には窃盗罪が成立する。

以上により，正しい記述は０個であり，したがって，正解は肢１となる。

【文献情報】基本ⅠP.169，ⅡP.126～127，166～167，286。山口P.65～72，289～292，330。西田（各）P.161，170～175，186～187。

辰已法律研究所（たつみほうりつけんきゅうじょ）
https://www.tatsumi.co.jp

司法試験，ロースクール入試，司法試験予備試験，司法書士試験，社会保険労務士試験，行政書士試験，公認心理師試験の受験指導機関。1973 年に誕生して以来，数え切れない司法試験合格者を法曹界に送り出している。モットーは，「あなたの熱意，辰已の誠意」。司法試験対策におけるシェアは業界トップであり，過去 15 年（2006 年～2020 年）の辰已全国模試には実に累計約 43000 名の参加を得ている。「スタンダード短答オープン」「スタンダード論文答練」等の講座群，「肢別本」「短答パーフェクト」「趣旨・規範ハンドブック」等の書籍群は，司法試験受験生，予備試験受験生から，合格のための必須アイテムとして圧倒的支持を受けている。

司法試験短答過去問パーフェクト　令和２年　単年度版

令和 2 年 11 月 10 日　　初版　第 1 刷発行

発行者　後藤　守男
発行所　辰已法律研究所
〒169-0075
東京都新宿区高田馬場 4-3-6
TEL.　03-3360-3371（代表）
印刷・製本　壮光舎印刷（株）

ISBN978－4－86466－480－6

【講座案内】

司法試験 **スタンダード短答オープン**

問題

受験生本位の工夫が一杯

解説

独自の工夫1　辰已ならではのNewコンセプトの第1クールと充実の第2クール

❶第1クールは[上位者30%以上の受験生]が＜60%以上正解した問題＞をセレクトして出題する 短答力トレーニングクールです。
択一に苦手意識をもつ方に最適なコンセプトです。

◆問題のセレクト法

第1クールの問題は、
「短答の辰已」の全国公開模試の短答問題データベースから、2,000名近い受験生のうち上位30%の方(つまり完全合格レベルの人)の正答率が60%以上の問題のみをセレクトして出題します。つまり絶対落としてはいけない問題と実証済の問題のなかから更に今後の出題が予想される問題を精選して出題(各問の解説書に辰已公開模試の正答率を明示しますので復習に便宜)。
第2クールでは、正答率の低い問題も含めた本試験仕様で出題します。

❷第1クールは短答指導に秀でた原孝至講師が一貫指導します。
[上位者30%以上の受験生]が＜60%以上正解した問題＞をなぜ正解できないのか、受験生の誤答行動をシビアに分析し、ていねいに短答指導します。
なぜ70%獲れないのか、なぜ80%獲れるのか、総合評価・合否のギリギリの一線を決めるのは絶対評価の短答得点であることをしっかり認識しましょう。

独自の工夫2　「肢別正答率」にも一工夫

❸各問題の受験者「肢別正答率」にも一工夫 「誤答分析」という発想は辰已だけ

各肢毎に受験者の上位30%と下位30%の肢別の正答率を併記していますので、短答の苦手な人特有の「誤答分析」ができます。

ここが不合格者特有のミス！

肢別正答率		肢1	肢2	肢3	肢4	肢5	肢6
No7	上位30%	1%	0%	0%	22%	65%	12%
	下記30%	10%	3%	9%	35%	29%	12%

独自の工夫3　全ての資料をWEB上にアップ

■問題・解説書は、すべて
ラウド上にファイルとし
保存されています。
種々機能が便利です。

)紙ベースのレジュメのよう
頁めくりができます。
)文字検索が簡単にできま
。
)ふせんをつけることが可
能。④簡単にダウンロードで
ます。⑤重要な箇所を、P
Fからコピー＆ペーストし
ご自分のパソコンのファイ
に 貼り付けることができ
す。
⑥もちろん一括して(あるい
指定頁を)紙に印刷出力す
ことができます。

❹全ての資料がWEB上にアップされています。

本答練の受講生は全員WEB上に自分専用の「受講者特典マイページ」を持ち、そこには問題・解説書など全ての資料のPDFがアップロードされています(解説講義動画を含む)。しかも、便利なアプリケーション機能により、判例名や条文や論点名などのあらゆるワードでの検索が可能で、復習や整理にとても便利です。もちろんプリントアウトもOK。

さらに、もう一工夫

自分の間違えた問題だけファイリング、あるいは特定の論点に関する問題だけをファイリングしたい、というような個別のニーズに応えるために、WEB上にアップしてあるPDF仕様の解説書は全て[問題解説表裏一体方式]の版組にしてあります。該当問題の問題と解説だけをまとめてプリントアウトしてご利用下さい。なお、会場等で配付されるレジュメは、問題順の通常の解説書の体裁での簡便な印刷物となっていることをご了承下さい(印刷物としての問題解説表裏一体方式及び26穴空けはありません)。

独自の工夫4　WEB解答入力方式が便利

WEB解答入力方式が便利 オンライン受験生だけでなく通学部・通信部生も、簡単な方法でスマホで解答を入力すれば、入力後直ちに(試験場でも)リアルに自己の得点が表示されます。オンラインならではの便利な辰已独自のシステムです。提出方法や全体の総合成績表などは受講者特典マイページ掲載します。

スケジュール・受講料等の詳細は
右記より資料をご請求ください。https://r-tatsumi.com/pamphlet/

【講座案内】

2021年短答試験断固合格

短答試験発表直後

NEW

予備試験短答対策の新しい形

短答過去問の潰し方/やみくも・詰め込み学習Styleからの脱却→どの問題をどう押さえどう覚えるのか
そのSkillを短時間で伝授する学習スタイル革命講座

福田俊彦 短答合格塾24時間

通学部：(～週 1)
東京本校
通信部：
WEB スクール＆DVD
好評受付中

❶過去問パーフェクト

＋

短答過去問パーフェクトの中から福田講師がセレクトした問題と解説の抜き刷りを教材にしますので、辰已の過去問パーフェクトがお手許にない方でも受講可能です。

❷肢別正答率表

当講座の素材は2つです。
❶「過去問パーフェクト」掲載の問題・解説と、
❷肢別正答率表
この2つだけで短答学習に革命を起こせます。

①は受験生の定番の辰已法律研究所のベストセラー書籍であり、毎年品切れ状態となる短答対策定番書籍です。
②は、長年にわたり膨大な短答再現Dataを収集し続けてきた辰已でしか公開できないものです。

この2つの材料が、福田講師の手にかかると驚くほどの威力を発揮しだします。しかもその効果は短答だけにとどまりません、その機能的な発想法は論文学習にも効果を発揮することでしょう。
「すべらない答案」というコンセプトで、数多くの受験生の論文突破を具体的に手助けし感謝されている福田講師が、コンパクト＆超合理的な短答対策講座を実施します。
乞ご期待。来たれ短答に迷う受験生。

●福田俊彦講師による
プレミアム
Onlineガイダンス

過去問パーフェクトと肢別正答率を使って短答の得点をイッキにあげる方法　45分

配信中

興味のある方だけに限定で公開します。受講希望の方は、下記まで、メールをお願いします。
実施日時等をダイレクトにご連絡します。

ol-touren@r-tatsumi.com

当講座のコンセプト
❶単純な過去問の解説講座ではありません。それなら福田講師がやるまでもありません。真に役立つ過去問学習の仕方を徹底指導する講座です。もちろん過去問そのものを扱いますが、全てを扱うわけではなく、あなたの短答学習の発想自体に革命を起こすことを目的としています。
❷短答過去問パーフェクトの中から福田講師がセレクトした問題と解説の抜き刷りを教材にしますので、辰已の過去問パーフェクトがお手許にない方でも受講可能です。他社の過去問本で学習している方でも全く問題ありません。
❸令和元年版の短答過去問パーフェクトが厚くなりすぎないように掲載されなかった上位30%の正答率と下位30%の正答率の比較表のスマホアプリを使用します（無料配布）。従来も公開されてはいたのですが、受験生が中々使いこなせなかった貴重なDataです。これを福田講師が実際にDataの活かし方を伝授します。すると潰さなければならない肢が激減し、あなたの短答過去学習は劇的に効率化し大幅な時間短縮が可能です。

スケジュール・受講料等の詳細は
右記より資料をご請求ください。https://r-tatsumi.com/pamphlet/

【 福田俊彦 短答合格塾 24時間 】

辰已専任講師・弁護士 福田 俊彦先生
東京大学法学部卒。慶應義塾大学法科大学院（既修コース）修了。第3回新司法試験に受験1回で上位合格。旧司法試験の多くの失敗を踏まえ、司法試験に「すべらない」方法論を確立。「幅広い知識・深い理解」と「論文の方法論」の双方を兼ね備えた実力派講師。司法試験に合格するためには、「何をどのように書くか」を考えるのが大切というのが信条。辰已が誇る人気の実力派講師。

肢別正答率とは？

https://r-tatsumi.com/tanto ashi2/search/

肢別正答率とは、本試験終了後に辰已法律研究所が毎年大規模に実施している、短答再現会で収集した2,000人近い受験生のDataを分析し、本試験問題の各肢についての受験生全体の解答率を肢別に掲載したものです。辰已法律研究所の肢別分析で他社とひと味違うのは、上位30%得点の人の解答率と下位30%の人の解答率を併記している点です。ここに大きなポイントがあります。このDATA比較を使うことで短答過去問の学習に革命的な時短を図ることができます。それを当講座で福田講師が端的に示します。

憲法　司試H28-16 ／ 予備H28-10

【司試受験生】								
分類	肢1	肢2	肢3	肢4	肢5	肢6	肢7	肢8
全体	20.5	69.8	1.1	1.5	3.0	3.9	0.1	0.0
上位30%	15.4	78.8	0.2	1.1	1.5	2.9	0.1	0.0
下位30%	27.4	50.9	3.2	4.6	6.6	6.8	0.2	0.2
【予備受験生】								
全体	肢1	肢2	肢3	肢4	肢5	肢6	肢7	肢8
全体	14.4	75.3	0.8	1.4	1.8	6.0	0.1	0.2
合格者	11.8	83.4	0.1	0.4	0.9	3.4	0.0	0.0
不合格者	17.1	67.2	1.5	2.3	2.8	8.5	0.2	0.4

この肢別正答率をアプリケーション化してありますので、スマホ持参でご参加下さい。なお、当講座の素材にしている問題についての肢別正答率は印刷物で配布しますのでガラケーの方でもOKです。

●上3科目編　憲法・民法・刑法編

●下4科目編　商法・民訴・刑訴・行政法編

	科目	時間	通学部会場受講 14:30－17:40	通信WEB配信	通信DVD発送
1	憲法	3h	9/23(水)	9/28(月)	10/3(土)
2	民法1	3h	9/30(水)	10/5(月)	10/10(土)
3	民法2	3h	10/7(水)	10/12(月)	10/17(土)
4	刑法	3h	10/14(水)	10/19(月)	10/24(土)
5	行政法	3h	10/21(水)	10/26(月)	10/31(土)
6	商法	3h	10/28(水)	11/2(月)	11/7(土)
7	民訴法	3h	11/4(水)	11/9(月)	11/14(土)
8	事訟法	3h	11/11(水)	11/16(月)	11/21(土)

※当講座にオンライン同時中継はありません。

受講料（税込）

WEBでのお申込み
はこちらから　→

短答合格講座	講座コード	通学部・通信部WEB共通		通信部 DVD・※Webも視聴可	
		辰已価格	代理店価格	辰已価格	代理店価格
7科目一括	B0310＊	¥57,000	——	¥62,200	¥59,090
憲民刑一括	B0311＊	¥30,000	——	¥32,600	¥30,970
商訴行政一括	B0312＊	¥30,000	——	¥32,600	¥30,970

受講形態をお選びいただきます。講座コードの「＊」部分に右記の会場コード（アルファベット）をあてはめてください。　通学 東京本校はH/ 通信 WEBはE/通信 DVDはR
通学部については定員管理のため、通信WEBについてはWEB配信管理の為、 辰已WEBのみでのお申込みとなり、代理店での取扱いはありません。

参考Data　ここがあなたの戦いのフィールド

	受験者数	合格者数	合格率	合格点	合格得点率	合格者平均点	合格者平均得点率	全体平均点	全体得点率
R1	11,780	2,696	22.9%	162	60.0%	177.0	65.6%	113.8	42.1%
H30	11,136	2,661	23.9%	160	59.3%	177.7	65.8%	131.1	48.6%
H29	10,743	2,299	21.4%	160	59.3%	174.9	64.8%	130.0	48.1%
H28	10,442	2,426	23.2%	165	61.1%	181.5	67.2%	134.6	49.9%
H27	10,334	2,294	22.2%	170	63.0%	187.5	69.4%	138.7	51.4%
5年間平均	10,887	2,475	0	163	60.5%	179.7	66.6%	129.6	48.0%

短答知識の完璧化には

短答完璧講座

金沢幸彦講師が圧倒的な166時間で、あなたの短答知識を完璧にします。
短答法律科目で断固8割は獲る！

スケジュール・受講料等の詳細は
右記より資料をご請求ください。https://r-tatsumi.com/pamphlet/

【 短答完璧講座 2021最新版 】

短答合格ファイル［講座受講生に無料配付］

B5版・26 穴方式を採用しています。必要に応じて該当箇所に参考資料をファイリングするなど，自由自在にご自分のファイルを作成することができます。

短答合格ＦＩＬＥ（民法）

★第416条（損害賠償の範囲）
1　債務の不履行に対する損害賠償の請求は，これによって通常生ずべき損害の賠償をさせることをその目的とする。
2　特別の事情によって生じた損害であっても，当事者がその事情を予見すべきであったときは，債権者は，その賠償を請求することができる。

【趣旨】
債務不履行の効果として損害賠償が請求できる。しかし，債務不履行から生ずる損害をすべて賠償しなければならないとすると，賠償範囲が際限なく拡大するおそれもある。そこで，本条は，賠償すべき損害を合理的な範囲に制限する旨を定めた。また，本条２項は，特別事情によって生じた損害の賠償義務の要件とされる「予見」につき，債務者が予見すべきであったかどうかという規範的な評価を問題とするものであることを明文化したものである。

【ポイント】
一　賠償すべき損害の範囲
1　その損害が財産上のものであっても，精神上のものであっても賠償を請求できる。また，積極的損害（既存財産の減少）であると，消極的損害（得べかりし利益の喪失）であるとを問わない。
2　賠償すべき損害の範囲は，債務不履行と相当因果関係に立つ全損害とされる（大判大6.6.4）。

◎　最判平21.1.19（百選Ⅱ６事件）
遅くとも，本件本訴が提起された時点においては，Ｘがカラオケ店の営業を別の場所で再開する等の損害を回避又は減少させる措置を何ら執ることなく，本件店舗部分における営業利益相当の損害が発生するにまかせて，その損害のすべてについての賠償をＹらに請求することは，条理上認められないというべきであり，民法416条１項にいう通常生ずべき損害の解釈上，本件において，Ｘが上記措置を執ることができたと解される時期以降における上記営業利益相当の損害のすべてについてその賠償をＹらに請求することはできないというべきである。

二　☆　（論点）416条の構造
Ａ説　相当因果関係説（大判大6.6.4・従来の通説）
1項は，相当因果関係の原則を宣言し，２項は，その基礎とすべき特別の事情の範囲を示す。特別事情は，「当事者」（債務者）の予見可能性があれば相当因果関係存否の判断基礎となる。
〔理由〕　損害賠償が無限に拡大するのを防ぎ，公平の観点から合理的な範囲に制限すべきであるというのが損害賠償制度の趣旨である。

短答合格ＦＩＬＥ（民法）

〔批判〕　結局のところ，通常損害・特別損害の区別に帰着するから，相当因果関係説と変わりない。

（図表）416条２項「特別損害」についての両説の比較

	相当因果関係説	保護範囲説
予見可能性の対象	特別の事情	損害　＊1
「当事者」	債務者　＊2	両当事者（契約の解釈の問題だから）
予見時期	債務不履行時（大判大7.8.27，百選Ⅱ７事件）	契約時　＊3
債権者の主張範囲	損害及び損害額	損害のみ

＊1　「事情」と「損害」の区別は実際上困難であるが，純理論的には，「事情」の方が予見は容易なはずであり，相当因果関係説の方が理論上は賠償範囲が広いことになる。
＊2　予見可能であったことの立証責任は債権者にある。
＊3　契約の解釈の問題である以上，契約後の事情は契約内容に取り込むことはできないから。

三　損害賠償額算定の基準時
1　一般的基準
(1)　履行遅滞の場合 → 履行期（最判昭36.4.28）。
(2)　履行不能の場合 → 履行不能となったとき（最判昭35.12.15）。
(3)　履行遅滞・履行不能による解除がなされた場合 → 解除時（最判昭28.12.18，百選Ⅱ８事件）。
(4)　遅滞した履行がなされた場合 → 履行されたとき。
(5)　現実履行の請求と同時に，それが不可能な場合にそれに代わる損害賠償を請求した場合 → 事実審の口頭弁論終結時（最判昭30.1.21）。
2　価格の変動の問題
履行期後不能となり，損害賠償請求時まで目的物の価格が変動した場合，債権者は高騰した価格を請求できるか（２項の「特別損害」の問題として，予見可能性により考える）。
(1)　目的物の価格が高騰し続けているとき
目的物の価格が騰貴しつつあるという特別の事情があり，かつ債務者が債務を履行不能とした際その特別の事情を知っていたか又は知り得た場合は，債権者はその騰貴した現在の価格により損害賠償を請求し得る。この場合，高騰する以前に転売したはずという事情のない限り，騰貴した現時点において他へ転売して利益を得たであろう事情は不要である（最判昭37.11.16）。また，転売を予定せず自己使用目的でもかまわない（最判昭47.4.20，百選Ⅱ９事件）。債務不履行がなければ高騰した価値のあるその目的物を現に保有できたはずだからである。
(2)　目的物の価格がいったん高騰したが，現在は低下しているとき（中間最高価格）
中間最高価格の時点で，転売その他の処分などにより騰貴した価格による利益を確実に収め得た「特別の事情」があり，その事情が予見可能であったことを要件に，その騰貴価格（中間最高価格）を請求できる（大連判大15.5.22，富喜丸事件）。

《過去問チェック》
□　家屋の賃借人が賃貸借契約の終了後もその家屋を賃貸人に返還しない場合，賃貸人は，その賃貸借契約で定められた賃料に相当する額の損害賠償を賃借人に請求することができるが，賃貸人がその賃貸借契約の終了後に別の者との間でその家屋の賃貸借契約を締結し，その賃貸借契約で定められた賃料が従前の賃料を上回るときであっても，その新たな賃料に基づく損害賠償を賃借人に請求することはできない。（新司27－15．

－ 397 －　　辰已法律研究所

●当講座でしか入手できない「短答合格ファイル」の試し読みをどうぞ

https://tatsumi-study.com/pamphlet/book/book_tanngoukakufile-3_all/

●当講座３科目一括購入の方は、特典として印刷物の他に、当短答合格ファイル全科目全ページのデジタルBOOKを閲覧できます

(2021.07.31迄)

スケジュール

	通信部 WEB		通信部 DVD	
	配信日	配信終了	発送日	申込締切
憲法	9/30（水）		10/2（金）	
民法	8/26（水）		8/28（金）	
刑法	10/21（水）		10/23（金）	
商法	11/4（水）	2021/5/31（月）	11/6（金）	2021/4/30（金）
民事訴訟法	11/18（水）		11/20（金）	
刑事訴訟法	12/2（水）		12/4（金）	
行政法	12/16（水）		12/18（金）	

短答完璧講座＋スタ短＋全国公開模試
スタンダード短答オープン(第1クール＋第2クール)
＋公開模試との合計価格¥351,800のところ、
パック割引＋リピーター割引で
¥317,500(¥34,300もお得)

受講料（税込）

※科目別申込も可能です。
お申込みはお問い合わせください。

	講座コード	通信部WEB		通信部 DVD ※Web視聴も可	
		辰已価格	代理店価格	辰已価格	代理店価格
7科目一括	B0288＊	¥310,000	---	¥345,800	¥328,510
憲民刑一括	B0289＊	¥195,400	---	¥216,900	¥206,055
商訴行政一括	B0293＊	¥130,900	---	¥145,200	¥137,940

WEBでのお申込みはこちらから↓

https://r-tatsumi.com/notice/sisi-tankanpeki/

■お申込みの際は、受講形態等の選択と注意事項を必読の上で、上記受講料表にあてはめ、申込書へ記入をお願いします。
(1)受講形態をお選びいただきます。講座コードの「＊」部分に下記の会場コード（アルファベット）をあてはめてください。
通信ＷＥＢはＥ/通信ＤＶＤはＲ
(2)注意事項
※注１ 通信部WEB受講は、生協等の代理店でのお申込みはできません。辰已ＷＥＢスクール（辰已ＨＰ上）でお申込みいただくか、各本校窓口にお問い合わせください。
※注２ 通信部の媒体は、DVDはDVD-R対応機種でのみご利用いただけます。WEB視聴環境等ご自身のプレーヤーをご確認のうえお申し込みください。
※注３ 通信部DVD受講の方は、受講者特典マイページでWeb視聴いただけます（別途お手続きが必要になります）。

スケジュール・受講料等の詳細は
右記より資料をご請求ください。https://r-tatsumi.com/pamphlet/

東京会場Schedule			10月Start	11月Start	
基本7科目❶巡目	1	10/10(土)	憲法		
		10/17(土)			
	2	10/24(土)	行政法 勉強しやすい・隔週・科目別進行		
		10/31(土)			
	3	11/7(土)	民法		
		11/14(土)		1	憲法
	4	11/21(土)	商法		
		11/28(土)		2	行政法
	5	12/5(土)	民訴法		
		12/12(土)		3	民法
	6	12/19(土)	刑法		
		12/26(土)		4	商法
		12/27(日)		5	民訴法
	7	1/9(土)	刑訴法		
		1/10(日)		6	刑法
		1/16(土)		7	刑訴法
❷巡目	8(1)	1/30(土)	公法系1 本試験仕様・毎週・法系別進行		
	9(2)	2/6(土)	公法系2		
	10(3)	2/13(土)	民事系1		
	11(4)	2/20(土)	民事系2		
	12(5)	2/27(土)	刑事系1		
	13(6)	3/6(土)	刑事系2		
	14(7)	3/13(土)	選択科目1		
	15(8)	3/18(木)	選択科目2		
❸巡目	16(9)	4/3(土) ※	公法系3		
	17(10)	4/10(土) ※	民事系3		
	18(11)	4/17(土) ※	刑事系3		

※公開模試日程に応じて変更になることがあります。

司法試験スタ論の**受験形態**は3つ

＊オンライン同時中継申込という申込形態はなく、通学部か通信部のいずれかに所属していただきます。

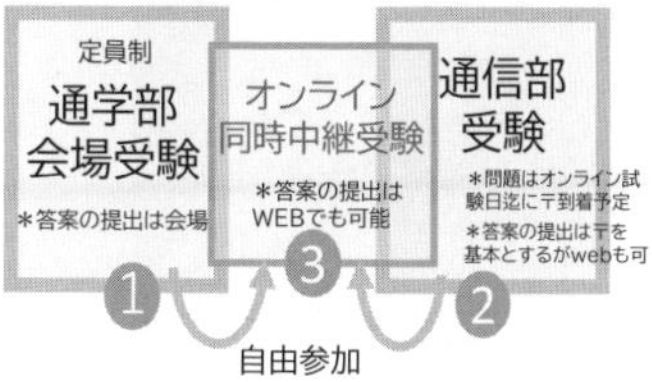

［勉強のしやすさを重視した出題の工夫］

第1クール
「科目別」に出題します（憲法の週→行政法の週→民法の週→商法の週・・・）。

第2クール
実戦性を重視し本試験通り「法系別」に出題します（公法系→民事系→刑事系・・・）。

WEBからの答案提出が可能
簡単な方法でのWEBからの答案提出が可能なので、手間も費用もかかりません。

問題

❶ スタンダードの名に相応しい21年向けの新作問題です。

❷ 傾向もレベルも、完全な本試験仕様

❸ 毎年、本試験での的中を断固狙います。的中実績多数

解説

❹ 充実した解説書は辰已の伝統

❺ 担当講師は、実務経験が豊富であり且つ受験指導のベテランの専任講師です。
これだけの講師の厚い層をもつのは辰已だけ

講義

❻ 講義コンセプト分かりやすさ＆答案スキルを高めることをコンセプトにします。
＊解説講義は通学部生もWEB受講となります

答案添削

❼ 答案の翌週返却は答練の基本であると辰已は考えます。

東京会場土曜受験の方は翌週土曜に返却します。

＊大阪校会場受験・通信受験の答案は、システム上翌週には返却できませんのでご了承下さい。

答案スキル/徹底重視

❽受験生の答案を提供
受験生の答案の中から「優秀答案」「合格者平均レベル答案」を2色刷りでWEBにアップ。読みやすいと好評です。

❾専任講師が「答案スキルアップ講義」を上記答案を素材にして実施。 第1・第2クールとも法系別にWEB配信（第2クール❸巡目は実施しません）。

❿直近合格者による「答案の書き方/私のノウハウ講義」をWEB配信 第2クールの直近合格者誕生後実施

受講生の学習の便宜を徹底追求

［受講に便利なシステム］

解説講義WEB受講
通学部生も、答案作成後、会場ではなく帰宅して自由な時間にWEB視聴して頂きます。
なお、WEB視聴は試験終了直後から視聴可能なように配信。

本答練の受講生は全員WEB上に自分専用の受講者特典マイページを持ち、
そこには全ての資料のPDFがアップロードされています（含む動画）。しかも、便利なアプリケーション機能により、**判例名や条文や論点名などのあらゆるワードでの検索が可能で、復習や整理にとても便利**です。もちろんプリントアウトもOK。
①紙ベースのレジュメのように頁めくりができます。
②文字検索が簡単にできます。
③ふせんをつけることが可能。④簡単にダウンロードできます。⑤重要な箇所を、PDFからコピー＆ペーストしてご自分のパソコンのファイルに貼り付けることができます。

司法試験 スタンダード論文答練

通学会場受講　オンライン同時中継　通信受講

福田特別クラス

通学部&オンライン同時中継
通信部 WEB & DVD
好評受付中

第1クール 年内 ~1月
科目別進行（憲法→行政法‥）
7回14問（基本7科目❶巡）

第2クール 年明け 1月~4月
法系別進行（公法系→民事系‥）
11回25問（基本7科目❷❸巡+選択科目）

司法試験受験界の定番答練・スタンダード論文答練を使って、
実績ある福田先生が、縦横無尽に論文指導を展開をする特別クラスです。

試験日を東京通学部と異なる日に設定して解説講義も全て福田先生が担当します。
さらに予習講義もあり、相当ハードなクラスですが、頑張る成果は保証付き。

01 「絶対にすべらない答案」を書けるように絶対になれます。

02 努力自体に意味はありません。成果を出せる努力をしましょう。

03 「これもやっておいた方がいい」というような逃げの指導はしません。

04 受験生が具体的にどうしたらいいのかが明確に分かる指導をします。

05 合格に不要なこと時間の無駄なことは「やめろ！」と明確に言います。

06 指導対象層❶ 勉強の方向性ややり方に迷いがある人

07 指導対象層❷ 成績が上がらずに悩んでいる方 努力が成果を生んでいない方

08 指導対象層❸ ロースクールでは、司法試験に合格する適切な指導を受けていない・受けなかった方

私は、「司法試験に合格するための学習の方向性とやり方に特化した指導」に関しましては、ロースクールのどの先生よりも、優れた講義をすることができます。

なぜなら、私自身が受験生時代に悩み抜いて確立した合格するための理論と経験があるだけでなく、過去15 回の司法試験の全問題の合格答案及び不合格答案等の受験生の答案を数えきれないほど分析した結果得られた、司法試験に合格するためのノウハウや私が指導した受験生が予想したとおりの順位で合格した多くの実績があるからです。

私の講義では、「司法試験に合格する」ために必要なことのみを受験生である貴方が実践することができる形でお伝えいたします。また、2021 年の司法試験に合格するという目標からみると不要であり、時間の無駄であることは、はっきりと「やめろ！」とお伝えします。

辰已専任講師・弁護士 福田 俊彦先生
東京大学法学部卒。慶應義塾大学法科大学院（既修コース）修了。第3回新司法試験に受験1回で上位合格。旧司法試験の多くの失敗を踏まえ、司法試験に「すべらない」方法論を確立。「幅広い知識・深い理解」と「論文の方法論」の双方を兼ね備えた実力派講師。司法試験に合格するためには、「何をどのように書くか」を考えるのが大切というのが信条。辰已が誇る人気の実力派講師。

■受講料（税込）：第１クール＋第２クール一括申込
通学部・通信部 WEB 共通 ¥404,000 ／通信部 DVD ¥414,000
※福田クラス Option インプット強化講義付もあります。
詳細は専用パンフレットをご覧ください。

スケジュール・受講料等の詳細は
右記より資料をご請求ください。https://r-tatsumi.com/pamphlet/

辰巳法律研究所の司法試験・予備試験対策書籍

●短答対策●

OUTPUT ・肢別本シリーズ（全８冊）

OUTPUT ・短答過去問パーフェクト単年度版シリーズ

OUTPUT ・短答過去問パーフェクトシリーズ（通年度版・全８冊）

●論文対策●

INPUT ・趣旨・規範ハンドブックシリーズ（公法系・民事系・刑事系・改正民法）

INPUT ・１冊だけで選択科目シリーズ
（労働法・倒産法・知的財産法・国際私法・経済法・租税法）

OUTPUT ・New えんしゅう本シリーズ（必須科目７冊）

OUTPUT ・読み解く合格思考シリーズ（憲法・民法・刑法・商法・行政法）

再現答案＆分析 ・上位者 全科目・全答案シリーズ

再現答案＆分析 ・論文過去問答案パーフェクトぶんせき本シリーズ

その他，続々刊行中！！

NEW

辰巳の Online-Store

書籍も講座もまとめて購入！

長年にわたりご愛顧いただいた辰巳 E ショップは、2020/9/25 をもちまして STORES サイトに統合されることとなりました。
以降は https://tatsumionline.stores.jp/ のご利用をお願いいたします。
本件についてのご質問等は、eshop-new@tatsumi.co.jp までお問い合わせください。

多彩な決済方法

クレジットカード	コンビニ決済	PayPal
銀行振込	キャリア決済	楽天ペイ

https://tatsumionline.stores.jp

辰巳のオンライン書籍販売

出版社版元にしか出来ない特別セールを次々と実施中！

上記バナーから辰巳オンライン書籍専用ページへ

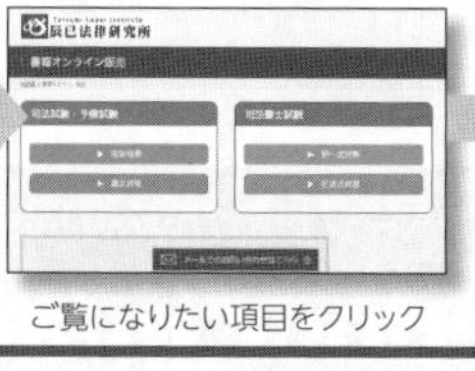

ご覧になりたい項目をクリック

https://tatsumi.co.jp/web-store/book/

●辰巳刊行書籍は、辰巳オンライン販売の他、辰巳事務局窓口・提携書店・大学生協でもお取扱いしております。